CYMRU A'R CHWYLDRO FFRENGIG

Golygyddion Cyffredinol: Mary-Ann Constantine a Dafydd Johnston

## CYMRU A'R CHWYLDRO FFRENGIG

Chwyldro Ffrengig 1789, mae'n debyg, oedd digwyddiad diffiniol y cyfnod Rhamantaidd yn Ewrop. Nid trefn cymdeithas yn unig a ansefydlogwyd ganddo ond iaith a syniadaeth yn ogystal: roedd iddo ganlyniadau diwylliannol dwfn a hirhoedlog. Dros yr ugain mlynedd diwethaf, mae ein dealltwriaeth o ddylanwad y Chwyldro ar ddiwylliant Prydain wedi datblygu'n aruthrol. O safbwynt llenyddiaeth, wrth i sylw beirniadol symud o'r beirdd amlycaf i destunau ymylol anghanonaidd, daethom i weld sut y bu i waith gan awduron benywaidd, awduron hunanaddysgedig, pamffledwyr radicalaidd, proffwydi a phropagandyddion teyrngarol gyfrannu at weddnewid ieithwedd a syniadau'r cyfnod. Eto, mae bylchau annisgwyl yn aros, a hyd yn oed mewn astudiaethau diweddar ar yr adwaith 'Brydeinig' i'r Chwyldro ychydig o wybodaeth a geid o hyd am yr ymatebion yn y rhanbarthau. Mewn ymdriniaethau llenyddol a hanesyddol ynglŷn â'r hyn a elwir yn 'bedair cenedl' Prydain, mae Cymru wedi bod yn anweledig i bob pwrpas; mae llawer o'r ymchwilwyr sy'n gweithio yn y maes yn gwbl anymwybodol o'r math o ffynonellau sydd ar gael ar gyfer astudiaethau cymharol.

Mae Cyfres Cymru a'r Chwyldro Ffrengig yn gynnyrch prosiect pedair blynedd dan nawdd yr AHRC a Phrifysgol Cymru yn y Ganolfan Uwchefrydiau Cymreig a Cheltaidd. Mae'n darparu ystod eang o ddeunydd Cymreig o'r degawdau a rychwantai'r Chwyldro a'r rhyfeloedd a'i dilynodd. Mae pob cyfrol wedi ei golygu gan arbenigwr yn y maes ac yn cyflwyno casgliad o destunau (ynghyd â chyfieithiad lle bo angen) o *genre* neilltuol yn ogystal â rhagymadrodd beirniadol sy'n gosod y deunydd yn ei gyd-destun hanesyddol a llenyddol. Cyhoeddir llawer o'r deunydd am y tro cyntaf, a daw pob math o wahanol *genres* dan y chwyddwydr. O faledi a phamffledi i lythyrau personol a cherddi arobryn, traethodau, cylchgronau, pregethau, caneuon a dychan, mae'r amrywiaeth sy'n cael ei gwmpasu gan y gyfres yn adlewyrchiad cyffrous o gymhlethdod gwleidyddol a diwylliannol yr oes. Gobeithiwn y bydd y cyfrolau yn cymell ysgolheigion a myfyrwyr ym maes hanes a llenyddiaeth Cymru i ailddarganfod y cyfnod cyfareddol hwn, ac yn cynnig digonedd o bosibiliadau cymharol ar gyfer rhai sy'n gweithio mewn meysydd eraill.

Mary-Ann Constantine a Dafydd Johnston
Golygyddion Cyffredinol

CYMRU A'R CHWYLDRO FFRENGIG

# *Y Chwyldro Ffrengig a'r Anterliwt*

Hanes Bywyd a Marwolaeth Brenin
a Brenhines Ffrainc *gan Huw Jones, Glanconwy*

golygwyd gan

FFION MAIR JONES

GWASG PRIFYSGOL CYMRU
CAERDYDD
2014

© Ffion Mair Jones, 2014

Cedwir pob hawl. Ni cheir atgynhyrchu unrhyw ran o'r cyhoeddiad hwn na'i gadw mewn cyfundrefn adferadwy na'i drosglwyddo mewn unrhyw ddull na thrwy unrhyw gyfrwng electronig, mecanyddol, ffotogopïo, recordio, nac fel arall, heb ganiatâd ymlaen llaw gan Wasg Prifysgol Cymru, 10 Rhodfa Columbus, Maes Brigantîn, Caerdydd CF10 4UP.

*www.gwasg-prifysgol-cymru.org*

Mae cofnod catalogio'r gyfrol hon ar gael gan y Llyfrgell Brydeinig.

ISBN     978-0-7083-2649-7
e-ISBN   978-0-7083-2699-2

Datganwyd gan Ffion Mair Jones ei hawl foesol i'w chydnabod yn awdur ar y gwaith hwn yn unol ag adrannau 77 a 78 Deddf Hawlfraint, Dyluniadau a Phatentau 1988.

Cysodwyd gan Eira Fenn Gaunt, Pentyrch
Argraffwyd gan CPI Antony Rowe, Chippenham.

# Cynnwys

Rhestr o Ddelweddau — vii
Rhagair — ix
Cydnabyddiaethau — xi
Rhestr o Fyrfoddau — xiii

Rhagymadrodd — 1

Dulliau Golygu: Nodyn — 39

*Hanes Bywyd a Marwolaeth Brenin a Brenhines Ffrainc*: Testun — 45

Nodiadau ar yr Anterliwt — 103

Atodiad 1: Tonau'r Anterliwt — 149

   i. 'Tri Chant o Bunnau' — 150

   ii. 'Tempest of War' — 152

   iii. 'Betty Brown' — 153

   iv. 'Difyrrwch Gwŷr y Gogledd' — 154

   v. 'God Save the King' — 155

Baledi a Cherddi Huw Jones, Glanconwy — 157

   1. '[Cerdd] yn achos y rhyfel presennol' — 157

   2. '[Cerdd] yn rhoi hanes brwydr a fu rhwng Lloegr a Hisbaen, y 14 o Chwefror 1797, a'r modd y gorchfygwyd yr Ysbaeniaid gan Syr John Jervis, Admiral Lloegr' — 162

   3. 'Carol Plygain' ar 'Difyrrwch Gwŷr y Gogledd' — 165

   4. 'Carol Plygain' ar 'Terfyn y Dyn Byw' — 168

|  |  |
|---|---|
| 5. Englyn | 171 |
| 6. 'Carol Plygain' ar 'Hir Oes Dyn' | 172 |
| 7. Englyn ymyl dalen | 174 |

| | |
|---|---|
| Nodiadau ar y Baledi a'r Cerddi | 175 |
| Atodiad 2: Tonau'r Cerddi | 186 |
| i. 'Charity Meistress' (cerdd 1) | 186 |
| ii. 'Duw Gadwo'r Brenin' (yr hen ffordd) (cerdd 2) | 187 |
| iii. 'Difyrrwch Gwŷr y Gogledd' (cerdd 3) | 188 |
| iv. 'Hir Oes Dyn' (cerdd 6) | 189 |
| Geirfa: Nodyn Esboniadol | 191 |
| Geirfa | 195 |
| Llyfryddiaeth Ddethol | 225 |
| Mynegai i'r Testunau | 237 |
| Mynegai Cyffredinol | 241 |

## *Delweddau*

Del. 1 Tudalen deitl Hugh Jones, *Gwedd o Chwareyddiaeth Sef Hanes Bywyd a Marwolaeth, Brenhin, a Brenhines Ffraingc: Ac amryw eraill o'u Deiliaid. Hefyd Darluniad o Grefydd Babaidd: A'r modd y darostyngwyd y Pabyddion yn y Tymestl diweddar*, Llyfrgell Genedlaethol Cymru. 2

Del. 2 Jacques Louis David, 'Y Frenhines Marie Antoinette (1755–93) ar y ffordd i'w dienyddio, 1793', Bridgeman Art Library / Casgliad Preifat. 21

Del. 3 Isaac Cruikshank, 'A General Fast in Consequence of the War!!', The British Museum. 25

# *Rhagair*

Lwc yr ymchwilydd a ddaeth ag anterliwt Huw Jones, Glanconwy, sef prif arlwy'r gyfrol hon, i'm sylw, a hynny yn gynnar yn nyddiau prosiect Canolfan Uwchefrydiau Cymreig a Cheltaidd Prifysgol Cymru yn Aberystwyth ar hanes 'Cymru a'r Chwyldro Ffrengig'. Yn swatio rhwng cyfeiriadau at waith gan ddau Huw (neu Hugh) Jones llawer enwocach, sef Huw Jones, Maesglasau, a Huw Jones, Llangwm, ar dudalennau *Libri Walliae*, canfyddais gyfeiriad gogleisiol at *Gwedd o Chwareyddiaeth Sef Hanes Bywyd a Marwolaeth, Brenhin, a Brenhines Ffraingc, etc*. Wrth chwilota drwy gatalog *microfiche* Llyfrgell Genedlaethol Cymru llwyddais i gael hyd i fanylion lleoliad copi o'r testun ymhlith y daliadau, a boddhad mawr oedd canfod cyfrol lân a dianaf o anterliwt na chlywswn erioed sôn amdani cyn hynny, ac o waith awdur a oedd hefyd bron yn gwbl ddieithr i mi.

Gan fod prosiect 'Cymru a'r Chwyldro Ffrengig' yn anelu'n benodol at ddwyn testunau o amrywiol *genres* llenyddol i sylw'r cyhoedd, yn academyddion ac yn lleygwyr, yr oedd lle i olygiad o'r anterliwt yn rhaglen waith ein hymchwil. Ynghyd â golygiadau o gerddi Cymraeg a Saesneg eu hiaith o Gymru cyfnod y Chwyldro, baledi, cyfnodolion a phapurau newydd, pamffledi, llythyrau a dyddiaduron, y mae'r gyfrol hon yn ffrwyth cyfnod pedair blynedd o waith tîm o ymchwilwyr ar ddylanwad y Chwyldro ar Gymru ac ymatebion Cymru iddo. Cyhoeddwyd eisoes gyfrolau sy'n rhoi sylw i'r *genres* a enwyd gan dîm y prosiect, sef Dr Mary-Ann Constantine, Dr Cathryn Charnell-White, Dr Elizabeth Edwards, Dr Marion Löffler a Dr Heather Williams. Ymddangosodd cyfrol o ysgrifau amrywiol yn ogystal, yn dwyn y teitl *Footsteps of Liberty and Revolt: Essays on Wales and the French Revolution*, dan olygyddiaeth Mary-Ann Constantine a'r Athro Dafydd Johnston, cyfarwyddwr y Ganolfan. Hoffwn gydnabod fy nyled i holl aelodau'r prosiect, ac yn arbennig i'r arweinydd a'r cyfarwyddwr am eu sylwadau ar y gwaith a gyflwynir yma. Bûm yn ffodus yn ogystal o gefnogaeth aelodau panel ymgynghorol y prosiect, yn arbennig Dr Wyn James a'r Athro John Barrell. Yr wyf yn hynod ddyledus i Dylan N. Jones, Nereus, Y Bala, am gysodi'r alawon. Bu Dr Meredydd Evans a Dr Phyllis Kinney yn barod i rannu eu gwybodaeth ynghylch cerddoriaeth draddodiadol Cymru gyda mi unwaith yn rhagor, a chefais gymorth Mr Dafydd Glyn Jones i ymdrin â phroblemau geirfaol a thestunol. Yr wyf yn ddiolchgar iddynt i gyd.

Ni fyddai'r nodyn hwn yn gyflawn heb i mi ddiolch i staff Llyfrgell Genedlaethol Cymru am eu hamynedd a'u cymorth parod bob amser, i swyddog golygyddol y Ganolfan, Gwen Gruffudd, am ei chymwynasgarwch a'i pharodrwydd i ateb ymholiadau lu, i Glenys Howells am olygu'r gyfrol mor drylwyr, ac i staff Gwasg Prifysgol Cymru, yn arbennig Angharad Watkins, Siân Chapman a Dafydd Jones. Yn olaf, diolchaf i'm teulu a'm cyfeillion am bob cefnogaeth.

Ionawr 2014                                                                    Ffion Mair Jones

# *Cydnabyddiaethau*

Bridgeman Art Library / Casgliad Preifat: Del. 2
The British Museum: Del. 3
Llyfrgell Genedlaethol Cymru: Del. 1

# Byrfoddau

| | |
|---|---|
| *BBGC* | *Bwletin y Bwrdd Gwybodau Celtaidd* |
| *Bywg.* | *Y Bywgraffiadur Cymreig hyd 1940* (Llundain, 1953) |
| *CCAGC* | *Cylchgrawn Cymdeithas Alawon Gwerin Cymru* |
| *CHC* | *Cylchgrawn Hanes Cymru* |
| *CLlGC* | *Cylchgrawn Llyfrgell Genedlaethol Cymru* |
| Cronfa Baledi | http://www.e-gymraeg.org/cronfabaledi |
| *Cylch-grawn Cynmraeg* | *Cylch-grawn Cynmraeg; neu Drysorfa Gwybodaeth* (I; Chwefror 1793); *Cylchgrawn Cynmraeg* (II; Mai 1793); *Cylchgrawn Cynmraeg: Neu Drysorfa Gwybodaeth* (III; Awst 1793); (IV; ([Hydref] 1793); *Welsh Magazine. Y Cylchgrawn; Neu Drysorfa Gwybodaeth* (V; Ionawr a Chwefror 1794) |
| *GPC* | *Geiriadur Prifysgol Cymru* |
| JHD | Dull o rifo ar gyfer baledi'r ddeunawfed ganrif yn J. H. Davies, *A Bibliography of Welsh Ballads printed in the Eighteenth Century* (London, 1911), a chan gatalogwyr mwy diweddar (gw., er enghraifft, Cronfa Baledi) |
| *LlC* | *Llên Cymru* |
| NCE | *New Catholic Encyclopedia*, gol. William J. McDonald, James A. Magner, Martin R. P. McGuire ac eraill (15 cyf., Washington, DC [1967–79] |
| ODNB | *Oxford National Dictionary of Biography*, ar http://www.oxforddnb.com |
| OED | *Oxford English Dictionary*, ar http://www.oed.com |

# *Rhagymadrodd*

## *Cyflwyniad*

Ym mis Mawrth 1800 perfformiwyd am y tro cyntaf 'opera gomig' o waith y cyfansoddwr Thomas Attwood yn y Theatr Frenhinol yn Covent Garden, Llundain.[1] Thomas Dibdin, actor ac impresario a dreuliasai amser yn teithio gyda'i gwmni yng Nghymru yn ystod y 1790au, oedd awdur y libreto, a ddygai'r teitl *St David's Day (or The Honest Welshman)*. Stori ddiniwed ydyw am ŵr ifanc sy'n cael ei achub o longddrylliad ar arfordir Cymru gan bobl yr ardal gyfagos, ac sydd yna'n syrthio mewn cariad ag un o'r merched lleol. Goresgynnir gwrthwynebiad ei dad uchel-dras i'r uniad rhyngddo a hi pan yw'n sylweddoli mor onest a thriw yw'r Cymry fel pobl. Yn ystod y ddrama ceir cyfeiriad at laniad y Ffrancod yn Abergwaun ym mis Chwefror 1797, digwyddiad cythryblus yn hanes trigolion sir Benfro a'r siroedd cyfagos.[2] Dadleua Meirion Hughes mewn pennod ynghylch yr opera fod hwn, ynghyd â chyfeiriadau pellach at frawdoliaeth 'the Welch, and the Scots, and the Irish and the English', yn rhan o ymdrech fwriadol gan Attwood a Dibdin i wneud i Gymru ymddangos yn rhan o brosiect 'Prydeinig' y 1790au, cyfnod pan welai'r *élite* berygl o du grymoedd gweriniaethol ac ymerodrol Ffrainc.[3] Drwy gyflwyno delweddau cadarnhaol o'r Cymry, ymdrechir i wyrdroi'r rhagfarn gyffredin a gynhwysir yn y rhigwm 'Taffy is a thief', a dangos bod modd i'r genedl hon ar ffiniau gorllewinol Lloegr gyfrannu at les a llwyddiant Prydain Fawr.[4] Byddai caneuon yr opera, a dynnwyd fwy na thebyg o'r casgliadau o alawon Cymreig a luniwyd gan Edward Jones (Bardd y Brenin), wedi dangos ymhellach mor ddeniadol a hawdd dygymod ag ef ydoedd diwylliant y Cymry hyn.[5]

Portread i gynulleidfaoedd Llundain o'r Cymry a geir yn *St David's Day*. Noda Hughes i'r opera gael ei pherfformio ddwsin o weithiau yn y brifddinas o fewn mis.[6] Gwyddys iddi gyrraedd Cymru yn ogystal. Ymhlith papurau Edward Williams (Iolo Morganwg) cadwyd rhaglen perfformiad o'r opera, a ddisgrifir fel 'Dibdin's much Admired Musical Entertainment', ym Merthyr

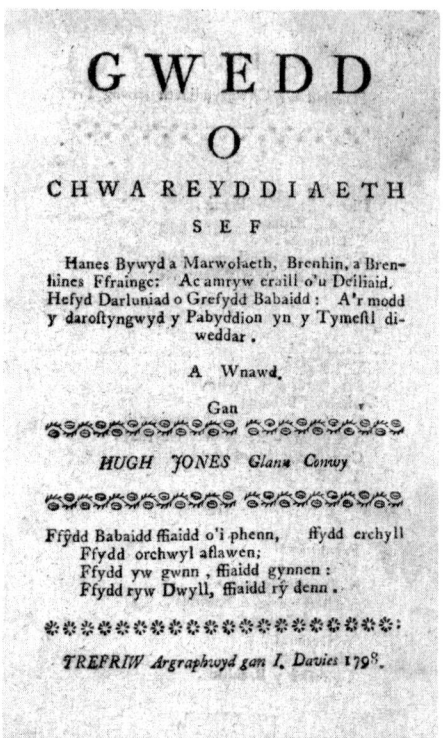

Delwedd 1. Tudalen deitl yr anterliwt.
Llyfrgell Genedlaethol Cymru

Tudful ym 1819.[7] Anodd credu y byddai Iolo Morganwg, a gasâi gasglwr a threfnydd tebygol yr alawon, Edward Jones, ac a fu'n hynod ddirmygus o'r ymateb i laniad Abergwaun, wedi cael llawer o flas arni.[8] Y mae ei phresenoldeb yn y *repertoire* yn awgrymu, serch hynny, y gallai gynhesu calonnau'r Cymry a'u darbwyllo o'u rhan yn y prosiect Prydeinig gryn ddau ddegawd wedi iddi gael ei llunio.

Cyflwynir yn y golygiad hwn waith dramatig o eiddo Cymro sy'n deillio o'r un cyfnod ag opera Attwood a Dibdin: *Gwedd o Chwareyddiaeth Sef Hanes Bywyd a Marwolaeth, Brenhin, a Brenhines Ffraingc: Ac amryw eraill o'u Deiliaid. Hefyd Darluniad o Grefydd Babaidd: A'r modd y darostyngwyd y Pabyddion yn y Tymestl diweddar* o waith Huw Jones, Glanconwy.[9] Y tro hwn, edrych allan ar y byd ac ar ddigwyddiadau cythryblus y Chwyldro Ffrengig a wneir o safbwynt Cymreig, yn hytrach nag edrych i mewn ar y Cymry o'r tu allan. Yn wahanol i'r opera, drachefn, nid oes unrhyw dystiolaeth ynghylch hanes perfformio'r anterliwt hon. Er y gellir cynnig, fel y gwelir isod, y gallasai fod wedi ei llwyfannu cyn ei chyhoeddi, ni ellir profi hynny, nac ychwaith brofi i'r testun gael ei ddefnyddio at ddibenion perfformio wedi iddo gael ei gyhoeddi. Yn wir, ar un ystyr, ymddengys mai ychydig iawn o argraff a wnaeth: cadwyd un copi ohono yn Llyfrgell Genedlaethol Cymru, a chyfeirir ato yng ngwaith llyfryddiaethol Eiluned Rees, *Libri Walliae*, ond fe'i hepgorwyd o'r astudiaeth fwyaf arloesol a wnaed hyd yn hyn ym maes yr anterliwt, sef traethawd ymchwil G. G. Evans (1938) a'r erthyglau a dyfodd ohono yn *Llên Cymru* (1950, 1953).[10] Serch hynny, y mae'n gyfraniad pwysig at ein dealltwriaeth o agweddau Cymreig at ddigwyddiadau'r Chwyldro Ffrengig, er mai enghraifft ydyw o *genre* yr anterliwt – *genre* a ddirmygid gan wŷr llên y ddeunawfed ganrif ac na chafodd eto sylw llawn ysgolheigion y Gymraeg, efallai oherwydd tuedd naturiol i ddibrisio *genres* nad ydynt ond yn dod yn fyw wrth eu perfformio. Lle y gellir yn haeddiannol ddisgrifio rhai anterliwtiau fel 'the lowest kind of buffoonery' ar sail eu hiwmor aflednais a'u diffyg cynllun, nid oes amheuaeth na cheir dosbarth o anterliwtiau sy'n esgyn i safonau uwch, gan ddangos gallu i ddychanu yn llym a brathog garfanau neu sefydliadau neilltuol, neu – fel yn achos gweithiau Thomas Edwards (Twm o'r Nant) – y natur ddynol ei hun.[11] Y mae elfen bolemig yn amlwg yn rhai o'r anterliwtiau hyn, a hwnnw gan amlaf yn bolemig crefyddol. Gellir gosod anterliwt Huw Jones, Glanconwy, mewn dosbarth gyda dwy anterliwt arall o'r math hwn, y naill o gyfnod yr Adferiad (1660au) a'r llall o ganol y ddeunawfed ganrif (1745). Maniffesto yn erbyn y Pengryniaid gan Huw Morys, awdur triw-i'r-goron ac i'r Eglwys Sefydledig, yw *Y Rhyfel Cartrefol*, a fflangell i gystwyo'r Methodistiaid yw *Ffrewyll y Methodistiaid* o waith William Roberts.[12] Er mai ffenomen a esblygodd o dridegau'r ddeunawfed ganrif ymlaen ydoedd Methodistiaeth, gwelai William Roberts ei dilynwyr fel olynwyr y Pengryniaid a gystwywyd gan Huw Morys yn *Y Rhyfel Cartrefol* gryn bedwar ugain mlynedd ynghynt: 'Cariadogs' oeddynt iddo ef, fel rhai o'r hen (neu wir) Ymneilltuwyr ym marn eraill ymhlith yr anterliwtwyr.[13] Drwy gyfrwng cyfeiriadaeth sy'n clymu Ymneilltuaeth â phechod breninleiddiaid yr ail ganrif ar bymtheg, cyfleir islais gwrth-Ymneilltuol (a gwrth-Fethodistaidd) cryf yn yr anterliwtiau. Yn wir, y mae'r islais hwn i'w glywed yn anterliwt Huw Jones, pan yw'r Ffŵl yn holi'r dorf wedi ymadawiad y Traethydd â'r llwyfan, 'Pa beth oedd tecs y pengrwn?' (ll. 97). Ymddengys y cwestiwn hwn allan o'i le yng nghyd-destun anterliwt a leolwyd yn Ffrainc gyda'r bwriad o gyflwyno neges wrth-Gatholig. Y mae *Hanes Bywyd a Marwolaeth Brenin a Brenhines Ffrainc* yn torri tir newydd, felly, yn yr ystyr bod ei pholemig yn ymdrin â gelyn crefyddol pur wahanol i'r gelyn anterliwtaidd arferol. Ynghlwm wrth y polemig crefyddol adeiladir yma achos yn erbyn gwleidyddiaeth gwlad Gatholig, ac y mae'r feirniadaeth, fel y gwelir, yn adlewyrchu'n ôl ar dir a daear Prydain o bellafion Ffrainc. Llwyddir yma i ddefnyddio'r is-ddosbarth polemig o fewn *genre* yr anterliwt i lunio testun sy'n ymateb i gynyrfiadau'r 1790au yn eu holl ehangder.

## *Yr awdur: ei fuchedd a'i waith*

Prin iawn yw ein gwybodaeth ynghylch awdur yr anterliwt. Fe'i henwir yn ei gyhoeddiadau a'i weithiau mewn llawysgrif fel 'Hugh Jones Glan Conwy', a'r cyfeiriad at Lanconwy yw man cychwyn unrhyw ymgais i'w leoli. Yng nghofrestri plwyf Llansanffraid Glan Conwy, sir Ddinbych, rhwng 1744 a 1812 ceir toreth o unigolion o'r enw Hugh Jones yn cael eu geni, yn priodi, yn gwasanaethu fel tystion ym mhriodasau eraill ac yn cael eu claddu. Ychydig iawn o wybodaeth ychwanegol a gynigir yn eu cylch; ni cheir unrhyw fanylion am eu galwedigaeth, er enghraifft, ac ni nodir ym mhle yn y plwyf yr oeddynt yn ymgartrefu. Y mae lluosogrwydd yr enwau'n golygu, yn anffodus, na ellir mentro cynnig unrhyw ddyddiadau ar gyfer buchedd (a phriodas, os bu un) yr Huw (Hugh) Jones sydd dan sylw yma.[14] Gadewir ni, felly, i chwilota am gyfraniadau pellach o'i eiddo fel llenor. Y maes mwyaf cynhyrchiol yn yr ymchwil amdano yw byd y faled brintiedig. Fe'i henwir yn glir fel awdur cerddi 1–5 yn y golygiad hwn. At hyn, ceir dau gofnod sicr o'i waith ymhlith llawysgrifau Llyfrgell Genedlaethol Cymru (cerddi 6 a 7). Y mae tystiolaeth fewnol cerddi 2–6 yn eu dyddio oll i'r 1790au, ac y mae lle i ddadlau bod cerdd 1, hithau, yn perthyn i'r un degawd.[15] Tywyllach yw'r dystiolaeth a geir ar gronfa-ddata 'Maldwyn: Y Mynegai i Farddoniaeth Gymraeg y Llawysgrifau' yn Llyfrgell Genedlaethol Cymru. Er bod cynifer ag wyth bardd yn dwyn yr enw 'Huw Jones' yn cael eu rhestru yno, ni chysylltir yr un o'r rhain â 'Glan Conwy', ac ni ellir yn foddhaol eu cysylltu â'r Huw Jones a drafodir yn y gyfrol hon. Yn eu plith y mae dau Huw Jones enwocach na'r gŵr o Lanconwy, sef Huw Jones, Llangwm, a Huw Jones, Maesglasau. Enwir y gweddill wrth enwau eu cartrefi (Brion, Parc, Llwyn-Bedw), neu wrth eu galwedigaeth (ceir crydd a chowper yn eu plith). Rhestrir hefyd yn 'Maldwyn' naw cerdd ar hugain o dan yr enw 'Huw Jones', heb nodi unrhyw wybodaeth bellach ynghylch galwedigaeth na chartref y bardd neu feirdd dan sylw. O edrych ymhellach, gwelir mai gwaith Huw Jones, Maesglasau, o'r gyfrol *Gardd y Caniadau* (1776), yw'r rhan fwyaf o'r naw ar hugain hyn; ceir hefyd waith gan Huw Jones, Llangwm, o'r gyfrol *Dewisol Ganiadau yr Oes Hon* (1759). Y mae dyddiadau rhai o'r cerddi eraill (yn y 1750au a'r 1770au) yn ei gwneud yn annhebygol mai gwaith Huw Jones, Glanconwy, ydynt, o ystyried dyddiadau'r baledi print. Ni nodir pwy oedd yr 'Hugh Jones' y cynhwyswyd englynion ganddo yng nghyfrol Jonathan Hughes, *Bardd a Byrddau* (1778), t. 290, ychwaith, ond drachefn y mae'r dyddiad yn ymddangos ar y cynharaf ar gyfer ein Huw Jones ni. Y mae ystyriaethau dyddio drachefn yn ei gwneud yn annhebygol mai ef oedd awdur dwy gerdd a gofnodwyd yn llaw Twm o'r Nant, a'u priodoli i 'H: J' yn llsgr. LlGC 188D.[16] Ansicr iawn yw'r dystiolaeth ynghylch awduraeth 'Carol ar Greece and Troy' yn llsgr. Cwrtmawr 229B, ac ni ellir ag unrhyw sicrwydd gysylltu Huw Jones, Glanconwy, â'r testun hwn ychwaith.[17]

Fel y nodwyd, y mae lle i gredu bod cyfran helaeth o weithiau hysbys Huw Jones, Glanconwy, yn perthyn i'r 1790au, ac er iddo ddisgrifio'i anterliwt fel 'gwaith ieuenctid' ym 1798, o ystyried ei bod yn debyg mai rhyw dair blynedd cyn hynny y'i cyfansoddwyd, teg yw casglu mai gŵr cymharol ifanc ydoedd o hyd ar droad y ganrif.[18] Os felly, y mae'n bosibl iddo farw'n ifanc yn fuan wedi cyhoeddi'r anterliwt ym 1798: cofnodir claddedigaeth un Hugh Jones ym mhlwyf Llansanffraid Glan Conwy ar 24 Gorffennaf 1802.[19] Posibilrwydd arall yw iddo adael yr ardal tua throad y ganrif. Ymfudodd miloedd o Gymry i Lerpwl wrth i ddirwasgiad cyfnod y rhyfeloedd rhwng Prydain a Ffrainc waethygu amodau eu bywydau gartref. Dengys astudiaeth Peter Lord o fywyd a gwaith yr arlunydd Hugh Hughes, yntau hefyd yn hanu o ardal Llansanffraid Glan Conwy, sut y bu i dad Hugh Hughes, Thomas Hughes, symud ei deulu i Lerpwl ar ôl marwolaeth eu mam. Ymfudwr arall o'r un plwyf y gwyddys amdano oedd John Jones, a godasai i swydd ddylanwadol ym musnes argraffu Nevett yn Lerpwl erbyn 1812.[20] Methodistiaid oedd Hugh Hughes a'i deulu: yr oedd ei ewythr, Hugh Williams, brawd ei fam, ymhlith y rhai cyntaf i droi at Fethodistiaeth pan ledaenodd i ardal Llandudno yn ystod y 1780au.[21] Eglurhad posibl arall ar ddiflaniad Huw Jones wedi c.1798 yw tröedigaeth grefyddol. O gofio atgasedd y Methodistiaid at ddiwylliant gwerin brodorol eu cyd-Gymry, y mae bron yn sicr y byddai tröedigaeth at y ffydd honno wedi rhoi pall ar yrfa Huw Jones fel anterliwtiwr a baledwr.[22] Yr oedd y Methodistiaid a'r Bedyddwyr yn cynyddu mewn niferoedd ym mhlwyf Llansanffraid Glan Conwy yn negawdau olaf y ddeunawfed ganrif.[23] Y mae'n bosibl y byddai tröedigaeth at ffydd y Bedyddwyr yn arbennig wedi gallu arwain at ymfudo i dir hyd yn oed ymhellach na Lerpwl: ceir tystiolaeth i rai Bedyddwyr o ardal Glanconwy adael yr henwlad a mudo i America tua diwedd 1801.[24] Un posibilrwydd arall y dylid ei grybwyll yw y gallai Huw Jones fod wedi torri ei gysylltiad ag ardal Glanconwy cyn cyfansoddi'r anterliwt, hyd yn oed. Y mae sawl cyfeiriad at enwau lleoedd yn sir Ddinbych yn y testun (e.e. plwyfi Llanfwrog a Llanferres, tref Rhuddlan a phentref Henllan). Efallai nad yw'r rheswm am hynny yn ddim mwy na phoblogrwydd yr anterliwt yn yr ardaloedd hyn, ac nad oes arwyddocâd pellach i'r cyfeiriadau, ond y mae'n anodd bod yn sicr. Ni fyddai adleoli Huw Jones yn sir Ddinbych yn ystod y 1790au yn helpu dim arnom i egluro'i ddiflaniad fel llenor erbyn diwedd y degawd, wrth gwrs.

Dengys gweithiau Huw Jones yn glir ei fod yn gwbl lythrennog ac yn gallu manteisio ar gylchrediad deunydd printiedig, gan gynnwys papurau newydd, a fyddai ar gael iddo yn nhrefi cyfagos Conwy a Llanrwst.[25] Nid yw'n bosibl sefydlu sut neu ymhle y dysgodd ddarllen. Bu eraill yn y plwyf yn ffodus o gael dysgu llythrennedd elfennol yn Ysgol Sul ewythr Hugh Hughes ar fferm y Meddiant, ac y mae'n bosibl i Huw Jones, yntau, fanteisio ar y ddarpariaeth hon.[26] Mewn 'ysgol rad' yn Nantglyn y dysgasai Twm o'r Nant adnabod ei lythrennau gyntaf, ond y mae'n amlwg i oedolion llythrennog roi cymorth pellach iddo, yn eu plith ofaint Waundwysog a'i fam ei hun.[27] Y mae sylwadau *Hanes Bywyd a Marwolaeth Brenin a Brenhines Ffrainc* ynghylch darllen yn dod o enau'r Ffŵl yn ddieithriad. Ef sy'n cwyno am gynnwys y papurau newydd ar ddechrau'r ddrama (llau. 113–16) ac yn cyfeirio yn ddiweddarach at '[dd]arllain hanes pabistiaid' (llau. 199–202). Gwyddys mai arferiad Twm o'r Nant oedd chwarae rhan y Ffŵl yn ei anterliwtiau ei hun.[28] Y mae'n bosibl y byddai Huw Jones, yntau, wedi chwarae rhan y Ffŵl yn yr anterliwt hon, os perfformiwyd hi, a bod ei Ffŵl felly yn siarad o brofiad ei greawdwr. Fel y nodwyd eisoes, y mae'r apologia sy'n rhagflaenu'r testun printiedig yn nodi mai 'fy llafurwaith yn fy ieuenctid' ydoedd *Hanes Bywyd a Marwolaeth Brenin a Brenhines Ffrainc*, ac efallai i Huw Jones gyfarwyddo a chymryd rhan mewn perfformiad o'r anterliwt yn y cyfnod cyn ei hargraffu (cyfnod o ychydig flynyddoedd yn unig, y mae'n debyg).[29]

Yr oedd anterliwtiau yn parhau i fod yn adloniant pur boblogaidd yn y cyfnod hwn. Yn wir, ceir tystiolaeth bod tref Llandudno, sy'n agos iawn i blwyf Llansanffraid Glan Conwy (os yno'n wir y trigai Huw Jones erbyn y 1790au), yn meddu ar lwyfan yng nghysgod clogwyn uchel, mewn rhan o'r dref a elwid 'Tan-y-Staig (stage)', lle y byddai 'rhai yn chwarae interliwdiau ar y Sul, a'r clogwyn a nodwyd yn "stage" iddynt'. Yr oedd y chwaraewyr a ddefnyddiai'r llwyfan hwn yn cynnwys Twm o'r Nant ei hun.[30] Y mae *Hanes Bywyd a Marwolaeth Brenin a Brenhines Ffrainc* yn cynnwys nodweddion amlwg ei *genre*: y 'ddwy haen' draddodiadol, sef deunydd storïol unigryw a deunydd y cybydd; y rhagymadroddi a'r cloi arferol; y procio nodweddiadol ar y gynulleidfa; defnydd o'r offeryn ffalig gan y Ffŵl (er bod hyn yn llai amlwg nag mewn anterliwtiau cynharach); cân o gyngor i'r merched, ynghyd â nifer o ganeuon eraill ar alawon poblogaidd; ac ymffrost y cymeriadau a'u darostyngiad gan y Ffŵl. At hyn, ceir ar ddechrau'r testun argraffedig restr o'r cymeriadau wedi'u rhannu'n un grŵp o bum cymeriad (grŵp I, sy'n cynnwys y Ffŵl) a dau grŵp o wyth cymeriad, y rhannau oll felly i'w chwarae gan dri actor. Fel Twm o'r Nant, a gwtogodd y nifer o actorion a oedd yn angenrheidiol ar gyfer perfformio'i anterliwtiau am resymau economaidd, y mae'n bur debygol bod Huw Jones yn ymwybodol o fanteision rhaniad fel hwn rhwng nifer fechan o actorion.³¹ At hyn, gellir nodi nad oes rheswm i gredu bod anterliwtiau'n cael eu cyfansoddi i'w darllen yn unig, fel rheol, ac y mae'n bur debyg mai eithriad oedd cyfansoddiad megis *Pedwar Chwarter y Flwyddyn* o waith Ellis Roberts (Elis y Cowper).³² Awgrymodd G. G. Evans mai 'ychydig o werth dramatig' a berthyn i un o destunau eraill y 1790au, anterliwt John Thomas, *Urania. Neu grefyddol ddadleuon, rhwng amrywiol sectau sŷdd yn gyffredin Ynghymru yr oes bresennol; ond yn fwŷ nailltuol, Rhwng y Crynnwr [Quaker] a'r Bedyddwyr. Methodist, etc.*, ond y mae'n casglu 'mai anterliwd a lwyfannwyd wedi ei chyfaddasu'n llyfr ydyw'.³³ Ymddengys i John Thomas wneud ymdrech arbennig i gymhwyso'i destun ar gyfer cynulleidfa o ddarllenwyr: law yn llaw â nodweddion anterliwtaidd lu (yn eu plith anerchiadau megis 'Be' sy' yma'n cadw byrdwn?' wrth i gymeriadau ddod ar y llwyfan), ceir ynddi anogaeth i'r darllenydd, 'Os 'w'llysi drwy fwyniant trosto fe fyned, / Cei weled eu haelach a llawnach ddarlleniad'.³⁴ Y mae'n bur debyg bod gwaith John Thomas yn dyst i duedd gynyddol ymhlith awduron y *genre* i ystyried y testun argraffedig yn ategiad pwysig i'r anterliwt a berfformid. Fel y beirdd baledol, byddai anterliwtwyr diwedd y ganrif yn fwyfwy ymwybodol o'r potensial i werthu copïau print, ac o bosibl yn cynnwys elfennau, naill ai yn y testun a leferid neu yn y cyfarwyddyd llwyfan, a fyddai'n siarad yn uniongyrchol â darllenydd yn hytrach na gwrandawr, neu â darllenydd yn ogystal â gwrandawr. Ceir consesiynau o'r fath i'r darllenydd yn anterliwt Huw Jones, sy'n mwynhau rhoi ychydig ffeithiau ychwanegol ynghylch cwymp *Ancien Régime* Ffrainc yng nghyfarwyddyd llwyfan y testun argraffedig.³⁵

Os bu *Hanes Bywyd a Marwolaeth Brenin a Brenhines Ffrainc* ar daith, ni allwn ond dyfalu pa mor eang oedd cylch ei pherfformio. Efallai, o ystyried yr enwau lleoedd a grybwyllir ynddi, y byddai sir Ddinbych wedi bod yn atynfa gref. Y mae'r dystiolaeth ynghylch argraffu baledi Huw Jones yn awgrymu mai gweddol geidwadol ydoedd yn ei ymdrechion i daenu ei waith ar hyd a lled gwlad. Y mae pob un o'r baledi sy'n cynnwys manylion cyhoeddi yn nodi mai yn Nhrefriw y'i hargraffwyd, fel yr anterliwt, hithau. Byddai gwasg Ishmael Davies, mab ac olynydd Dafydd Jones (Dewi Fardd), o fewn pellter cyfleus i Huw Jones os trigai ym mhlwyf Llansanffraid Glan Conwy. Cwta ddeuddeng milltir a hanner sydd rhwng pentref Llansanffraid Glanconwy a Threfriw o ddilyn y briffordd heddiw i lawr dyffryn afon Conwy. Tebyg y byddai Huw Jones wedi defnyddio gwasanaeth gwerthwr ar gyfer cyhoeddi ei faledi, os nad ei anterliwt. Robert Prichard oedd enw gwerthwr 'Carol Plygain ar y mesur a elwir, Difyrrwch Gwŷr y Gogledd' (cerdd 3). Yr oedd ef yn weithredol yn y 1790au mewn cysylltiad â gwasg

Trefriw (nid oes enghraifft gadarnhaol ohono'n gwerthu gwaith o unrhyw wasg arall, er bod rhai o'r gweithiau a werthodd heb enw gwasg ynghlwm wrthynt).[36] Yr oedd ganddo duedd i werthu gweithiau a oedd yn ymwneud â'r rhyfeloedd cyfoes – er enghraifft, baled John Williams 'I ddeisyf ar y Goruchaf Dduw roddi Bendith a llwyddiant, i Filwyr Brydain Fawr yn yr amgylchiadau presennol', neu faled Edward Pugh ynghylch brwydr Penrhyn St Vincent[37] – ond gwerthai yn ogystal garolau plygain a cherddi ar destunau amrywiol eraill. Y tebygrwydd, felly, yw mai dilyn arferiad a oedd yn boblogaidd yn ystod y ddeunawfed ganrif a wnâi Huw Jones, sef rhoi ei gynnyrch prydyddol i werthwr a drefnai i'w argraffu cyn ei gludo o amgylch y ffeiriau a'i werthu. Nid oes arwyddion ei fod yn crwydro i werthu ei weithiau'i hun, fel y gwnâi Richard Roberts, gŵr prysur arall yn ystod y 1790au, a'i disgrifiai ei hun fel 'baledwr' ac a gyhoeddai ei waith mewn sawl man gwahanol gan ei gludo o amgylch y wlad ei hunan.[38] Gweithredu o fewn dalgylch cymharol gyfyngedig a sefydlog a wnâi Huw Jones, felly. Nid yw hyn o anghenraid yn golygu y byddai cylch gwerthiant ei waith yn fychan: hawdd dychmygu y byddai ei faled ar destun brwydr St Vincent, a grybwyllir ymhellach isod (cerdd 2), wedi bod yn hynod atyniadol a phoblogaidd.

Fel y nodwyd eisoes, y mae'n bur debyg bod holl waith cyhoeddedig Huw Jones yn perthyn i ddegawd y Chwyldro Ffrengig, ac y mae rhyfel yn thema bwysig yn ei waith (trafodir isod bwysigrwydd y thema hon yn yr anterliwt).[39] Ei *tour de force* yw'r faled am oresgyniad y Llyngesydd John Jervis dros y Sbaenwyr ym mrwydr Penrhyn St Vincent yn ne-ddwyrain Portiwgal ar 14 Chwefror 1797 (cerdd 2). Y mae'r faled ddramatig a lliwgar hon yn ymhyfrydu yn y fuddugoliaeth i'r fath raddau nes bod yr ymddiheuro am bechod y Prydeinwyr, nodwedd stoc ym maledi'r cyfnod, yn ymddangos bron yn gwbl ystrydebol. Y mae'n fodd i asio'r gerdd yn llwyddiannus â'r garol plygain sy'n ei dilyn yn y pamffled lle y'i cyhoeddwyd, serch hynny. Beirniedir yn y garol bobl bwysig (Herodiaid y byd) oherwydd eu chwant a'u harchwaeth am ryfel:

> Nid ydyw Crist yn Feddyg ond i'r drylliedig llwm
> Fo wedi gweld ei waeledd a'i agwedd, trosedd trwm;
> A hwnnw gaiff o'i gariad ddatodiad cloead clwm.
> Ni cheiff Herodiaid mono er chwilio, trystio, troi,
> Am iddynt fod mor uchel am ryfel yn ymroi.[40]

Y mae cyfeirio at sefyllfa o ryfel yn bur gyffredin mewn carolau plygain sy'n deillio o flynyddoedd mwyaf cythryblus y ddeunawfed ganrif. Mewn 'Carol Plygen i'w ganu ar "Susanna"', eglura Mrs Parry o Blas yn y Fa[e]rdre mai 'o achos pechod' y bu dinistr yn America ym 1777, a gofynna am fendith

Duw ar George III a 'Siarlota ei wraig anwyla'.⁴¹ Crybwyllir y 'rhyfyg a'r rhyfel, syn drafel sŵn drud' gan Twm o'r Nant, yntau, mewn 'Carol Nadolig ar "Betty Brown" neu "Sunselia"' o'r un flwyddyn.⁴² Yng ngharol adnabyddus John Richards (Siôn Ebrill), 'wedi ei chymeryd allan o'r ail bennod o Luc. I'w ganu ar fesur a elwir "Duw, cadw'r Brenin"', daw'n amlwg bod y bardd yn annerch cynulleidfa mewn cyfnod o ryfel yn y pennill olaf. Yno, mydryddir y dyddiad, 1792, a gelwir am amddiffyniad Duw i'n 'Teyrnas a'n Brenin'. Dymunir yn ogystal 'Na ddelo pabyddiaeth nac un ffals ddysgeidiaeth, / Na diffaith naturiaeth i'n tir' – mynegiant cynnar o'r pryder ynghylch glaniadau posibl gan y Ffrancwyr ar dir Prydain.⁴³ Pryder tebyg sydd y tu cefn i'r llinellau canlynol o bennill olaf un o garolau Huw Jones:

> Rhag uffern, gethern gad, sy'n glir am lyncu'n gwlad,
> O, Frenin ne', dod yn ein lle wellhad!⁴⁴

Yn wahanol i John Richards, serch hynny, ni thry Huw Jones i gyfeirio at y brenin a'r wladwriaeth, er gwaethaf ei bryder ynghylch '[ll]yncu'n gwlad' gan y gelyn. Cyflwr ysbrydol yr unigolyn sy'n sicrhau achubiaeth gwlad a 'sai*f* yn syth gael bod yn ffyddlon' (cerdd 6, ll. 47), mewn cyfnod sy'n cael ei ystyried yn un apocalyptaidd (cerdd 3, llau. 45–57). Y mae taerineb ymbilgar yn ymdrechion y bardd i ddarbwyllo'i gynulleidfa o'r angen i '[g]ydnes[áu]' at Dduw (ibid., ll. 58), a chydbrofi ing dioddefaint Crist ar y groes:

> Pam na wnawn wylo a gwyro ein gwawr
> Yn gyfan oll wrth gofio'n awr
> Am waed yr Arglwydd Iesu oedd yn diferu'n fawr?⁴⁵

At hyn, y mae'n rhybuddio yn erbyn '[rh]agrithio pyncio pell' ymhlith y beirdd a chynhyrchu 'rhyw wael benillion', gan alw yn hytrach am '[g]anu o wraidd y galon, sanctaidd gist' (ibid., llau. 4–7). Y mae'r ffaith bod Huw Jones yn ymatal rhag unrhyw arlliw o jingoistiaeth yn ei garolau plygain yn ystod y 1790au, gan gadw yn hytrach at naws hunanymholgar a difrifol, yn awgrymu didwylledd ei ffydd, gafael traddodiad y plygain arno, a'i feddwl annibynnol ar destun rhyfel.⁴⁶

Pery'r unigolyddiaeth hon yn ei '[Gerdd] yn achos y rhyfel presennol', baled arall sydd bron yn sicr yn perthyn i gyfnod y rhyfeloedd rhwng Prydain a Ffrainc a gychwynnodd ym 1793 (cerdd 1). Myfyrio ar y gagendor rhwng profiad rhai sydd mewn rhyfel a'r rhai sydd gartref a wna Huw Jones yma. Ailadrodda dro ar ôl tro yr ystyriaeth nad 'gartref yn y cornel', 'gartref ger y byrddau / Wrth fwyta prydau yn eu pryd' neu 'gartref mewn tafarnau' y mae 'rhyfelwyr / Ond gyda'r milwyr yn y maes' (llau. 21, 29–30, 33, 73–4).

Gellir ystyried y sylwadau hyn fel adlewyrchiad o gyflwr datblygedig gwybodaeth y 'gwylwyr', gartref yng Nghymru ac mewn rhannau eraill o Brydain, ynghylch digwyddiadau'r rhyfel: gyda thwf yn ymlediad y wasg gyfnodol yn y 1790au yr oedd canfod ffeithiau ynglŷn â'r hyn a âi ymlaen mewn brwydrau pellennig yn dod yn haws bob dydd.[47] Canlyniad hyn oedd bod bywyd personol neu 'fewnol' unigolion ym Mhrydain wedi'i uno â phrofiadau ei filwyr mewn ffordd na fyddai wedi bod yn bosibl cyn cyfnod y Chwyldro.[48] Yn wir, y mae baled Huw Jones ei hunan i frwydr Penrhyn St Vincent yn dyst i hynny, gyda'i ffigurau manwl ynghylch nifer y rhai a laddwyd ac a glwyfwyd.[49] Fel y nododd mewn cerdd arall, yr oedd yn hawdd, o'r herwydd:

> [i] aml fydolddoethyn
> Neu ffwlcyn ffôl yn ddrwg ei rôl
> . . . sôn o egni'i galon
> Am ddynion sy'n y ddôl!

a

> . . . beio arnyn'
> Ar hyd y flwyddyn mor ddi-flas,
> Heb arnynt gur ond gwawdio'n sur
> Y milwyr sy'n y ma's.[50]

Yn hytrach na beirniadu o bell fel y 'bydolddoethion aflan' (cerdd 1, ll. 57), gan seilio'u hymateb y mae'n bur bosibl ar adroddiadau swyddogol y papurau, argymhelliad Huw Jones yw i'r gynulleidfa gartref weddïo dros y rhai sy'n ymladd (ibid., llau. 65–8). Er mwyn sicrhau rhwyddineb gwneud hynny, y mae'n cynnig darlun pur iasol o brofiad y milwr, gan gyfeirio at synau'r 'clerau' a'r drymiau fel

> Sŵn muwsig sy'n y meysydd
> Yn rhoi *distawnwydd* i bob dyn
> Rhag sŵn rhai cla' sy'n gweiddi 'Ha!'
> Yn gyfa' bod ag un.[51]

Wrth ddarlunio sŵn (cerddoriaeth filwrol) yn boddi sŵn arall (ochneidiau'r clwyfedig), y mae Huw Jones yn cyfleu darlun sinematograffig o drais, sy'n cwestiynu'n ddwys berthynas y gwyliwr lleyg ag erchyllterau rhyfel. Ai gwylio'n wrthrychol o bell y mae'r sawl sydd gartref, neu a yw rhyfel yn rhan hanfodol o'i seice ef ei hun?[52] Drwy godi'r ystyriaethau hyn yn ei faled, dengys yr awdur ymateb sensitif i gynyrfiadau degawd y Chwyldro.

## Hanes Bywyd a Marwolaeth Brenin a Brenhines Ffrainc

### (i) Dyddio ac argraffu

Fel y nodwyd, Ishmael Davies, mab Dafydd Jones o Drefriw, a argraffodd yr anterliwt; ef hefyd a argraffodd gerddi 2–5.[53] Priododd Ishmael ym 1782, a symudodd y wasg o Dan yr Yw, gyferbyn ag eglwys Trefriw, i Fryn Pyll Isaf, tŷ mwy o faint y tu allan i'r pentref. Cydweithiodd â'i dad yno hyd ei farwolaeth ef ym 1785.[54] Yr oedd perthynas agos rhwng Dafydd Jones ac Ellis Roberts – galwodd Gerald Morgan wasg Trefriw yn 'wasg un awdur, bron, gan mor doreithiog fu ei hargraffiadau o waith y Cowper'.[55] Er gwaethaf hyn, araf iawn fu'r hen argraffydd i fentro cyhoeddi anterliwtiau, er bod Elis y Cowper yn anterliwtiwr hynod gynhyrchiol.[56] Dim ond un, yn wir, sef *Y Ddau Gyfamod* – anterliwt ynghylch Rhyfel Annibyniaeth America – a argraffodd, hynny ym 1777. Bu bwlch o ddegawd cyfan cyn i'w fab droi ei law at dasg gyffelyb, gan argraffu *Pedwar Chwarter y Flwyddyn* ym 1787, a *Cristion a Drygddyn* ym 1788, y ddwy yn anterliwtiau o waith Ellis Roberts, drachefn.[57] Y mae safon argraffu *Pedwar Chwarter y Flwyddyn*, er enghraifft, yn ddigon boddhaol. Rhannwyd y penillion yn dwt ac yn gywir, ac y mae nifer y gwallau orgraffyddol yn isel.[58] Barn wahanol, fodd bynnag, a fynegir gan Gerald Morgan yn ei astudiaeth 'Baledi Dyffryn Conwy'. Anghytuna Morgan â sylw a wnaed gan Thomas Parry ynghylch ceinder gwaith argraffu Ishmael Davies, gan awgrymu mai dan ddylanwad ei fab ef, John Jones, a ddechreuodd ymddiddori yn y busnes oddeutu 1810–11, y gwelwyd gwelliant yn safon cynnyrch gwasg Trefriw.[59]

Ystyriwyd eisoes y cwestiwn a berfformiwyd anterliwt Huw Jones ai peidio, gan awgrymu bod hynny'n gwbl bosibl (gw. *Yr awdur* uchod). Gosodwyd y dyddiad 1798 ar wynebddalen yr argraffiad, ond dim ond ychydig flynyddoedd ar y mwyaf a aeth heibio rhwng cyfansoddi'r anterliwt a'i chyhoeddi, os ystyrir yn fanwl dystiolaeth fewnol y testun. Y mae cyfeiriadau lu ynddo at ddigwyddiadau y gellir eu dyddio – rhai'n fwy sicr nag eraill. Y digwyddiad olaf y cyfeirir ato nad oes unrhyw amwysedd ynghlwm wrtho yw dienyddiad Marie Antoinette ar 17 Hydref 1793. Cyn hynny, sonnir am ymgyrchoedd Dug Efrog yn Fflandrys, ac am ymosodiad Ffrainc ar nifer o wledydd eraill, gan gynnwys yr Iseldiroedd a Gwlad Belg. Nid oes unrhyw un o'r cyfeiriadau hyn yn ein gorfodi i ddyddio'r testun yn fwy diweddar na Hydref 1793. Y mae cyfeiriadau at ddigwyddiadau mewnol ym Mhrydain yn anos eu dyddio'n bendant. Bu sylw mawr i ffoaduriaid o Ffrainc yn ystod 1793; gellir synhwyro arlliw o sylwadau Richard Brinsley Sheridan ym mis Ionawr 1794 ynghylch trethu ym meirniadaeth yr anterliwtiwr o'r dosbarthiadau uchaf, ond ni ellir profi mai geiriau Sheridan (wedi'u cyfieithu i'r Gymraeg yn y *Cylch-grawn Cynmraeg*) oedd ffynhonnell Huw Jones; 1795 oedd blwyddyn amlycaf y terfysgoedd yn erbyn allforio grawn (sy'n cael sylw yn yr anterliwt), a bu terfysg ar Fferi Conwy, ardal yr oedd gan Huw Jones gyswllt â hi, yn y flwyddyn honno. Gellid ystyried y portread o 'fobio' y Pab ar ddiwedd yr anterliwt fel adlewyrchiad o'r ymosodiadau ar y Gwladwriaethau Pabaidd yn nechrau 1798. Y mae'n bur annhebygol y byddai'r anterliwt wedi'i chyfansoddi mor ddiweddar â hyn, fodd bynnag, ac, fel yr awgrymir isod, tebyg mai credoau cyffredin ynghylch cwymp fileneraidd yr Anghrist pabaidd sydd y tu cefn i'r olygfa sy'n cloi'r anterliwt.[60] Os rhoddir pwys llawn i'r cyfeiriad at y terfysgoedd grawn, felly, gwthir dyddiad cyfansoddi'r anterliwt ymlaen cyn belled â 1795.

*(ii)* Ancien Régime *Gatholig yr anterliwt*

Y mae hanner cyntaf testun yr anterliwt (hyd ll. 815) wedi'i neilltuo i ddylunio Ffrainc yr *Ancien Régime*. Yn ôl dealltwriaeth yr awdur, cynhelid y wladwriaeth gan ddau unben – y Brenin Lewis XVI a'i wraig. Yr oedd ffydd Gatholig ddisyfl yn ganolog i'w teyrnasiad: yr oedd eu deiliaid yn rhwym wrth drefn yr Eglwys Gatholig o adrodd pechodau i glust cyffeswr o offeiriad, ac yr oedd hereticiaid Protestannaidd yn dioddef cosbedigaethau llym. Darlun un dimensiwn a llawn rhagfarn o Ffrainc dan yr hen drefn a rydd Huw Jones, ac fe ddengys beth diffyg gwybodaeth o ffeithiau sylfaenol ynghylch teyrnasiad brenin a breninhes olaf yr *Ancien Régime*. Nid enwir y Frenhines Marie Antoinette wrth ei henw priod, er enghraifft, ac ni cheir unrhyw awgrym bod yr awdur yn ymwybodol o'i thras Awstriaidd ac o'r helyntion a achoswyd iddi o'r herwydd, hyd yn oed cyn dyddiau'r Chwyldro. Ategiad i'w gŵr ydyw, yn hytrach, ac y mae'r portread ohoni'n dilyn confensiynau *genres* yr anterliwt a'r faled. Ar ei hymddangosiad cyntaf (ll. 248 ymlaen) y mae'n destun gwatwar y Ffŵl oherwydd ei thaldra – taldra a achosir gan ei phenwisg ffasiynol. Fel y dangosodd Siwan Rosser, yr oedd baledwyr y ddeunawfed ganrif yn barod iawn i feirniadu merched am wisgo '[c]ryn werth Punt o Euddo Siop / Wedi pwnnio ar dop eu Pennau'.[61] Yr oedd portreadau o'r fath yn gam pendant tuag at 'fenyweiddio balchder', yn null Ellis Wynne yn *Gweledigaetheu y Bardd Cwsc* (1703), a chan y credid mai o Ffrainc y tarddai ffasiynau eithafol megis penwisgoedd merched, y mae'n gwbl naturiol gweld Huw Jones yn disgrifio'r Frenhines fel yr 'hŵr o Baris' (ll. 252).[62] Yma, clymwyd at ddarlun y baledi o'r ferch ffasiynol, rodresgar, gonfensiwn nodweddiadol anllad sy'n perthyn i'r anterliwt. Golyga taldra'r Frenhines fod angen ysgol ar y Ffŵl i'w chyrraedd i roi cusan iddi: fel arall, byddai'n rhaid iddo gydio 'mewn peth o'i chedor', awgrym sy'n gwylltio'i gŵr, y Brenin, yn gandryll ac yn arwain at gryn gythrwfl ar y llwyfan.⁶³ Y mae balchder yn cael ei gwymp, felly, drwy gyfrwng pryfocio digywilydd y Ffŵl, ac y mae brenhines Ffrainc yn cael ei thrin yn unol â chonfensiynau sy'n hysbys i'r awdur a'i gynulleidfa.

Byddai gan Huw Jones gynseiliau ychydig yn fwy penodol i'w bortread o'r Brenin, fel un o gadwyn o 'Lewisiaid' y teulu Capet (ll. 121), a hynny ym marddoniaeth a rhyddiaith y ganrif a rhagor a aethai heibio cyn iddo lunio'r testun hwn. Cynnwys cerdd Huw Morys ynghylch 'Hanes y rhyfel a fu rhwng y Brenin Wiliam a Lewis o Ffrainc, yn y fl. 1692' ddarlun trawiadol o rwysg a *hubris* Lewis XIV, y *Roi Soleil*, yn ystod un o frwydrau morwrol y Rhyfel Naw Mlynedd (1688–97). Yn ôl y gerdd, a ddilynai dyb gyfoes gyffredin, yr oedd llong fwyaf blaenllaw llynges Lewis yn ystod y frwydr dan sylw wedi'i haddurno â delwau – un o '[g]ythraul' ar ei blaen, ac ar ei chefn

> Llun Wiliam ein brenin, oedd yno ar ei ddeulin,
> Heb help nac amddiffyn – ond trablin y tro!
> A Lewis y gynnen, i'w d'wyso mewn cadwen,
> Ni ffynnodd mo'i accen yn mocio.⁶⁴

Gwyrdrowyd y ddelwedd hon gan ganlyniad y frwydr, sef buddugoliaeth i Brydain. Defnyddiwyd cerddi Huw Morys gan Thomas Jones i ddwysáu propaganda gwrth-Lewisaidd ei almanaciau yn niwedd yr ail ganrif ar bymtheg a dechrau'r ddeunawfed ganrif.⁶⁵ Yn yr un cyfnod, rhoddwyd hwb i'r traddodiad o ffieiddio at frenhinoedd Ffrainc mewn llenyddiaeth Gymraeg gan waith Ellis Wynne, a '[g]asâi Lewis o Ffrainc â chas cyflawn', yn ôl Gwyn Thomas. Yn *Gweledigaetheu y Bardd Cwsc* gosododd ei lys yn agos at borth Stryd y Balchder, gan ddangos adroddwr y gweledigaethau yn chwilota amdano ymhlith y pum cyn-frenin a roddwyd yn ddiweddarach yn Uffern.⁶⁶ Daliai'r traddodiad gwrth-Lewisaidd i afael yn ail hanner y ddeunawfed ganrif. Pwysleisir Catholigiaeth atgas Lewis arall (Lewis XV, a oedd yn ŵyr i Lewis XIV) mewn 'Cerdd newydd, sef y Militia yn canu ffarwel i'w gwlad', a gyhoeddwyd ym 1761, ac y mae trydydd Lewis, sef Lewis XVI (ŵyr i Lewis XV y tro hwn), yn cael ei bortreadu fel ffigwr Maciafelaidd gan Ellis Roberts mewn baled sy'n adrodd hanes glaniad yr herwlongwr John Paul Jones yn Whitehaven, swydd Efrog, ym 1778.⁶⁷ Defnyddiodd Huw Jones gonfensiynau'r anterliwt i ategu at y rhagfarnau nodweddiadol hyn, gan bortreadu'r Brenin fel unben dieflig. Cyffredin iawn yn y *genre* yw gweld cymeriadau'n ymddyrchafu ar y llwyfan o flaen y dorf mewn monologau a chaneuon, cyn i aelod arall o'r cast, y Ffŵl geirwir fel rheol, dorri ar eu myfyrdod a'u cystwyo am eu balchder. Yn *Pedair Colofn Gwladwriaeth*, defnyddiodd Twm o'r Nant y patrwm hwn i feirniadu cymeriad 'Brenin' (heb fanylu brenin ar bwy ydoedd).⁶⁸ Adleisir y patrwm mewn anterliwt o waith Edward Roberts, neu Iorwerth ap Robert, Glyn Ceiriog, a gyfansoddwyd yn y flwyddyn 1800. Y mae Brenin a Brenhines Balchder yn ei anterliwt ef yn honni mai hwy 'sy'n rheoli, / Holl deyrnas Ffraingc a Lloegr hefyd' – awgrym o gryfder y traddodiad o gysylltu Ffrainc a'i brenhinoedd â balchder, o amser Ellis Wynne ymlaen, er bod gwneud hynny'n gwbl anacronistaidd erbyn troad y ddeunawfed ganrif.⁶⁹

Y mae cysgod Ellis Wynne yn gryf dros rannau cyntaf anterliwt Huw Jones. Nid yn unig y mae aelodau'r dorf ei hun yn cael eu cyhuddo o fod yn Ffrancod, sy'n trigo yn 'Ystryd y Balchder' fel yr honnodd 'Done Quavato dyner' (llau. 395–6), ond y mae'r portread o arferion bugeiliaid a phraidd yr Eglwys Gatholig yn drwm dan ddylanwad y *Gweledigaetheu* yn ogystal, er nad yw'n debygol mai at gyfrol Wynne y cyfeiria'r Ffŵl yn y pennill isod:

> Bûm minne'n darllain hanes pabistiaid
> Tan chollais agos lewyrch fy llygaid,
> A dal sylw, fel roeddwn lob,
> Ar eu crefydd ym mhob crafiad (llau. 199–202).

Ni allasai Huw Jones fod wedi cael hyd i'r holl wybodaeth a rydd yn y testun ynghylch hanes y pabau – peth ohoni'n fwy cywir na'i gilydd – yng ngwaith Wynne.⁷⁰ Serch hynny, wrth ddisgrifio natur (neu 'ddull') Catholigiaeth yn llawn, gan lwyfannu enghreifftiau o gyffes y pechadur gerbron yr offeiriad, dibynnodd yn helaeth ar *vignettes* o 'Weledigaeth Cwrs y Byd'. Dengys y portreadau hyn offeiriad yn rhoi cymod i wraig a laddodd heretic Protestannaidd am 'gryn-god o arian', ac yn cyfarwyddo merch a feichiogwyd gan un o'i gyd-fynachod, 'Rhaid i chwi edifarhau, a'ch Penyd yw gwilied wrth fy ngwely i heno'.⁷¹ Y mae'n bosibl i Huw Jones amsugno rhai o'i gredoau o lyfrau poblogaidd megis *Acts and Monuments* John Foxe, gwaith a adwaenid yn ogystal wrth y teitl *The Book of Martyrs*, er na chaed cyfieithiad Cymraeg hyd 1813.⁷² Ysbrydolwyd sawl pamffled a chyfrol wrth-Gatholig bellach yn Lloegr y ddeunawfed ganrif gan lyfr Foxe, a gâi ei arddangos mewn eglwysi o 1570 ymlaen, ac a ymddangosodd mewn sawl fersiwn yn ystod y ddeunawfed ganrif.⁷³ Yn y gweithiau hyn, cyfunid darlun o erledigaeth y Catholigion o'r Protestaniaid ym Mhrydain â gwybodaeth am hanes a pharhad creulondeb y Catholigion tuag at Brotestaniaid ar gyfandir Ewrop.⁷⁴ Pa mor hygyrch bynnag fyddai gweithiau Saesneg o'r fath i Huw Jones, y mae'n bur debygol y byddai ei agweddau yn dibynnu nid yn unig ar ei ddarllen ond hefyd ar yr hinsawdd gyfoes mewn perthynas â Chatholigiaeth. Dadleuodd Paul O'Leary fod agweddau'r Cymry tuag at Gatholigiaeth yn gyson wrthwynebus o ddechrau'r bedwaredd ganrif ar bymtheg.[75] Y mae'r ymateb gelyniaethus a welwyd i'r cynnig i roi hawliau sifil llawn i Gatholigion wedi diwedd y Rhyfeloedd Napoleonaidd yn awgrymu bod craidd o ragfarn wrth-Gatholig yn bodoli ymlaen llaw, yn barod i gael ei mynegi a'i ddatblygu. Y mae lle i gredu bod damcaniaeth Colin Haydon ynghylch Catholigiaeth yn Lloegr y ddeunawfed ganrif – sef 'that the eighteenth century constituted a bridge, not a hiatus, between the better-researched "No Popery" troubles of the Stuart and Victorian eras' – yn berthnasol i Gymru yn ogystal.[76]

Awgrymir gan Haydon fod traddodiad llafar gwrth-Gatholig cryf yn bodoli yn Lloegr, efallai o gyfnod erledigaeth Mari Tudur (neu Mari Waedlyd) ymlaen. Ceir enghraifft o'r hyn a fyddai'n cylchredeg ar lafar mewn llythyr oddi wrth Elizabeth Baker at Robert Williames Vaughan, Dolgellau, ym 1797, llythyr a anfonwyd, y mae'n bur debyg, yn sgil glaniad y Ffrancod ger Abergwaun. Y mae geiriau Baker, a fagwyd yng Nghanolbarth Lloegr, yn dangos natur y traddodiad llafar gwrth-Gatholig, yma wedi'i wreiddio mewn hanesion ynghylch gwrthryfel y Gwyddelod Catholig yn erbyn Protestaniaid Iwerddon ym mis Hydref 1642:

> I confess till the arrival of the Express the rumour appeared to me like what had been in infancy told me of the Wild Irish; who had slain man, woman, and child from the several ports as they came till stopt at Highate.[77]

Dengys atgofion Hugh Evans, awdur y gyfrol boblogaidd *Cwm Eithin*, fod rhagfarnau tebyg yn fyw ar lafar gwlad yng Nghymru yn ogystal. Honnodd Evans y byddai ei nain yn sôn am erledigaethau teyrnasiad Mari Tudur wrtho, a bod ei hatgofion hi'n mynd yn ôl cyn belled â diwedd y ddeunawfed ganrif.[78] Er mai pytiog ar y gorau yw'r olion o draddodiad o'r fath, sydd bellach y tu hwnt i gyrraedd hawdd, nid oes lle i amau nad oedd rhagfarn wrth-Gatholig yn rhan o ymwybyddiaeth Cymry cenhedlaeth Huw Jones. Ymddengys ei bod yn seiliedig yn aml ar enghreifftiau penodol o orthrwm o du'r pabyddion, megis achos gwrthryfel 1642 yn Iwerddon, y clywsai Elizabeth Baker yn ei gylch yn ôl tystiolaeth y dyfyniad uchod, neu deyrnasiad Mari Tudur. Enghraifft arall o achos nodedig o erledigaeth oedd diwrnod Sant Bartholomeus ym 1572, pan laddwyd llu o Gatholigion gan Charles IX yn Ffrainc. Sonnir am gosbi hereticiaid yn yr anterliwt, ond heb enwi achos penodol. Yn wir, byddai'n anacronistaidd lleoli achosion o erledigaeth yn ystod teyrnasiad Lewis XVI a byddai Huw Jones wedi gorfod tynnu ar atgofion o erlid cynharach.[79] Y mae'n bur bosibl y byddai atgofion o erledigaeth diwrnod Sant Bartholomeus yn hysbys ar lafar gwlad iddo. Byddai pregethwyr yn Lloegr yn sôn am y gyflafan honno er mwyn rhoi tanwydd i'w polemig gwrth-Gatholig,[80] a phan benderfynodd Emrys ap Iwan ymrithio fel Tad

Catholig yn *Breuddwyd Pabydd wrth ei Ewyllys* (1890), cyfeiriodd yntau ati yn ogystal.[81] Er bod bron i ganrif gyfan wedi mynd heibio rhwng cyhoeddi *Hanes Bywyd a Marwolaeth Brenin a Brenhines Ffrainc* a *Breuddwyd* ap Iwan, nid cwbl ffansïol yw awgrymu bod y gwaith olaf yn dyst i agweddau o gyfnod cryn dipyn yn gynharach na'r 1890au.

Y mae darlun yr anterliwt o'r *Ancien Régime* yn Ffrainc ynghlwm, felly, wrth agweddau poblogaidd tuag at Gatholigiaeth, wedi'u cyfoethogi rhyw gymaint gan ffynhonnell neu ffynonellau print nas enwir, ac wrth ragfarnau ynghylch 'balchder' y Ffrancwyr a'u brenhinoedd. Rhydd *genre* Huw Jones batrwm neilltuol i'w gyflwyniad o'r deunydd hwn, gan ei gynorthwyo i bwysleisio traha eithafol Lewis, yn enwedig. Er nad oedd yn ddall i'r rhan a chwaraeodd gwrthwynebwyr gorthrymedig Lewis XVI yng nghwymp y frenhiniaeth (fel y gwelir isod), ni roddodd Huw Jones flaenoriaeth i'r hyn y byddai haneswyr heddiw yn eu hystyried ymhlith 'achosion' diddymu'r fonarchiaeth yn Ffrainc, yn eu plith yr argyfwng ariannol y disgynnodd y wlad iddo yn sgil gwariant eithafol Rhyfel Annibyniaeth America; dysgeidiaeth y *philosophes* ac egni newydd y sffêr gyhoeddus; ac ymdrechion ffaeledig Lewis a'i weinidogion i ddiwygio'r drefn wleidyddol.[82] Ymlafniodd rhai o'i gyfoeswyr yng Nghymru yn galetach nag ef i ddehongli achosion y Chwyldro. Y mae pamffled o waith y Methodist John Owen, Machynlleth, a gyhoeddwyd ym 1797, yn cychwyn drwy restru rhai ohonynt, gan enwi 'Gorthrymus Lywodraeth', 'Gau Philosophyddiaeth', 'Anuwioldeb yr Offeiriaid' a 'Didduwiaeth y Penaethied'.[83] Dengys Owen sut y disodlwyd amryfal grwpiau dylanwadol yn Ffrainc gan garfanau eraill islaw iddynt yn yr hierarchaeth gymdeithasol. Symudwyd y Brenin o'i swydd gan y 'penaethiaid', y penaethiaid gan y llafurwyr, y llafurwyr gan eu gweision, a'r gweision hynny gan y crefftwyr, mewn cyfres o wrthryfeloedd hynod waedlyd.[84] Dwyseir pwyslais ei bamffled ar chwaraewyr dynol y Chwyldro wrth iddo gyfeirio at rai o brif actorion ei flynyddoedd mwyaf cythryblus ac adrodd, yn fyw iawn, stori Charlotte Corday yn llofruddio Marat.[85] Eto, y mae casgliad Owen yn diystyru pwysigrwydd yr actorion hyn:

> Beth a ddywedwn ni wrth y pethau hyn, a[i] digwyddiadau Damweiniol ydynt; neu yntau onid yw'r un ag sydd ai lwybr yn y Corwynt ag yn y Ryferthwy, yn *Rheolu ar*, ag yn *Gweithredu Drwy*, BOB PETH; er nad ellir canmol doethineb, Dynolieth, na daionu rhai or dynion, fu ar y cyntaf yn dwyn ymlaen y Cyfnewidiad yn *Ffraïnc*, etto *Jehofa* sydd yn tyrnasu, mae efe'n ddoeth o galon yn alluog o nerth, yn dwyn goleuni, allan o Dywyllwch trefn o anrhefn, Da o ddrwg, am hyni gorfoledded y ddaer a llawenyched ynysodd lawer pwy a wyr na bydd ir terfysgodd ar cyfnewidadau presenol ddwyn i mewn rai or bendithion mwyaf, nad yw'r rhwystrau ar tramgwyddiadau yn cael ei symud, ar ffordd yn cael ei digaregi i werth y gwaed, dyfod tu ag adref, Ir Efengyl fynd i wlad machlyd Haul,

ag i'r rhai si'n eistedd mewn tywyllwch weled goleuni mawr, pwy a wyr, na'd yw'r dydd yn agos y bydd i weinidogion y gair Redeg drwy holl wledydd pabyddiaeth ar Efengyl dragwyddol ganddynt, pwy a wyr na chyfyd y[?n] wledydd eraill, pwy a wyr na'd yw'r amser yn Prysuro i gyflawnder y Cenhedloedd ddyfod i mewn a holl *Israel*, fod yn gadwedig.[86]

Gyda'r pwyslais hwn ar ragluniaeth Duw, y mae Owen yn mynd rhagddo i bortreadu'r Chwyldro fel rhyfel crefyddol yn erbyn pabyddiaeth, gan bwysleisio'i ddehongliad gyda phenillion bachog sy'n proffwydo diddymiad y pab a'r 'Bwystfil mawr'.[87] Y mae o'r farn 'nad ellir canmol doethineb, Dynolieth, na daionu rhai or dynion, fu ar y cyntaf yn dwyn ymlaen y Cyfnewidiad yn *Ffrainc*', ond yn gweld bendithion yn y modd y defnyddiwyd y dynion hynny fel offerynnau gan Dduw i ddwyn 'trefn o anrhefn, Da o ddrwg'.

Gellir cyferbynnu gweledigaeth John Owen â'r hyn a gyflwynir yn nhestun *Hanes Bywyd a Marwolaeth Brenin a Brenhines Ffrainc*. Y mae agwedd Huw Jones tuag at actorion y Chwyldro yn bur wahanol. Dengys gefnogaeth ddisyfyd iddynt ar sawl achlysur: 'gwerin wŷr gwrol' ydynt yng nghyflwyniad y Traethydd i'r chwarae (ll. 78), a chanmolir eu hymdrechion i drechu'r Brenin gan Morys, y cybydd ('Ond y werinlywodraeth sy'n ynnill yr awron – / O, rydwy' yn leicio hynny'n burion!'; llau. 1047–8). Nid offerynnau egwan a dirinwedd yn gweithredu ewyllys Duw yn ddiarwybod iddynt eu hunain ydynt, ond dynion o gig a gwaed yn ymladd yn gwbl fwriadol yn erbyn brenin Catholig dieflig. Mewn cyfres o olygfeydd yng nghanol y testun (llau. 815–998) ymdrechir i ddisgrifio mannau cychwyn y gwrthryfel a gododd yn erbyn Lewis yn ystod haf 1789, gan feirniadu'r Brenin am ei orthrwm ar y tlodion, am ei gyfoeth eithafol ef ei hun a'i swyddogion, ac am y diffyg 'rhydd-did' yn Ffrainc (llau. 821–34, 888). Er gwaethaf yr ystyriaethau cymdeithasol hyn, pery Catholigiaeth yr *Ancien Régime* yn rhan allweddol o'r achos yn erbyn y Brenin. Mewn cân o enau dau 'werinwr', sy'n cyferbynnu ofergoeliaeth y ffydd babaidd â goleuni'r wir ffydd Brotestannaidd (llau. 935–94), gwelir mai '[c]odi yn erbyn y Pab' (fel y nodir yn ll. 921) a wna'r ddau hyn, yn y lle cyntaf, er bod pennill olaf eu cân yn rhoi sylw i Lewis, gan ei gyffelybu i ddau deyrn o'r Hen Destament a geisiodd amharu ar hapusrwydd cenedl ddewisedig Duw, yr Israeliaid (llau. 975–94).

Yr oedd proffwydoliaethau yn darogan diwedd y pab yn fyw iawn i gynulleidfa'r *Cylch-grawn Cynmraeg* a sefydlwyd gan Morgan John Rhys ym 1793. Ar dudalennau'r cylchgrawn hwnnw ac mewn atodiad i'r pedwerydd rhifyn, lle y cynhwysodd Rhys addasiad o waith y Bedyddiwr o Sais, James Bicheno, rhagwelwyd 'fod Pabyddiaeth wedi cael ei farwol glwyf [yn Ffrainc]' ac 'na phery awdurdod y Pab ddim yn hir'.[88] Er bod y fileneriaeth a oedd yn nodweddu agweddau Methodistiaid megis John Owen ac Anghydffurfwyr fel Rhys tuag at y Chwyldro yn ffactor pwysig yn nehongliad yr anterliwt, nid yw Huw Jones yn ymddiried popeth i law Duw. Yn wir, y mae ei *genre* – a datblygiadau cyfoes ym myd y ddrama – yn llywio'i bortread o gwymp Catholigiaeth gan sicrhau bod elfen o weithrediad dynol a democrataidd yn rhan ohono. Dadleuodd Gillian Russell, un o haneswyr y ddrama yn Lloegr, fod theatr Saesneg y 1790au yn dangos 'a newly proclaimed sovereignty of the people'. Hyd yn oed ymhlith awduron cwbl geidwadol a theyrngar i'r dosbarthiadau llywodraethol ym Mhrydain, gwelid tuedd i lwyfannu pantomeimiau ar raddfa uchelgeisiol, gan roi pwyslais newydd ar bresenoldeb y dorf mewn dathliadau o fuddugoliaethau milwrol neu forwrol. At hyn, aeth y duedd yn y theatr cyn hynny i wahaniaethu rhwng aelodau blaenllaw a chefnog y gynulleidfa a'r rhai tlawd ac isel eu statws yn llai amlwg.[89] Yn Ffrainc yr oedd gwedd gryn dipyn yn fwy chwyldroadol i'r duedd hon. Mewn rhagair i'w ddrama *Le Jugement dernier des rois* (Barn olaf y brenhinoedd), a berfformiwyd yn y Thêatre de la République yn ystod 1793–4, ysgrifennodd P. Sylvain Maréchal:

> Citoyens, rappelez-vous donc comment, au temps passé, sur tous les théâtres on avilissait, on dégradait, on ridiculisait indignement les classes les plus respectables du peuple-souverain, pour faire rire les rois et leurs valets de cour. J'ai pensé qu'il était bien temps de leur rendre la pareille, et de nous en amuser à notre tour . . . J'ai pensé que c'était le moment de les livrer à la risée publique . . .
>
> (Ddinasyddion! Cofiwch sut, yn yr hen ddyddiau yn y theatrau i gyd, y byddent yn darostwng ac israddio a gwawdio'n gywilyddus ddosbarthiadau mwyaf parchus y bobl-sofran, er mwyn gwneud i frenhinoedd a gweision eu llysoedd chwerthin. Fe feddyliais i ei bod yn hen bryd talu'r pwyth yn ôl, ac i ninnau gael hwyl am unwaith . . . Fe feddyliais ei bod hi'n bryd eu gwneud hwythau'n destun sbort yn gyhoeddus . . .)[90]

Gwyrdroir y drefn gymdeithasol yn llwyr yn nrama Maréchal, gan ddangos darostyngiad carfan o frenhinoedd Ewrop, gan gynnwys Siôr III, ynghyd â'r Pab, sy'n cael eu gadael ar ynys unig. Yno, triga hen ŵr a alltudiwyd yn anghyfiawn o'r tir mawr, ond sydd wedi derbyn bodolaeth elfennol a chyntefig, yn null athrawiaeth Rousseau, gan fyw yn fodlon ei fyd ar yr ynys am ugain mlynedd. Metha'r criw anfoddog o frenhinoedd dderbyn eu cwymp fel y gwnaeth yr henwr, a chwerylant yn gecrus â'i gilydd hyd nes y rhoddir taw arnynt gan gwymp lafa poeth o fynydd tanllyd ffrwydredig gerllaw ar ddiwedd y ddrama. Un o rymoedd natur yw achos cwymp y Pab yn y ddrama Ffrangeg hon, felly, ond gellir ystyried ffrwydrad lafa poeth o grombil llosgfynydd yn ddelwedd drawiadol o'r frwydr dros ryddid y bobl yn y cyfnod, ac fe ymddengys fod rhan o slogan chwyldroadol y bobl – 'égalité, liberté et fraternité' (cydraddoldeb, rhyddid a brawdgarwch) – yn gefnlen i'r dramateiddiad hwn o ddiwedd y Pab a'r brenhinoedd.

Nid yw'r hyn a ddadlennir yn nrama Maréchal ynghylch troi'r hierarchaeth gymdeithasol arferol â'i hwyneb i waered yn Ffrainc yn ystod y 1790au na rhai o ystyriaethau Russell ynghylch y pwyslais newydd ar y dorf yn nrama Lloegr yn yr un cyfnod yn amlwg berthnasol i'r anterliwt. Ni fu gwahaniaeth dosbarth erioed yn ffactor pwysig i gynulleidfa'r math hwn o ddrama boblogaidd: ymddengys mai adloniant ar gyfer y werin oedd yr anterliwt, ac mai gwaredu ato o hirbell a wnâi'r boneddigion.[91] Yr oedd cyfeirio'n bryfoclyd neu'n ddirmygus at aelodau o'r gynulleidfa yn rhan annatod o ddull yr anterliwt o greu cyswllt â'i gwylwyr, yn ogystal, fel nad ffactor newydd yn ei hanes oedd troi ei gwylwyr yn rhan o'r perfformiad. Y mae'r 'mobio' torfol a welir ar ddiwedd anterliwt Huw Jones yn elfen newydd, serch hynny.[92] Trewir y Pab a'i '[l]abuddio' gan y Ffŵl a'r Cybydd, cyn iddynt ei erlid drwy'r gynulleidfa gan annog y gwylwyr, 'Holo, bobl! Deliwch y Pab, / Fel caffo'r hen fab ei fobio' (llau. 1530, 1537–8). Drwy droi'r dorf yn offeryn ar gyfer dinistr pennaeth yr Eglwys Gatholig atgas, crëir rhyw fath o sofraniaeth boblogaidd sy'n adlais o eiriau Maréchal neu o'r tueddiadau a nodir gan Russell yn nrama Lloegr, ac er na ellir dadlau bod dylanwad penodol o Loegr neu Ffrainc ar yr agwedd hon ar ddrama Huw Jones, ymddengys iddo ddwyn i'r anterliwt beth o ysbryd torfol y 1790au.

*(iii) Protest yn* Hanes Bywyd a Marwolaeth Brenin a Brenhines Ffrainc

Sylwyd eisoes ar y gwahaniaeth rhwng agweddau John Owen, Machynlleth, a Huw Jones tuag at 'actorion' y Chwyldro – y naill yn barod i dderbyn eu drygioni fel rhan o gynllun daionus Duw ar gyfer dynoliaeth, y llall yn gweld rhinwedd yn eu hymdrechion fel dynion i drechu'r Anghrist pabaidd. Gan fod drama Huw Jones yn gwneud cyfeiriad clir at ddigwyddiad mor ddiweddar â dienyddio'r Frenhines ym mis Hydref 1793, ni ellir diystyru ei agwedd gadarnhaol ef tuag at y Chwyldro fel rhan o'r gorfoledd a oedd yn gyffredin ym Mhrydain ac mewn rhannau eraill o Ewrop pan glywyd gyntaf am gwymp caer a charchar y Bastille, adeilad a oedd yn symbol pwerus o orthrwm brenhinoedd Ffrainc.[93] Fel y dadleuwyd eisoes, y mae'n bur bosibl i'r anterliwt gael ei chyfansoddi mor ddiweddar â 1795, ymhell wedi'r newid gwaedlyd yn ysbryd y Chwyldro, a gyrhaeddodd uchafbwynt yn ystod teyrnasiad braw 1793. Os oedd Huw Jones yn ganmoliaethus a chefnogol ei agwedd tuag at y 'gwerin wŷr', felly, y mae'n rhaid bod ei ymateb wedi'i wreiddio'n bur ddwfn.

Yn wir, y mae testunau sy'n dramateiddio digwyddiadau'r Chwyldro, heb sôn am gyfleu cymeradwyaeth o'r rhai a'i llywiodd, yn gymharol brin yng nghyd-destun y ddrama ym Mhrydain. Yr oedd pasiantau – neu sioeau anghyfreithiol ('illegitimate spectacles'), a defnyddio term Russell[94] – yn cynrychioli cwymp y Bastille yn bur boblogaidd yn ystod haf 1789, ond erbyn mis Tachwedd y flwyddyn honno yr oedd archwilydd dramâu'r brenin, John Larpent, wedi dechrau gweithredu polisi o sensoriaeth lym ar weithiau o'r fath, gan orfodi dramodwyr i geisio canfod dulliau llai uniongyrchol o gyfeirio at yr hyn a oedd yn digwydd yn Ffrainc.[95] Cafwyd perfformiadau yn Nulyn, hyd at 1791, o basiantau a oedd yn gefnogol i'r Chwyldro ac yn dra pharod i gyfeirio'n benodol at ddigwyddiadau ynghlwm wrth y 'cyfnewidiad' mawr yn Ffrainc, yn eu plith gwymp y Bastille, drachefn, a Gŵyl y Ffederasiwn.[96] Troes yr arlwy yno i adlewyrchu cefnogaeth i ymdrech filwrol Prydain yn erbyn y Ffrancwyr o 1793 ymlaen, ac i fynegi galar a phryder ynghylch ffawd y Brenin.[97] Ymddengys mai cynhyrchiad o'r math olaf hwn – drama yn dathlu llwyddiant y cynghreirwyr yn erbyn y Ffrancod yn Toulon a Valenciennes (1793) – a allforiwyd yn ystod mis Ionawr 1794 i Lerpwl, dinas yr oedd ei dylanwad o fewn cyrraedd Cymry ardal Huw Jones.[98] Yn wahanol i'r duedd yn nramâu Llundain wedi 1789 neu ddramâu Dulyn wedi 1791 naill ai i osgoi cyfeirio'n uniongyrchol at yr hyn a ddigwyddai yn Ffrainc neu i droi sylw gwladgarol-Brydeinig at y rhyfel yn erbyn y Ffrancod, y mae'r anterliwt yn mynd i'r afael yn uniongyrchol â digwyddiadau'r Chwyldro, gan arddangos cefnogaeth i'w arweinwyr, fel y nodwyd eisoes. Y mae'n anodd dychmygu, o ystyried tystiolaeth haneswyr y theatr Saesneg, y byddai drama o'r fath wedi gallu cael ei pherfformio, heb sôn am ei chyhoeddi, yn Lloegr yn ystod y 1790au.

Un ddrama Saesneg y dangoswyd sensitifrwydd ynghylch ei chynnwys oedd *The Maid of Normandy; or, The death of the Queen of France* gan Edmund Eyre, a luniwyd ar gyfer ei pherfformio yn y theatr frenhinol yng Nghaerfaddon ym 1794. Dangosai'r sgript a dderbyniodd yr arolygydd, Larpent, y Frenhines yn eistedd ar lawr ei chell, a'i gwallt a'r gwellt odani yn aflêr. Yna, fe'i harweinid i'w dienyddio, gyda chyfres o gyfarwyddiadau llwyfan:

> Drums – The Queen led off – Scene a Front Street The Procession passes – Drums Scene. Scaffold & Guillotine Procession Enters. Queen Ascends – appears to pray – kneels – & at the moment she lays her head on the Guillotine the Curtain suddenly falls . . . The muffled Drums – continuing all the time & for some minutes after the Curtain falls.[99]

Yn ôl David Worrall, 'the mere spectacle of European royalty being represented on stage as the subject of popular persecution and domestic distress

Delwedd 2. Jacques Louis David, 'Y Frenhines Marie
Antoinette (1755–93) ar y ffordd i'w dienyddio, 1793'.
Bridgeman Art Library / Casgliad Preifat

[was] sufficient to ban the play on the grounds of its appearing to be some kind of advocacy by materializing regicide on English playboards'.[100] Y mae difrifoldeb a dwyster yr olygfa hon yn cyferbynnu'n llwyr â'r portread o farwolaeth y Frenhines a gynigir gan Huw Jones. Sut tybed y byddai Larpent wedi ymateb i'r olygfa hon o'r anterliwt?

*Y Frenhines*: Ow! Fy mhlant sydd yn ddiswcwr!

*Dic*: Hidiwch monynt – hwy dawent â'u dwndwr,
'Ran rydym ni am ladd eich plant
A'u taflu i bant yn bentwr.

*Y Frenhines*: Ow! Rhowch bardwn i frenhines!

*Dic*:       Tewch â'ch dwndwr, da fy meistres.
            Gorwedd yma yn un rhol
            Ar dy fol, hen fules.

            Wel, mi ro' i ti ddyrnod dibris
            Er dy fod yn wraig i Lewis;          *Torri ei phen*
            Dyna ei phen hi, yn ddi-gêl,
            Odanodd fel pêl denis (llau. 1447–58).

Y mae'n bur debyg y byddai rhyw ddyfais i sicrhau bod 'pêl denis' o ben i'w weld yn rhowlio ar y llawr yn dilyn yr ergyd ar war y Frenhines, a hynny gydag effaith bur ffarsaidd. Yr hyn sy'n drawiadol yma yw nad oes unrhyw ofn yn cael ei arddangos ynghylch llwyfannu golygfa o'r fath. Yn wahanol i'r hyn a welwyd yn nrama Eyre, y mae'r dienyddio yn yr anterliwt yn cael ei berfformio'n gwbl agored, nid ei awgrymu'n unig.[101]

Y mae diffyg cydymdeimlad amlwg y dramodydd â'r Frenhines ac â'i gŵr o'i blaen (llau. 1295–1304) ar ddydd eu marwolaeth yn adlewyrchu ei atgasedd tuag at y ddau yn rhannau blaenorol y testun. Er mai eu Catholigiaeth yw prif ffynhonnell yr atgasedd hwnnw, cynhwysir yn ogystal gŵynion ynghylch gorthrwm Lewis a'i wraig ar y gweiniaid, gorthrwm sy'n ei amlygu ei hun yn y trethi a godant ar eu deiliaid (llau. 109–12, 117–20). Anodd yw pennu a fwriadwyd i'r sylwadau hyn ynghylch Lewis ac ynghylch brenhinoedd yn fwy cyffredinol adlewyrchu ar Siôr III, brenin Lloegr. Fel pantomeimiau Bastille 1789, y mae'r anterliwt yn cloi â chân sy'n mynegi dymuniad am lwyddiant Siôr, gan wneud defnydd cwbl ddidwyll, fe ymddengys, o alaw 'Duw Gadwo'r Brenin' (llau. 1575–1602).[102] Yn gynharach yn y testun, gwneir ymdrech fwriadol i agor bwlch rhwng *régime* Siôr ar y naill law, ac un Lewis a Marie Antoinette ar y llaw arall. Wedi i'r Ffŵl fod yn siarad yn 'dra chethin' yn ei chylch, gan feirniadu rhwysg ei hymddangosiad, y mae'r Frenhines yn holi'i gŵr, 'Pwy oedd hwn yma[?]' (llau. 275, 276). O ddeall mai 'gwas a ffŵl i frenin Lloegr' ydoedd, ei hymateb yw:

            Yn wir, mae Siorsyn, brenin Lloegr,
            Yn rhy feddal ym mhob mater;
            Gado'i ddeiliaid dan ei ddwylo
            Yn rhydd bob egwyl braidd i bigo (llau. 278, 279–82).

Y mae 'pigo' deallus yn un o swyddogaethau traddodiadol y ffŵl yn yr anterliwtiau Cymraeg, fel yn nhraddodiad dramatig Lloegr.[103] Yn *Hanes Bywyd a Marwolaeth Brenin a Brenhines Ffrainc* cymer Huw Jones y rhyddid i feirniadu rhai o bolisïau'r dosbarth llywodraethol Prydeinig – rhyddid sy'n deillio o'r traddodiad anterliwtaidd y mae'n ysgrifennu ynddo ac sydd fel petai'n gwbl anymwybodol o'r hinsawdd wleidyddol orthrymus ym Mhrydain y 1790au. Pasiwyd llu o ddeddfau gorthrymol yn ystod y degawd: serch hynny, camarweiniol fyddai awgrymu bod lleisiau radicalaidd wedi'u boddi'n llwyr o'r herwydd.[104] Er bod cylchgronau megis *Politics for the People* a *Pig's Meat* wedi dirwyn i ben ym 1794 a 1795, parhaodd radicaliaid megis John Thelwall, John Aikin a Gilbert Wakefield i gyhoeddi mewn cyfnodolion misol megis y *Moral and Political Magazine* ym 1796–7 a'r *Monthly Magazine* o 1796 hyd 1809.[105] Bu'n rhaid aros hyd 1796 am ymddangosiad *Y Geirgrawn*, un o'r cylchgronau Cymraeg mwyaf radical. Byrhoedlog iawn ydoedd hwnnw, serch hynny, gydag ond naw rhifyn yn ymddangos cyn iddo ddarfod ym mis Hydref yr un flwyddyn.[106] Er bod rhwystrau dybryd yn llwybrau'r rhai a fynnai ddadlennu anghyfiawnderau'r system wleidyddol ym Mhrydain, llwyddasant yn rhyfeddol i ddal ati i gynhyrchu a chylchredeg deunydd. Yng Nghymru, fel y dengys astudiaeth newydd gan Marion Löffler, yr oedd dylanwad cylchgronau Saesneg yn sylweddol, gyda gwaith radicaliaid o'r tu hwnt i'r ffin yn cael ei gyfieithu a'i addasu i'r Gymraeg. Dadleua Löffler, fodd bynnag, nad oes modd dadansoddi'r testunau a gyfieithwyd mewn ffordd unplyg a syml ('[the] texts . . . elude simple interpretation'), ac nid yw'n bosibl honni bod yr iaith Gymraeg wedi gweithredu fel llen i guddio radicaliaeth Cymry. Yn wir, o ystyried diwedd sydyn cylchgronau megis *Geirgawn* David Davis a *Chylch-grawn Cynmraeg* Morgan John Rhys, ac o gofio sut y dygwyd Ymneilltuwyr o flaen eu gwell yn ddiweddarach yn y 1790au ac ar ddechrau'r ganrif ddilynol, ni ellir dadlau bod Cymru y tu hwnt i lygaid treiddgar yr awdurdodau.[107] Y mae'n bosibl, fodd bynnag, fod y faled a'r anterliwt yn cynrychioli cadarnleoedd diwylliannol a oedd yn llai agored i'w plismona gan foneddigion teyrngar ac awdurdodau lleol yn ystod y 1790au. Awgrymwyd diffyg diddordeb yn *genre* y faled fel dull o ymledu neges geidwadol gan Richard Poole, Clerc yr Heddwch yn sir Fôn, ym 1792, ffaith sy'n awgrymu nad oedd yr awdurdodau ym mharthau gogleddol Cymru yn ystyried diwylliant poblogaidd Cymraeg yn arwyddocaol mewn unrhyw ffordd.[108] Efallai y gallai perfformiad o anterliwt Huw Jones fod wedi mynd rhagddo heb dynnu sylw gormodol ato'i hun, er bod golygfeydd dienyddio'r Brenin a'r Frenhines yn cyflwyno'n weledol amarch y testun tuag at frenhiniaeth i unrhyw un a fyddai'n dyst iddynt.[109] Unwaith yr oedd y testun wedi'i gyhoeddi gan wasg Ishmael Davies, buasid yn disgwyl ei fod yn fwy agored i'w archwilio gan yr awdurdodau, ond os oedd tuedd i ddiystyru'r faled fel cyfrwng, a hithau'n un o gonglfeini busnes argraffu Trefriw, efallai mai prin fyddai'r diddordeb mewn unrhyw waith arall a ddeuai o'r wasg honno ychwaith.

Nid oes amheuaeth nad oedd protestiadau torfol yn bryder i'r awdurdodau yng ngogledd Cymru, hyd yn oed os nad oeddynt yn ymwybodol o botensial y diwylliant Cymraeg i gynnal a sbarduno protest o'r fath. Yn wir, os yw'n deg dadlau bod tuedd i ddiystyru'r posibilrwydd y gallai syniadau ymddangosiadol wrthryfelgar ac annheyrngar gael eu mynegi a'u cylchredeg yn y Gymraeg yn siroedd y gogledd, yna y mae eironi ynghudd yn hanes protest yn Ninbych ar 1 Ebrill 1795, pan ddaeth rhwng 400 a 500 o bobl ynghyd i wrthdystio yn erbyn y bwriad i orfodi ymaelodaeth â'r llynges ac â'r milisia. Dyma a ddigwyddodd pan geisiodd John Lloyd, Wigfair, egluro cynnwys Deddf y Milisia i'r dyrfa yn Gymraeg:

> one John Jones of Aeddryn, Farmer . . . told me, they did not want to have the Act explained to them, that Lord Camden had maintained in the House of Lords in the year 1775 or 1776 "that no Britton could be taxed without the Consent of the People"; the People became very unquiet, & used much seditious; & disagreeable Language . . .[110]

Mewn cyhoeddiad o wasg Trefriw, bron i ugain mlynedd ynghynt, atgynhyrchwyd araith o eiddo'r Arglwydd Camden lle gwnaed y datganiad a ddyfynnodd John Jones gerbron John Lloyd. *Dechreuad, Cynnydd, a Chyflwr Presenol, Y Dadl rhwng Pobl America a'r Llywodraeth* oedd teitl y cyhoeddiad hwn, a oedd yn gyfieithiad o bamffled Saesneg a gynhwysai araith Camden yn Nhŷ'r Arglwyddi ar 24 Chwefror 1766.[111] Y mae'r posibilrwydd y gallai John Jones fod wedi dysgu'r geiriau hynny drwy gyfrwng cyhoeddiad Cymraeg ei iaith a ddeilliodd o wasg Dafydd Jones yn dangos mor ddiffygiol oedd yr awdurdodau yn eu dealltwriaeth o lwybrau posibl ar gyfer lledaeniad syniadau radicalaidd yn siroedd y gogledd.

Os nad yw bob amser yn eglur a fwriadai Huw Jones i'w feirniadaeth o frenhinoedd Ffrainc a'u polisïau trethu adlewyrchu'n negyddol ar y sefyllfa ym Mhrydain, y mae'n bur amlwg ei fod yn cynnig beirniadaeth uniongyrchol ar bolisïau'r awdurdodau cartref mewn o leiaf dri maes penodol. Yn gyntaf, mynegir yn y testun wrthwynebiad i'r polisi o groesawu ffoaduriaid y Chwyldro i Brydain (llau. 1139–50); yn ail, beirniedir polisi rhyfel Prydain (llau. 1351–66); ac yn drydydd, cwynir am yr arfer o allforio grawn lleol (llau. 1503–6). Cychwynnodd y mewnlifiad o ffoaduriaid Ffrengig i mewn i Brydain yn fuan wedi cwymp y Bastille, ac yr oedd niferoedd y mewnfudwyr yn sylweddol erbyn 1792, er mai bychan iawn oedd eu presenoldeb yng Nghymru.[112] Rhwng Medi 1792 a Medi 1793 bu ymgyrch i ddwyn perswâd ar y cyhoedd i'w cefnogi'n ariannol, ymgyrch lwyddiannus a ddenodd gefnogaeth pobl gyffredin yn ogystal â'r breintiedig, yn ôl Kirsty Carpenter, un o haneswyr yr *émigrés*.[113] Y mae'n bwysig nodi, serch hynny, nad oedd

Delwedd 3. Isaac Cruikshank, 'A General Fast in Consequence of the War!!'
© Trustees of the British Museum

y gefnogaeth iddynt yn unffurf. Y mae drwgdybiaeth ddiwylliannol o'r Ffrancwyr yn llywio ymateb un faled Saesneg i'w dyfodiad; ac fe ddengys cartŵn o waith Isaac Cruikshank fod gwrthwynebiad ffyrnig i'w presenoldeb ymhlith teuluoedd cyffredin. Dengys gwawdlun Cruikshank y cyferbyniad rhwng y gefnogaeth a dderbyniai'r ffoaduriaid Catholig hyn ar y naill law a thlodi materol teuluoedd brodorol Prydain (Ymneilltuwyr, y mae'n bur bosibl) ar y llaw arall.[114] Yng Nghymru, darparodd y *Cylch-grawn Cynmraeg* lwyfan i feirniadu'r cydymdeimlad eithafol a ddangoswyd tuag at y ffoaduriaid. Mewn llythyr 'oddiwrth un o guradiaid Cymru, at gyhoeddwr Cronicl Caerlleon-gawr', a atgynhyrchwyd yn y *Cylch-grawn*, cafwyd y sylw coeglyd:

> yn ddiweddar, y mae'n ddefod i grefu dros yr offeiriaid Pabaidd, er ein bod yn gorfod tyngu bod eu hathrawiaeth o draws-sylweddiad yn heresi ddamniol: os porthir hwy'n dda (fel yr ydwyf yn clywed eu bod yn cael) o bossibl y bydd i'w sancteiddiolaf, y Pab, i ryddhau'r wladwriaeth hon oddiwrth y pechod o an-nudonedd.[115]

Dengys y ffaith mai curad a ysgrifennodd y geiriau hyn fod drwgdeimlad ar draws ystod o sectau a grwpiau crefyddol ynghylch derbyniad yr *émigrés*. Ni ellir cymryd, felly, mai fel Ymneilltuwr y siaradai Huw Jones wrth ddangos gwrthwynebiad i'r croeso a dderbyniasant. Er y gallai'r cyfeiriad at '[g]einioca'n eglwysydd' (ll. 1144) awgrymu hynny, rhaid cofio bod y gair 'eglwys' yn cael ei ddefnyddio i gyfeirio at gynulliadau Ymneilltuol yn ogystal ag at Eglwys Loegr.[116] Efallai fod y cyfeiriad, fodd bynnag, yn tanlinellu gagendor posibl rhwng polisïau 'Lloegr' (a enwir yn ll. 1143) a barn y Cymry, 'ein barn *ni*', yng nghylch yr *emigrés*. Fel awdur y sylwadau yn y *Cylch-grawn Cynmraeg*, Catholigiaeth y ffoaduriaid a boenai Huw Jones, sy'n gwaredu at barodrwydd y Saeson i anghofio 'ers talm fel cowsont yn glên / Eu baeddu gan yr hen babyddion' (llau. 1145–6). Y mae hyn, yn ei dro, yn atgyfnerthu neges wrth-Gatholig yr anterliwt a'r tebygrwydd bod atgasedd tuag at babyddiaeth wedi'i wreiddio'n bur ddwfn yn niwylliant yr awdur.

Daw ail faes beirniadaeth yr anterliwt o'r dosbarth llywodraethol i'r amlwg yn ei sylwadau ynghylch rhyfel. Y mae'n gyffredin gweld awduron baledi'r 1790au yn mynegi dymuniad am heddwch buan rhwng Prydain a Ffrainc. Dyna yw ymateb cychwynnol yr anterliwt, pan yw'r Ffŵl yn adrodd bod rhyfel wedi'i gyhoeddi, gan farnu mai 'gwell yw heddwch i bob rhyw – / Er pwnio, Duw fydd y pennaeth' (llau. 1153–4). Datblygir yr ymateb hwn yn y ddrama, fodd bynnag, mewn araith o enau un o'r 'gwerin wŷr gwrol', sy'n ceisio dehongli pam y mae Prydain yn ymladd yn erbyn ei wlad (llau. 1351–66). Ecsbloetiaeth lwyr o'r 'dynion gwaela'' yw rhyfel yn ôl dadansoddiad yr araith hon, a hynny mewn hinsawdd lle y mae'r dosbarthiadau uchaf yn crynu yn eu sodlau gan ofn y bydd 'eu deiliaid' yn gwyrdroi'r drefn gymdeithasol, ac yn eu 'lladd i gyd, fel maent yn haeddu'. Hyd yn oed os caniateir bod yr araith hon wedi'i lliwio gan deimladau gweriniaethol at ddibenion dramatig, y mae'r sylwadau'n bur gyhuddgar. Yn yr honiad mai ffordd i'r breintiedig '[b]esgi' drwy godi trethi ar y gweiniaid yw rhyfel clywir adlais o eiriau Richard Brinsley Sheridan. Mewn araith 'hir ac ardderchog', yn ôl golygydd y *Cylch-grawn Cynmraeg*, yn Nhŷ'r Cyffredin ar 21 Ionawr 1794, dadleuodd Sheridan:

> [bod yr] holl fonedd a ddelo ymlaen i gynnal y rhyfel ogoneddus hon, i gael rhan o'r trethi, ac fe eill gweinidogion y brenin edrych oddiamgylch iddynt pa fodd y maent yn gallu cyfoethogi eu holl berthynasau, â llefydd, swyddau a *phensions*, i gyd i gael eu talu gan y wlad, pa un bynnag a wnelont wasanaeth iddi a'i peidio.[117]

Yn olaf, try Huw Jones ei sylw at y polisi o allforio grawn o'r ardaloedd lle y'i tyfwyd er gwaethaf yr angen amdano yn yr ardaloedd hynny (llau. 1503–6). Pan yw Morys, y cybydd, yn cwyno na fydd modd 'hau eleni' wedi cyflafan y Chwyldro, a'r caeau wedi'u gorchuddio gan gyrff y rhai a laddwyd (llau. 1500–2), ymdrecha'r Ffŵl i godi'i galon gan ei sicrhau y gellir arbed y Ffrancod rhag newynu drwy fewnforio grawn o Brydain i'r wlad. Y mae hwn yn sylw coeglyd sy'n targedu tirfeddianwyr Prydain, a gyhuddwyd mewn sawl baled Gymraeg yn ystod y ddeunawfed ganrif o roi blaenoriaeth i'w buddiannau masnachol eu hunain dros les eu tenantiaid a thrigolion eraill eu hardaloedd. Fel rheol, Ffrainc oedd pen draw siwrnai grawn a allforid dan yr amgylchiadau dadleuol hyn, a byddai beirdd baledol megis Huw Jones, Llangwm, ac Ellis Roberts yn ymosod yn ffyrnig ar y wlad honno fel derbynnydd y cynnyrch ac ar Loegr fel yr allforiwr. Yn ei 'Ymddiddan rhwng Lloegr a Ffraingc', a gyfansoddwyd ym 1758, ym mlynyddoedd cynnar y Rhyfel Saith Mlynedd, y mae Ellis Roberts yn personoli'r ddwy wlad gan atgynhyrchu sgwrs rhyngddynt sy'n dadlennu eu dichell a'u creulondeb. Fe'u dangosir yn cynllwynio i hebrwng ŷd i Ffrainc drwy Ynys Manaw, gan addunedu i ladd unrhyw wrthdystiwr a gais eu rhwystro:

> Wel brysia Ffraingc fwynedd i Eilaman ouredd
> Dof yno a digonadd Drwy rinwedd or ŷd
> Os Cod[a]n nhw gartre yw rwysdro fo in llonge
> Can ddwyn am i beia yno i bowyd,

medd Lloegr.[118] Yn ystod blynyddoedd canol y 1790au, fodd bynnag, nid oedd allforwyr grawn yn gallu gwerthu'u cynnyrch yn Ffrainc.[119] Serch hynny, bu gwrthdystio ffyrnig drwy Gymru benbaladr yn erbyn y cynnydd mewn prisiau ŷd, cynnydd a oedd ar ei fwyaf amlwg rhwng 1794 a 1796 yn sgil dau gynhaeaf gwael.[120] Fel y nodwyd eisoes, bu un brotest ar Fferi Conwy ym 1795, dafliad carreg yn unig oddi wrth gartref posibl Huw Jones. Lerpwl oedd pen y daith i'r grawn a allforid yn yr achos hwnnw, a phetai Huw Jones wedi dangos ymwybyddiaeth o hynny, byddai'n fanylyn tra diddorol yn y darlun o'i brotest yntau yn erbyn y drefn. Gallai awgrymu gelyniaeth rhwng cefn gwlad a'r ddinas, neu ategu at yr arlliw o ymwybyddiaeth a welwyd yn y sylwadau ynghylch '[c]einioca'n eglwysydd' o ddrwgdybiaeth rhwng Cymru a Lloegr. Gan mai sôn yn benodol am yrru grawn i Ffrainc a wneir, fodd bynnag, rhaid casglu nad oedd Huw Jones yn ymwybodol o'r realiti ynghylch allforio yn y cyfnod hwn, neu na ddymunai dynnu sylw ato.

## *Casgliad*

Awgrymodd R. T. Jenkins mai 'gweiddi lle mae'r esgid yn gwasgu' yr oedd baledwyr y ddeunawfed ganrif pan gwynent ynghylch y drefn, a bod eu holl gyfansoddiadau yn dangos eu ceidwadaeth a'u teyrngarwch lwyr tuag at y brenin a'r wladwriaeth.[121] Gellid dadlau'r un peth yn achos Huw Jones,

Glanconwy, y mae'n siŵr, yn enwedig o gofio'i bleser amlwg o weld y Sbaenwyr yn cael eu trechu ym mrwydr Penrhyn St Vincent (cerdd 2), ynghyd â'r protestiadau o deyrngarwch sy'n ymddangos yn nhestun yr anterliwt ei hun. Serch hynny, nid oes amheuaeth nad yw ei anterliwt yn destun gwironeddol ddiddorol a thra unigryw, ac yn destun y mae'n anodd pennu'n union beth oedd cefndir ac ysbrydoliaeth ei awdur. Y mae bron yn amhosibl dychmygu y gallai drama debyg fod naill ai wedi cael ei pherfformio neu'i chyhoeddi yn Lloegr tua 1798. Er bod y testun yn canolbwyntio ar fynegi gwrth-Gatholigiaeth ffyrnig y mae hefyd yn ymosod yn uniongyrchol ar agweddau ar ymddygiad y dosbarth llywodraethol Prydeinig. Nid oes unrhyw arwydd yn rhagair Huw Jones i'r testun cyhoeddedig ei fod yn ymwybodol o'i dramgwydd yn erbyn pwerau'r wladwriaeth yn ei anterliwt. Y mae'n ymddiheuro am feiau mydryddol, ond nid am yr hyn a fynegir:

> gwybod yr ydwyf y bernir ar fy ngwaith, o ran ni chlywais i erioed sôn am lyfr, er cael ei drefnu yn lled gywir, na bydde rai yn goganu arno, yn enwedig Mr Hun, Gwybod y Cwbl, a Mr Gwell Na Neb Arall, a Bydolddoethyn, ac amryw sydd yn gwgu ac yn chwythu gwenwyn fel seirff ehedegog at y penbeirdd. 'Wiw i mi ddisgwyl amgenach, o ran nad wyf ond rhyw fath o brydydd anghywir . . .[122]

Efallai ei fod yn llwyr argyhoeddedig, felly, o'i hawl, fel un o ddeiliaid Siôr III, ac fel anterliwtiwr, i 'bigo' ac i feirniadu, ac er ei fod yn ofalus fel rheol i gofio sôn am ragoriaethau Siôr a chyfansoddiad Prydain yn syth ar ôl cynnig beirniadaeth, nid yw fel petai'n sylweddoli bod y diwylliant print ym Mhrydain y 1790au wedi'i lethu gan ddeddfau cyfyngol o 1795 ymlaen ac y byddai agweddau ar ei anterliwt bron yn sicr o fod wedi cael eu hystyried yn wrthryfelgar gan yr awdurdodau. O fewn cyd-destun amrywiol ymatebion rhanbarthau a gwledydd Prydain i'r Chwyldro, y mae hwn, felly, yn destun sy'n dangos sut y gallai Cymry gyfrannu at y diwylliant dramatig a'r diwylliant print yn agored, a hwythau'n gymharol rydd oddi wrth yr ofnau a lethai awduron yn Lloegr. Ar yr un pryd, nid oes amheuaeth nad elwodd Huw Jones ar ymlediad newyddiaduraeth i Gymru yn ystod y 1790au, ac ar hinsawdd lle'r oedd syniadau'r Chwyldro Ffrengig, ynghyd ag ymatebion iddo, yn cael eu cludo dros y ffin i Gymru o Loegr.[123] Y mae'r testun yn cynnig cyfuniad unigryw, felly, o ryddid mynegiant llwyr ac o ymffurfiad sydd yn annatod glwm wrth gynnwrf ei foment hanesyddol.

## Nodiadau

1. Am drafodaeth lawn o'r opera, gw. Meirion Hughes, 'Attwood's *St David's Day*: Music, Wales, and War in 1800', yn Rachel Cowgill a Julian Rushton (goln), *Europe, Empire, and Spectacle in Nineteenth-Century British Music* (Aldershot, 2006), tt. 131–43. Y mae'r sylwadau sy'n dilyn yn seiliedig ar ddarlleniad Hughes.
2. Arweiniodd y glaniad at erlyn dau Ymneilltuwr o'r ardal am gydweithio honedig â'r gelyn. Ceir ymdriniaeth drwyadl â'u hachos yn [William Richards], *Cwyn y Cystuddiedig, a Griddfanau y Carcharorion Dieuog: neu, ychydig o Hanes a Dyoddefiadau diweddar Thomas John a Samuel Griffiths* (2il arg., Carmarthen, 1798). Gw. ymhellach Ffion Mair Jones, '"The silly expressions of French revolution . . .": The Experience of the Dissenting Community in South-west Wales, 1797', yn David Andress (gol.), *Experiencing the French Revolution* (Oxford, 2013), tt. 245–62.
3. Hughes, 'Attwood's *St David's Day*', tt. 141–2.
4. Ibid., tt. 140–1.
5. Ibid., t. 139.
6. Ibid., t. 135 n. 22.
7. LlGC 21404F, rhif 25.
8. Yn wir, gorchuddiodd Iolo beth o'r hysbyseb â nodiadau ieithyddol a llinellau o farddoniaeth Gymraeg. Am ei farn ddifriol ynghylch Edward (neu 'Humstrum') Jones, gw., er enghraifft, ei lythyr at William Owen Pughe, 29 Medi 1798. Gwelir ei ddirmyg o'r helynt a wnaed yn sgil glaniad Abergwaun mewn llythyr arall at Pughe, dyddiedig 7 Mawrth 1797. Geraint H. Jenkins, Ffion Mair Jones a David Ceri Jones (goln), *The Correspondence of Iolo Morganwg* (3 cyf., Cardiff, 2008), II, tt. 19, 106.
9. Dyma union ffurf teitl yr argraffiad gwreiddiol (Trefriw, 1798). Cyfeirir at yr anterliwt yng ngweddill y golygiad hwn wrth y teitl *Hanes Bywyd a Marwolaeth Brenin a Brenhines Ffrainc*.
10. Eiluned Rees, *Libri Walliae: Catalog o Lyfrau Cymraeg a Llyfrau a Argraffwyd yng Nghymru 1546–1820* (2 gyf., Aberystwyth, 1987), I, t. 362, rhif 2927; G. G. Evans, 'Yr Anterliwd Gymraeg' (traethawd MA anghyhoeddedig Prifysgol Cymru, 1938); idem, 'Yr Anterliwt Gymraeg', *LlC*, I, rhif 2 (1950), 83–96; idem, 'Yr Anterliwt Gymraeg, II', *LlC*, II, rhif 4 (1953), 224–31. Daeth y copi sydd ar gadw yn Llyfrgell Genedlaethol Cymru yno yn un o ddeng llyfr a roddwyd i'r Llyfrgell ym 1918 gan y Parchg Ganon John Fisher, Llanelwy. *Ex inf.* Timothy Cutts.
11. Eiddo Iolo Morganwg yw'r disgrifiad o'r *genre*. Fe'i hadlewyrchir gan sylwebwyr eraill, gan gynnwys Morrisiaid Môn, a chan academyddion cyfoes. Gw., er enghraifft, sylwadau (cwbl deg) Dafydd Glyn Jones ar anterliwtiau digynllun Thomas Williams, Llanllechid: 'Wedi darllen anterliwtiau Thomas Williams, a rhai ambell awdur arall hefyd, nid yw'n anodd deall pam yr oedd yn well gan Gymry gwlad a thref y ddeunawfed ganrif sefyll ar oerni a gwres i wrando ar Hywel Harris. Yr oedd stwff mor affwysol ar y sianel arall.' Dafydd Glyn Jones, 'Thomas Williams yr Anterliwtiwr (1689–1763)', yn idem (gol.), *Agoriad yr Oes: Erthyglau ar Lên, Hanes a Gwleidyddiaeth Cymru* (Talybont, 2001), tt. 141–2.

12 Golygwyd y ddwy eisoes. Gw. Huw Morys, *Y Rhyfel Cartrefol*, gol. Ffion Mair Jones (Bangor, 2008); William Roberts, *Ffrewyll y Methodistiaid*, gol. A. Cynfael Lake (Caerdydd, 1998). Perthnasol yn ogystal yw'r anterliwt anhysbys ei hawduraeth, *Barn ar Egwyddorion y Llywodraeth*, sy'n destun polemig gwleidyddol. Emyr Wyn Jones (gol.), *Yr Anterliwt Goll: Barn ar Egwyddorion y Llywodraeth . . . gan Fardd Anadnabyddus o Wynedd* (Aberystwyth, 1984); A. Cynfael Lake, 'Rhai Ystyriaethau Pellach Ynghylch Awduraeth *Yr Anterliwt Goll*', *CLlGC*, XXVII, rhif 3 (1992), 337–49.

13 Cf. Twm o'r Nant, *Pleser a Gofid*, gol. Nia Tudur (Bangor, 2001); Huw Jones, *Protestant a Neilltuwr*, yn A. Cynfael Lake (gol.), *Anterliwtiau Huw Jones o Langwm* (Barddas, 2000); Ffion Mair Jones, 'Pedair Anterliwt Hanes' (traethawd PhD anghyhoeddedig Prifysgol Cymru, 2000), tt. 72–4.

14 Clwyd Family History Society, *Llansanffraid Glan Conwy Parish Registers: Volume 2. Baptisms 1744–1784, Marriages 1745–1753, Burials 1744–1784* ([1998]); idem, *Llansanffraid Glan Conwy Parish Registers: Volume 3. Baptisms 1784–1812, Marriages 1754–1812, Burials 1784–1812* ([1998]). Noder mai 'Huw' yw'r ffurf a ddefnyddir yn y golygiad hwn.

15 Noder i gerdd 5, englyn unodl union, gael ei chyhoeddi yn yr un pamffled baledi â cherddi 2 a 4. Ceir gwybodaeth bellach ynghylch dyddio'r cerddi yn y nodiadau sy'n cyd-fynd â hwynt.

16 'Carol Plygain iw Ganû ar Fesur a Elwir y Fedle fawr', llsgr. LlGC 188D, tt. 176–8; 'Dau Benill ar ffarwel Ned Pugh i ofyn ffon ar llall i ofyn am garn pres arni', ibid., t. 187. Mydryddir dyddiad y gyntaf o'r cerddi hyn – sef 1750 – yn ei phennill olaf. Ynghylch y llaw, gw. Daniel Huws, 'A Repertory of Welsh Manuscripts and Scribes' (i'w gyhoeddi).

17 'Carol ar Greece and Troy', llsgr. Cwrtmawr 229B, tt. 81–3. Y mae'r nodyn canlynol ar ddiwedd y gerdd yn dangos pa mor amwys yw ei hawduraeth, pwy bynnag oedd yr 'Hugh Jones' a enwir: 'Cymmerwyd y Carol uchod allan o waith un Arthur Jones gan mwyaf a pheth o waith Hugh Jones – a chyfnewidwyd peth hefyd arno.' Tebyg mai aelod o deulu Richards, Darowen, a gofnododd y gerdd ac a luniodd y nodyn hwn. Bardd ac anterliwtiwr o ganol y ddeunawfed ganrif oedd Arthur Jones. *Bywg.* s.n. Arthur Jones (*fl.* 18fed g.); Evans, 'Yr Anterliwt Gymraeg', 83; Huws, 'A Repertory of Welsh Manuscripts and Scribes'.

18 Trafodir dyddiad cyfansoddi'r anterliwt ymhellach isod.

19 Clwyd Family History Society, *Llansanffraid Glan Conwy Parish Registers: Volume 3*, t. 28.

20 Peter Lord, *Hugh Hughes: Arlunydd Gwlad 1790–1863* (Llandysul, 1995), tt. 14, 17.

21 Ibid., t. 11.

22 G. G. Evans, 'Henaint a Thranc yr Anterliwt', *Taliesin*, 54 (1985), 14–29; E. Wyn James, 'Rhai Methodistiaid a'r Anterliwt', *Taliesin*, 57 (1986), 8–19.

23 Sefydlwyd achos Methodistaidd Bryn Ebenezer ym 1787, flwyddyn wedi sefydlu achos gan y Bedyddwyr, yn Salem, Fforddlas, y ddau ym mhlwy Llansanffraid Glan Conwy. Llyfrgell Genedlaethol Cymru, cronfa ddata 'Capeli'; John Roberts,

*Hanes Bedyddwyr Cylch Llandudno* (Llandudno, 1926); dienw, 'Daucanmlwyddiant Eglwys Bryn Ebeneser Glan Conwy', *Y Pentan*, 8, rhif 10 (1987), 13.
24 Roberts, *Hanes Bedyddwyr Cylch Llandudno*, t. 11.
25 Lord, *Hugh Hughes: Arlunydd Gwlad*, tt. 10–11.
26 Ibid., t. 11.
27 G. M. Ashton (gol.), *Hunangofiant a Llythyrau Twm o'r Nant* (Caerdydd, 1962), tt. 29, 30.
28 Rhiannon Ifans, 'Celfyddyd y Cantor o'r Nant', yn J. E. Caerwyn Williams (gol.), *Ysgrifau Beirniadol XXI* (Dinbych, 1996), t. 129.
29 Cf. arfer Twm o'r Nant: 'Mi a fyddwn yn arfer, pan ym min troi heibio chwarae, mi a'i hargraffwn, ac i gwerthwn.' Ashton (gol.), *Hunangofiant a Llythyrau Twm o'r Nant*, t. 37. Yn achos anterliwtiau Thomas Williams, Llanllechid, yr oedd mwy o fwlch rhwng eu llunio (ac o bosibl eu perfformio) a'u cyhoeddi. Gw. Jones, 'Thomas Williams yr Anterliwtiwr', tt. 120, 141.
30 Roberts, *Hanes Bedyddwyr Cylch Llandudno*, t. 6.
31 '[Mi] a wneuthum *Interlute* i'w hactio rhwng dau, ac mi a ganlynais honno dros flwyddyn, ymhell ac yn agos, ac enillais lawer o arian.' Ashton (gol.), *Hunangofiant a Llythyrau Twm o'r Nant*, t. 37. Gw. hefyd y dadansoddiad o adeiladwaith *Tri Chryfion Byd* yn Ifans, 'Celfyddyd y Cantor o'r Nant', tt. 126–7.
32 Disgrifir *Pedwar Chwarter y Flwyddyn* gan G. G. Evans fel 'cyfansoddiad ar gyfer ei brynu a'i ddarllen ac nid i'w gyflwyno ar lwyfan'. G. G. Evans, *Elis y Cowper* (Caernarfon, 1995), tt. 33–4. Awgryma Evans mai deunydd digon diflas ar gyfer 'tyrfa lawen a'u "bryd ar bleser"' ydoedd *Cristion a Drygddyn*, anterliwt argraffedig olaf Elis y Cowper, yn ogystal. Ibid., tt. 34–5.
33 Evans, 'Yr Anterliwt Gymraeg', 88; *idem*, 'Yr Anterliwd Gymraeg', t. 286.
34 John Thomas, Penffordd-wen, *Urania. Neu grefyddol ddadleuon, rhwng amrywiol sectau sŷdd yn gyffredin Ynghymru yr oes bresennol; ond yn fwŷ nailltuol, Rhwng y Crynnwr [Quaker] a'r Bedyddwyr. Methodist, etc.* (Wrecsam, 1793), tt. 6, 9.
35 Gw., er enghraifft, y cyfarwyddyd llwyfan '*ENTR Lewis Caped XVI, sef brenin Ffrainc*' (ll. 121) ac '*ENTR y Brenin a'i Gyffeswr i dorri ei ben, yn y flwyddyn 1793*' (ll. 1239).
36 Gw. Cronfa Baledi ar http//www.e-gymraeg.org/cronfabaledi s.n. Robert Prichard.
37 John Williams 'I ddeisyf ar y Goruchaf Dduw roddi Bendith a llwyddiant, i Filwyr Brydain Fawr yn yr amgylchiadau presennol' (Trefriw, [1795]; JHD 415ii); Edward Pugh, '[D]iolch i Dduw am y rhydd-did a gafodd Lloegr i ymladd â'r Sbaniards a'u gorthrechu a chymeryd eu llongau ar y môr, gan y llywydd, Arglwydd Jervis' (Trefriw, 1797; JHD 426ii). Cynhwyswyd yr olaf yn Ffion Mair Jones, *Welsh Ballads of the French Revolution 1793–1815* (Cardiff, 2012), rhif 16.
38 Ynghylch y gwahaniaeth rhwng y 'prydydd' a'r 'baledwr' yn y ddeunawfed ganrif gw. A. Cynfael Lake, 'Evan Ellis, "Gwerthwr llyfrau a British Oil &c."', *Y Traethodydd*, CXLIV, rhif 613 (1989), 204–14; *idem*, 'William Jones a'r "ddau leidir baledae"', *LlC*, 33 (2010), 124–42, yn enw. 125. Sylwer, serch hynny, fod enghreifftiau o werthwyr yn canu eu baledi eu hunain i'w canfod drwy gydol y ddeunawfed ganrif. Gw. Ffion Mair Jones, 'Welsh Balladry and Literacy', yn David Atkinson a Steve

Roud (goln), *Ballads in the Street: The Interface between Oral and Print Traditions* (i'w gyhoeddi).
[39] Ceir manylion pellach ynghylch dyddio'r cerddi yn y nodiadau yn eu cylch, isod.
[40] Cerdd 4, llau. 45–9.
[41] Cathryn A. Charnell-White (gol.), *Beirdd Ceridwen: Blodeugerdd Barddas o Ganu Menywod hyd tua 1800* (Barddas, 2005), tt. 298–310.
[42] Dafydd Glyn Jones (gol.), *Canu Twm o'r Nant* (Bangor, 2010), tt. 228–30.
[43] Siôn Ebrill (John Richards), 'Carol Plygain', yn E. G. Millward (gol.), *Blodeugerdd Barddas o Gerddi Rhydd y Ddeunawfed Ganrif* (Barddas, 1991), tt. 225–8. Dangosir pryder ynghylch glaniadau gan y Ffrancod mewn sawl baled arall o'r 1790au, gan gynnwys gwaith Richard Roberts. Gw. Jones, *Welsh Ballads of the French Revolution*, rhifau 3 a 7.
[44] Cerdd 3, llau. 61–2.
[45] Ibid., llau. 18–20.
[46] Gellir cymharu'r syndod a fynegir yng ngharolau plygain Huw Jones at ogoniant Crist (e.e. 'Wel, pwy na phlyge'i ddeulin i Frenin mawr o fry?', neu 'A phwy na chanai'n bendant ogoniant Iesu gwyn?', cerdd 4, llau. 20, 40) â llinellau o '[C]arol plygain ar y mesur a elwir Y Cowper Mwyn' o waith Huw Jones, Llangwm, lle holir 'pwy na fole?', a 'Pa frenin mewn hedd arlwye'r fath wledd / Er achub ei ddynion, rai gwaelion eu gwedd?'. Alaw Mai Edwards ac A. Cynfael Lake (goln), *Detholiad o Faledi Huw Jones: 'Llymgi Penllwyd Llangwm'* (Aberystwyth, 2010), tt. 136–8.
[47] Yr oedd manylion ynghylch datblygiadau'r rhyfel i'w cael drwy gyfrwng y Gymraeg yng nghyfnod cyhoeddi'r *Cylch-grawn Cynmraeg* (1793–4). Am fanylion pellach ynghylch dylanwad papurau newydd ar Gymru yn y cyfnod, gw. Marion Löffler, *Welsh Responses to the French Revolution: Press and Public Discourse 1789–1802* (Cardiff, 2012).
[48] Mary Favret, *War at a Distance: Romanticism and the Making of Modern Wartime* (Oxford, 2010), t. 25, lle y dyfynnir Georg Lukás, *The Historical Novel* (Lincoln, 1983), t. 24.
[49] Cerdd 2, llau. 13–16, 51–4, 69–72n.
[50] Cerdd 1, llau. 37–40, 41–4.
[51] Ibid., llau. 93–6; fy mhwyslais i.
[52] Gw. ymhellach Favret, *War at a Distance*, tt. 23–5.
[53] Fe'i claddwyd ar 22 Tachwedd 1818. Bangor Probate Records, 1576–1858, Ishmael Davies 1819, ar *http://hdl.handle.net/10107/325895*. Fe'i disgrifir fel cyweiriwr crwyn neu farcer (tanner) yn y ddogfen hon, ac y mae'r rhestr o'i eiddo yn cynnwys dodrefn amryiwol, potiau, dwy fuwch, ynghyd â chnwd o datws a gwair, y cyfan yn werth £31.10.6.
[54] [Stan Wiclen [*sic*]], 'Dauganmlwyddiant yr Arloeswr o Drefriw: Stan Wiclen ar drywydd Dafydd Jones', *Y Casglwr*, 27 (1985), 16–17. Ychydig yn wahanol yw'r manylion a rydd Gerald Morgan, yn *Y Dyn a Wnaeth Argraff: Bywyd a Gwaith yr Argraffydd Hynod John Jones, Llanrwst* (Llanrwst, 1982), t. 7. Dywed ef mai wedi marw'r tad y symudodd y wasg i Fryn Pyll.
[55] Gerald Morgan, 'Baledi Dyffryn Conwy', *Canu Gwerin*, 20 (1997), 4. Noda Siwan Rosser i Dafydd Jones argraffu o leiaf 108 o faledi o waith Elis y Cowper yn y

cyfnod o naw mlynedd rhwng 1776 a'i farwolaeth ym 1785. Siwan M. Rosser, 'Baledi Newyddiadurol Elis y Cowper', yn Geraint H. Jenkins (gol.), *Cof Cenedl XXIII: Ysgrifau ar Hanes Cymru* (Llandysul, 2008), t. 78.

56 Honnodd Ellis Roberts iddo ysgrifennu cynifer â chwe deg a naw o anterliwtiau. Evans, *Elis y Cowper*, t. 27.

57 Ibid., tt. 33, 34.

58 Ceir oddeutu dwsin o enghreifftiau o gamgysodi llythyren (e.e. bochod < bechod; babyddiaerh < babyddiaeth), o hepgor llythrennau (e.e. y oleu < yn oleu; geir < geifr), ac o ailadrodd diangen (e.e. eu eu). Ellis Roberts, *Enterlut yn Cyffelybu Amser Dŷn i Bedwar Chwarter y Flwyddyn* (Trefriw, [1787]).

59 Thomas Parry, *Baledi'r Ddeunawfed Ganrif* (Caerdydd, 1986), t. 20; Morgan, 'Baledi Dyffryn Conwy', 5; *idem*, *Y Dyn a Wnaeth Argraff*, t. 7.

60 Rhoddir sylw manwl i'r cyfeiriadau hanesyddol hyn oll yn nodiadau'r testun.

61 Siwan M. Rosser, *Y Ferch ym Myd y Faled: Delweddau o'r Ferch ym Maledi'r Ddeunawfed Ganrif* (Caerdydd, 2005), t. 194, lle y dyfynnir Huw Jones, 'Cerdd newydd; neu, Ymffrost Balchder o'i Anrhydedd a'i Lywodraeth, ar amryw Orchestion a wnaeth yn y Bŷd: Yw chanu ar. Barnad Bwngc' (Caer, [1783]; JHD 241i).

62 Rosser, *Y Ferch ym Myd y Faled*, t. 192.

63 Gw. llau. 260–6n.

64 Walter Davies (gol.), *Eos Ceiriog, Sef Casgliad o Bêr Ganiadau Huw Morus* (2 gyf., Gwrecsam, 1823), I, tt. 227–32. Atgynhyrchwyd y gerdd hon, a ganwyd yn wreiddiol ym 1692, ar ffurf baled yn ystod y ddeunawfed ganrif. Hugh Morris, '[H]anes y Rhyfel a fu rhwng Gwyr y Brenin William, a gwyr Lewis o ffraingc ar y môr, fel y llosgodd Rhyfel y Llong fawr, lle'r oedd llun y Brenin William ar ei linie, a Lewis yn ei Dwyso mewn Cadwen ar Leave Land, y ffordd hwyaf' (Mwythig, d.d.; JHD 138).

65 Geraint H. Jenkins, *Thomas Jones yr Almanaciwr 1648–1713* (Caerdydd, 1980), t. 90.

66 Gwyn Thomas, *Y Bardd Cwsg a'i Gefndir* (Caerdydd, 1971), t. 26.

67 Dienw, 'Cerdd newydd, sef y Militia yn canu ffarwel i'w gwlad, yr hon a genir, a'r Tempest of War' (Mwythig, 1761; JHD 876ii); Ellis Roberts, '[Cerdd] O rybydd ir Cymru fod un pol Jones am Landio i gyffinie ein Gwlad, hefo 8 o Longe am ladd i gyd Frodur o achos rhyfel America: Yr hwn sydd i hun o enedigaeth owlad fon medd rhai' (Trefriw, 1778; JHD 309ii). Ceir trafodaeth ar yr olaf yn Ffion Mair Jones, '"Gwŷr Lloeger aeth benben â'u brodyr eu hunen": Y Baledwyr Cymraeg a Rhyfel Annibyniaeth America', *Y Traethodydd*, CLXVI, rhif 699 (2011), 197–225.

68 Twm o'r Nant, *Pedair Colofn Gwladwriaeth*, yn G. M. Ashton (gol.), *Anterliwtiau Twm o'r Nant: Pedair Colofn Gwladwriaeth a Cybydd-dod ac Oferedd* (Caerdydd, 1964), tt. 4–10. Gw. ymhellach llau. 109–10n.

69 Iorwerth ap Robert [Edward Roberts], *Interlute Newydd, Neu Wedd o Chwaryddiaeth, Ynghylch Tri Pheth, Sef, Balchder, Oferedd, a Chydwybod* (Croesoswallt, 1803), t. 8. Rhoddir 1800 fel dyddiad cyfansoddi mewn nodyn ar ddiwedd y testun.

70 Y mae'n enwi Leo X, er enghraifft, gan roi dyddiad digon agos i'r gwir ar gyfer cychwyn ei deyrnasiad, ond yn cyfeiliorni ychydig drwy alw un o'r ddau Damasus a fu'n babau yn 'Damascus' (llau. 549, 555–8). Ystyrir beth a ddarllenwyd gan Huw Jones ynghylch Catholigiaeth ymhellach isod ac yn ll. 199n.

[71] Ellis Wynne, *Gweledigaetheu y Bardd Cwsc*, gol. Aneirin Lewis (Caerdydd, 1960), tt. 32–4; a gw. llau. 575–642n. Yr wyf yn ddiolchgar i Dr Wyn James am dynnu fy sylw at y golygfeydd hyn yn y *Gweledigaetheu*.

[72] Paul O'Leary, 'A Tolerant Nation?: Anti-Catholicism in Nineteenth-Century Wales', yn R. R. Davies a Geraint H. Jenkins (goln), *From Medieval to Modern Wales: Historical Essays in Honour of Kenneth O. Morgan and Ralph A. Griffiths* (Cardiff, 2004), t. 199 n. 10, yn seiliedig ar A. H. Williams, *Efengyliaeth yng Nghymru, c. 1840–1875* (Caerdydd, 1982), tt. 197–213.

[73] Colin Haydon, *Anti-Catholicism in Eighteenth-Century England, c.1714–80: A Political and Social Study* (Manchester, 1993), tt. 28–9. Noder, fodd bynnag, fod erthygl ddiweddar o waith Eirwen Nicholson yn cwestiynu'n egr ddamcaniaeth Haydon ynghylch dylanwad gwaith Foxe, gan awgrymu nad oedd mor hygyrch ag yr honnodd Haydon. Er gwaethaf dadl Nicholson, y mae'r atodiad a rydd ar ddiwedd ei herthygl yn dangos bod fersiynau rhad o waith Foxe wedi ymddangos drwy gydol y ddeunawfed ganrif. Yn eu plith yr oedd fersiwn yng nghyfres Hannah More, a ymddangosodd ym 1795. Yr oedd cyfres More, y 'Cheap Repository Tracts', wedi'i hanelu'n uniongyrchol at bobl gyffredin. Eirwen Nicholson, 'Eighteenth-century Foxe: Evidence for the Impact of the *Acts and Monuments* in the "Long" Eighteenth Century', yn David Loades (gol.), *John Foxe and the English Reformation* (Aldershot, 1997), tt. 143–77.

[74] Haydon, *Anti-Catholicism in Eighteenth-Century England*, t. 29.

[75] O'Leary, 'A Tolerant Nation?'

[76] Haydon, *Anti-Catholicism in Eighteenth-Century England*, t. 2.

[77] Llythyr oddi wrth Elizabeth Baker at Robert Williames Vaughan, 1797, yn llsgr. Peniarth 501 (ii), ffolio 423.

[78] Gw. llau. 787–8n.

[79] Rhoddwyd statws sifil i'r 700,000 o Brotestaniaid a drigai yn Ffrainc ym 1787. Colin Jones, *"The Great Nation": France from Louis XV to Napoleon* (London, 2002; adarg., 2003), t. 385. Yr oedd golygydd y *Cylch-grawn Cynmraeg* yn ymwybodol nad oedd Lewis XVI mor erlidgar â'i ragflaenwyr: 'Er i Lewis yr unfed ar bymtheg, farw yn Bapist ffyddlon, etto yr oedd yn fwy tyner na nemmawr o'i hynafiaid, yn neillduol y gormeswr gwaedlyd Lewis y XIV'. *Cylch-grawn Cynmraeg*, I (1793), 56.

[80] Haydon, *Anti-Catholicism in Eighteenth-Century England*, t. 136. Awgryma Nicholson, gan seilio'i sylwadau ar astudiaeth o brintiau gwrth-Gatholig yn y Llyfrgell Brydeinig, fod atgofion ynghylch llosgi hereticiaid yn ystod teyrnasiad Mari Waedlyd wedi cael eu disodli gan ddigwyddiadau diweddarach, 'most notably the St Bartholomew's Day and Irish Massacres', erbyn diwedd yr ail ganrif ar bymtheg. Nicholson, 'Eighteenth-Century Foxe', tt. 165–7.

[81] Emrys ap Iwan, *Breuddwyd Pabydd wrth ei Ewyllys*, gol. Dafydd Glyn Jones (Bangor, 2011), tt. 37–8.

[82] William Doyle, *Origins of the French Revolution* (3ydd arg., Oxford, 1999); Jones, *"The Great Nation"*.

[83] John Owen, *Golygiadau ar Achosion ag Effeithiau'r Cyfnewidiad yn Ffrainc* (Machynlleth, [1797]), t. 5.

84  Ibid., tt. 5–7.
85  Ibid., t. 8.
86  Ibid., tt. 9–10.
87  Ibid., tt. 10–11.
88  *Cylch-grawn Cynmraeg*, I (1793), 14, 56; Hywel M. Davies, 'Morgan John Rhys and James Bicheno: Anti-Christ and the French Revolution in England and Wales', *BBGC*, XXIX, rhan I (1980), 111–27.
89  Gillian Russell, 'Revolutionary Drama', yn Pamela Clemit (gol.), *The Cambridge Companion to British Literature of the French Revolution in the 1790s* (Cambridge, 2011), t. 185.
90  *Le Jugement dernier des rois, prophétie en un acte, en prose . . . jouée sur le Théâtre de la République, au mois vendemiaire et jours suivants* [Barn olaf y brenhinoedd, proffwydoliaeth mewn un act, mewn rhyddiaith . . . a chwaraewyd yn Theatr y Weriniaeth ym mis *Vendémiaire* ac ar y dyddiau dilynol] (Paris, 1793/4), t. ix.
91  Cf. sylwadau uchelwr o Gymro megis William Bulkeley ynghylch yr anterliwtiau yn ystod y 1730au. Parry, *Baledi'r Ddeunawfed Ganrif*, tt. 10–11. Y mae G. G. Evans, yntau, yn 'Yr Anterliwd Gymraeg', yn crybwyll arwahanrwydd Bulkeley, gan nodi '[nad] cyfoethogion a'u cynffonwyr a wrandawai ar y dramâu hyn fel yn theatrau Llundain y cyfnod'. Mewn rhan arall o'i draethawd, fodd bynnag, dyfynna Evans dystiolaeth John Evans, 'Ymddiddan rhwng Scrutator a Senex', *Trysorfa Ysbrydol* (Caerlleon, 1799), tt. 30, 31, sy'n sôn am y cyfnod *c*.1742, gan nodi bod 'boneddigion a chyffredin yn cyd-ymddifyrru' drwy wylio anterliwtiau. Awgryma'r sylw hwn fod lle i ymchwil bellach ynghylch union natur cynulleidfa nodweddiadol yr anterliwtiau. Evans, 'Yr Anterliwd Gymraeg', tt. 112, 502.
92  Gellir cymharu'r hyn a welir yn anterliwt bolemig William Roberts, *Ffrewyll y Methodistiaid*. Er bod sôn yno am yr ymateb gelyniaethus a fu i bregethwyr Methodistaidd yn ystod eu hymgyrchoedd cynnar yn siroedd y gogledd, ac er bod y Caradogion yn cael eu hebrwng ymaith gan y 'press gang' ar ddiwedd y testun, nid yw tyrfa'r anterliwt ei hun yn cael ei dwyn i mewn i'r gweithredoedd hyn. Roberts, *Ffrewyll y Methodistiaid*, tt. 56–62.
93  William Doyle, *The Oxford History of the French Revolution* (2il arg., Oxford, 2002), tt. 160–1.
94  Russell, 'Revolutionary Drama', t. 183.
95  Ibid., tt. 180, 183. Yr oedd y dulliau hyn yn cynnwys ailgylchu dramâu cynharach ac iddynt isleisiau gwrthryfelgar, a chynhyrchu dramâu i'w darllen yn unig.
96  J. H. Stewart, 'The French Revolution on the Dublin Stage, 1790–1794', *Journal of the Royal Society of Antiquaries of Ireland*, 91, rhif 2 (1961), 183–92.
97  Ibid.
98  Ibid. Noda Peter Lord yn ei drafodaeth ynghylch magwraeth Hugh Hughes ym mhlwyf Llansanffraid Glan Conwy ei bod '[yn] debyg fod nifer o deuluoedd yr ardal mewn cysylltiad drwy lythyr â pherthnasau yn Lerpwl lle byddai hanes y rhyfel ar lafar'. Lord, *Hugh Hughes: Arlunydd Gwlad*, tt. 10–11.
99  David Worrall, *Theatric Revolution: Drama, Censorship, and Romantic Period Subcultures 1773–1832* (Oxford, 2006; arg. clawr papur, 2009), t. 128, yn dyfynnu Edmund Eyre, *The Maid of Normandy; or, the death of the Queen of France*.

[100] Worrall, *Theatric Revolution*, tt. 129–30.

[101] Gellir cyferbynnu'r modd y mae Huw Morys yn ymdrin â dienyddiad Siarl I yn *Y Rhyfel Cartrefol*. Yn y ddrama honno, y mae'r Brenin yn cael ei arwain ymaith i gael torri ei ben, gan adael y Ffŵl ar y llwyfan i fynegi gofid ac euogrwydd y gymdeithas gyfan a barodd neu a ganiataodd i'r fath weithred ddigwydd. Diddorol yw sylwi ar ansicrwydd yn y testun a gofnodwyd o'r *Rhyfel Cartrefol* ynghylch natur y dienyddio: cymysgir yn orgraffyddol rhwng y gair 'ystaffle' (sydd efallai yn ymgais i gyfleu'r gair Saesneg 'scaffold') a'r gair 'ystafell', fel petai'r awdur neu'r cofnodwr yn bryderus ynghylch y cysyniad o ddienyddio cyhoeddus. Morys, *Y Rhyfel Cartrefol*, tt. 145, 232. Ymhellach ynghylch yr anhawster a gâi beirdd y baledi a'r anterliwtiau i gyfeirio at freninleiddiad, gw. Jones, *Welsh Ballads of the French Revolution*, t. 17.

[102] Ynghylch y fersiwn o'r alaw a ddefnyddir ynghyd â'r defnydd a wneid ohoni gan radicaliaid yn ystod y 1790au, gw. ll. 1575n. Dyfynna Worrall dystiolaeth ymwelydd o Ffrainc a welodd bantomeimiau Bastille Llundain ym 1789, gan nodi 'that they had noticeably loyalist endings . . . with scenes of "beautiful decoration representing Britannia seated in a triumphal car, holding transparent portraits of the *King and Queen of Great Britain*"'. Worrall, *Theatric Revolution*, t. 93.

[103] Ynghylch gallu'r ffŵl Shakesperaidd i ddadlennu ffolineb brenhinoedd, gw., er enghraifft, Germaine Greer, *Shakespeare* (Oxford, 1986), t. 91. Ynghylch y ffŵl yn yr anterliwtiau, gw. ll. 46n.

[104] Pasiwyd 'Proclamasiwn Brenhinol yn erbyn Ysgrifennu Bradwrus' ym 1792; ym 1794 pasiwyd y Ddeddf er Atal Habeas Corpus ac arestiwyd dros ddeg ar hugain o radicaliaid gwleidyddol yn Llundain; ym 1795 daeth nifer o ddeddfau gorthrymol i rym, gan gynnwys y Deddfau Gagio a'r Deddfau ynghylch Cyfarfodydd Bradwrus. Marianne Elliott, 'French Subversion in Britain in the French Revolution', yn Colin Jones (gol.), *Britain and Revolutionary France: Conflict, Subversion and Propaganda* (Exeter, 1983), tt. 40–52, yn enw. t. 46; John Dinwiddy, 'England', yn Otto Dan a John Dinwiddy (goln), *Nationalism in the Age of the French Revolution* (London, 1988), t. 61; Michael Scrivener, *Poetry and Reform: Periodical Verse from the English Democratic Press 1792–1824* (Detroit, 1992), t. 13; Mark Philp, 'Introduction', yn *idem* (gol.), *Resisting Napoleon: The British Response to the Threat of Invasion, 1797–1815* (Aldershot, 2006), 1–17; Nancy E. Johnson, 'Fashioning the Legal Subject: Narratives from the London Treason Trials of 1794', *Eighteenth-Century Fiction*, 21, rhif 3 (2009), 413–43.

[105] Scrivener, *Poetry and Reform*, passim.

[106] Huw Walters, *Llyfryddiaeth Cylchgronau Cymraeg 1735–1850* (Aberystwyth, 1993), t. 35.

[107] Ystyrier treialon Samuel Griffiths a Thomas John yn sgil glaniad y Ffrancwyr yn Abergwaun (1797), a'r achos yn erbyn Thomas Evans (Tomos Glyn Cothi) ym 1801. Geraint H. Jenkins, '"A Very Horrid Affair": Sedition and Unitarianism in the Age of Revolutions', yn Davies a Jenkins (goln), *From Medieval to Modern Wales*, tt. 175–96; Löffler, *Welsh Responses to the French Revolution*; Jones, '"The silly expressions of French revolution . . ."'.

[108] Hywel M. Davies, 'Loyalism in Wales, 1792–1793', *CHC*, 20, rhif 4 (2001), 687–716. Ymddengys y cyfeiriad at Richard Poole ar 701; Jones, *Welsh Ballads of the French Revolution*, t. 3.

[109] Petai teithiwr megis Joseph Cradock (a oedd yn sensitif i 'gestures' yn ôl ei adroddiad o wylio anterliwt) wedi bod gerllaw, byddai'n sicr wedi deall beth oedd ar droed yn y golygfeydd hyn. Joseph Cradock, *Letters from Snowdon: Descriptive of a Tour through the Northern Counties of Wales* (London, 1770), t. 65. Awgrymir pa effaith a gâi ystumiau actorion anterliwtiau ar wylwyr di-Gymraeg yn y geiriau canlynol o eiddo'r teithiwr Henry Skrine: 'Though the language was unintelligible and the plot not to be developed, the strange gestures of the actors, and the gaping attention of the multitude, could not fail to exite in us the interest which novelty inspires.' Henry Skrine, *Tours through the Whole of Wales* (London, 1798), tt. 184–5, dyfynnir gan Evans, 'Yr Anterliwd Gymraeg', tt. 89–90.

[110] W. Lloyd Davies, 'The Riot at Denbigh in 1795', *BBGC*, IV, rhan I (1927), 62.

[111] Thomas R. Adams, *The American Controversy: A Bibliographical Study of the British Pamphlets about the American Disputes, 1764–1783* (2 gyf., Providence, RI, 1980), I, t. 326. Teitl y pamffled Saesneg gwreiddiol oedd *The Rise, Progress, and Present State of the Dispute Between the People of America, and the Administration. By the Bishop of* ------------ (London, [1775]). Ymddengys y dyfyniad cyfieithiedig o eiriau Camden yn dienw, *Dechreuad, Cynnydd, a Chyflwr Presenol, Y Dadl rhwng Pobl America a'r Llywodraeth* (Trefriw, 1776), t. 29.

[112] Gw. llau. 1139–50n.

[113] Ibid.

[114] Gw. 'Jolly Jack of Dover; Or, the French Importer' ([London], 1800–2), Bodleian Library Broadside Ballads: The *allegro* Catalogue of Ballads, ar *http://www.bodley.ox.ac.uk/ballads/ballads.htm*; a cheir disgrifiad llawn o wawdlun Cruikshank, 'A General Fast in Consequence of the War!!', yn Mary Dorothy George, *Catalogue of Political and Personal Satires preserved in the Department of Prints and Drawings in the British Museum. Vol. VII. 1793–1800* (London, 1942), t. 77, rhif 8428. Yr wyf yn ddiolchgar i'r Athro John Barrell am dynnu fy sylw at y gwawdlun hwn.

[115] 'Ymddiddan rhwng Esgob Crist'nogol A Disgybl a elwir Dyfal-geisio', yn y *Cylch-grawn Cynmraeg*, IV (1794), 256. Y mae'r ffaith bod eglwyswyr yn anfon gohebiaeth a fynegai gydymdeimlad â safbwyntiau gwrth-Gatholig yr Ymneilltuwyr i'r *Gentleman's Magazine* o 1794 ymlaen yn dangos nad oedd yr agweddau a fynegir yn yr 'Ymddiddan' hwn yn unigryw nac annodweddiadol. Dominic Aidan Bellenger, *The French Exiled Clergy in the British Isles after 1789: An Historical Introduction and Working List* (Bath, 1986), tt. 35–6.

[116] Gw. *GPC* s.v. eglwys. Noder bod capeli'r Ymneilltuwyr hefyd yn cael eu 'ceinioca' er lles yr alltudion. Gw. 1139–50n.

[117] *Cylch-grawn Cynmraeg*, IV (1794), 279–80, yn enw. 280.

[118] Ellis Roberts, 'Ymddiddan rhwng Lloegr a Ffraingc ar y mesur a elwir Leave Land neu adel Tir' (Mwythig, 1758; JHD 71ii).

[119] *Ex inf.* yr Athro John Barrell. Yr oedd yr amodau yn debyg yn ystod cyfnod y Rhyfel Saith Mlynedd. Gw. 'Cwynfan gwŷr Ffrainc am ychwaneg o luniaeth o Loegr, i'w chanu ar Hitin Dincer', yn Edwards a Lake (goln), *Detholiad o Faledi Huw Jones*, tt. 48–51.

[120] Gw. llau. 1503–6n.

[121] R. T. Jenkins, *Hanes Cymru yn y Ddeunawfed Ganrif* (Caerdydd, 1928), t. 131.
[122] Anerchiad agoriadol Huw Jones i *Hanes Bywyd a Marwolaeth Brenin a Brenhines Ffrainc*.
[123] Löffler, *Welsh Responses to the French Revolution*.

# *Dulliau Golygu: Nodyn*

Anelwyd yma at gyflwyno testunau dealladwy mewn orgraff fodern, testunau y gall y darllenydd ymateb iddynt yn rhwydd gyda chymorth yr eirfa a'r nodiadau. Ar yr un pryd, ni fynnid difetha blas y gwreiddiol drwy ymyrryd yn rhy egr. Nodir yma pa fath o newidiadau a wnaed.

Seiliwyd y golygiadau ar drawsysgrifiadau o'r ffynonellau print a llawysgrif a enwir. Pan oedd darlleniadau yn amheus neu'n gwbl aneglur, gwnaed defnydd o fachau petryal i gynrychioli deunydd coll. Pan oedd modd dyfalu beth a ddylai fod yn y bylchau hyn, mentrwyd cynnwys llythyren neu lythrennau neu hyd yn oed eiriau o fewn y bachau. Fel arall, gadawyd llinell doredig, yn cyfateb yn fras i hyd y rhan annarllenadwy neu goll, o fewn y bachau petryal. Yn nhestun yr anterliwt, ceir enghreifftiau megis 'bonti[n]' a 'syd[d]'. At hyn, gwnaed defnydd o fachau petryal i amgáu enwau siaradwyr lle y'u hepgorwyd gan yr argraffydd (e.e. [Lewis] yn ll. 143). Gwnaed addasiadau bychain eraill i enwau'r siaradwyr: e.e. pan ddaw hen wraig i'r llwyfan yn ll. 611, y gair 'Wraig' a geir wrth ei hareithiau yn y testun. Fe'i newidiwyd yn dawel i 'Hen Wraig', er eglurder ac i gyd-fynd â'r *dramatis personae* ('Trefniad o'r chwaryddiaeth rhwng tri') ar y dechrau.

Safonwyd yr atalnodi a'r defnydd o briflythrennau yn yr holl destunau, ynghyd â'r orgraff mewn mannau lle nad ystyrid bod y sillafiad gwreiddiol yn adlewyrchu'n gryf yr ynganiad ar lafar: e.e. 'baen' > 'baun' (= paun); 'dinystr' > 'dinistr'; 'droiau' > 'droeau'; 'ddaiar' > 'ddaear'; 'ergidio' > 'ergydio'; 'esgydiau' > 'esgidiau'; 'gida' > 'gyda'; 'gwaeddi' > 'gweiddi'; 'gwilia' > 'gwylia'; 'lloiau' > 'lloeau'; 'maesydd', 'meusydd' > 'meysydd'; 'oni bae' > 'oni bai'; 'seuthu' > 'saethu'. Safonwyd yr orgraff o ran rhaniad geiriau, yn ogystal: e.e. 'di ffael' > 'di-ffael'; ynghanol > yng nghanol; 'yngwlad' > 'yng ngwlad'; 'yn Ysgrythur' > 'yn y 'Sgrythur'; 'sy'n ysgubor' > 'sy'n y 'sgubor'. Lle y cafwyd un llythyren neu dalfyriad arall i gynrychioli gair (e.e. 'D---l' am 'diawl' yn ll. 621; 'b' am 'brenin yn ll. 1106; 'fl' am 'flwyddyn' yn ll. 1239), estynnwyd y gair yn dawel.

Y mae'r testunau'n gyforiog o enghreifftiau o dalfyrru a hepgor, fel sy'n nodweddu'r iaith lafar. Ceisiwyd pwyso a mesur gwerth naill ai gollnodi neu ychwanegu'r hyn sydd yn eisiau mewn ffont italig yn yr achosion hyn. Y mae'r enghreifftiau o hepgor a thalfyrru i'w gweld mewn geiriau unigol, ac mewn brawddegau. Yn 'Cawn i fenthyg ystôl . . .' (ll. 261), er enghraifft, rhoddwyd collnod o flaen ''Cawn' er mwyn tynnu sylw at y ffaith bod 'pe' yn eisiau ar gychwyn y frawddeg ('Pe cawn i fenthyg ystôl . . .'). Ni chollnodwyd negyddion coll mewn enghreifftiau megis 'Chlywais' (ll. 14) neu 'Châ' (ll. 449), serch hynny. Yn 'Mi rhof drwy galon yn abl gole' (ll. 272) yr ystyr, yn llawn, yw 'Mi *a'i* rhof drwy*'i* galon yn abl gole'. Penderfynwyd yn yr achos hwn ychwanegu'r rhagenw mewnol genidol ''i' yn unig, a hynny mewn ffont italig. Ceir enghreifftiau pellach, megis 'y darfu casglu' > 'y darfu*'u* casglu'; 'wedi witsio' > 'wedi*'i* witsio'. Mewn achosion eraill, lle'r oedd yn anos ychwanegu heb fynd i ymyrryd a dehongli ychydig yn rhagor, penderfynwyd peidio ag addasu'r testun. Yn 'sy'n rhoddi ni rhydd' (ll. 709), er enghraifft, gellid cynnig diwygio naill ai i 'sy *i*'n rhoddi ni' neu i 'sy'n *ein* rhoddi ni', a gellid dadlau bod hepgor yr arddodiad 'yn' o flaen 'rhydd' yn rhoi blas arbennig i ni o'r iaith y mae'r testun wedi'i gwreiddio ynddi. Yn achos 'Drwy llochi ym mhob llun' (ll. 1171), cynhwyswyd nodyn i drafod deongliadau posibl, ond ni newidiwyd y testun yn y golygiad.

O fewn geiriau unigol, fel y nodwyd, y mae talfyrru cyson yr iaith lafar i'w weld yn amlwg. Gwelir nodweddion megis hepgor yr 'f' olaf ar ddiwedd gair megis 'garwaf' (> 'garwa''), a phenderfynwyd cynnwys collnodion ar ddiwedd ffurfiau o'r fath, ac eithrio 'e' < 'ef'. Rhoddwyd collnodau ar ddiwedd ffurfiau berfol ac arddodiaid y trydydd person lluosog ('nhw') yn ogystal (e.e. 'iddyn'', 'chân' nhw', 'yden''), ac eithrio yn y ffurf 'maen nhw', sy'n gyfarwydd iawn i'r llygad heb y collnod. Ceir enghreifftiau niferus o golli'r ddeusain (e.e. 'chwdlyd' < 'chwydlyd'; 'd'w'nodd' < 'dywynodd'; 'gwcha' < 'gwychaf'; 'gwrthiau' < 'gwyrthiau'; 'rhwfodd' < 'rhywfodd'; 'twllwch' < 'tywyllwch'; 'ugan' < 'ugain'). Yn y mwyafrif o'r ffurfiau hyn, collnodwyd y llafariaid coll ('d'w'nodd'; 'gw'cha''; 'gw'rthiau'; 'rh'wfodd'; 't'wyllwch'; 'uga'n'). Ni chollnodwyd ffurfiau'r ferf 'cymeraf: cymryd' ('cymrai', 'cymrwn', 'cymrwch'); barnwyd eu bod yn ddigon amlwg eu tarddiad heb wneud hynny. Yn yr un modd, ni chollnodwyd diweddebau ffurfiau lluosog lle y collir y ddeusain, e.e. 'ddiawlaid' < 'ddiawliaid'; 'hwyad' < 'hwyaid'. Pan yw'r ddeusain yn cael ei newid yn llwyr, e.e. o 'ai' i 'e' yn 'gyfell' (< 'gyfaill'), gadawyd y ffurf sy'n ymddangos yn y testun gwreiddiol.

Collnodwyd y fannod ar y ffurf 'yr' pan yw'n ymddangos o flaen cytsain; e.e. 'dyna yr peth' > 'dyna'r peth'; 'gyrru yr Duke of York' > 'gyrru'r Duke of York'. Gwnaed yr un peth gydag enghreifftiau o 'mae yr' (> 'mae'r'). Ni fuwyd mor ddeddfol o ran talfyrru 'yn' ar ôl llafariad, er bod peth addasu wedi'i wneud (e.e. 'A'r cleddyf sydd yn rhwygo yn rhydd' > '... rhwygo'n rhydd'). Y mae'r darllenydd yn rhydd i leisio'r llinellau'n uchel neu yn ei ben a chanfod eu rhythm naturiol, gan dalfyrru neu ynganu llafariaid 'ychwanegol' megis yr 'yn' mewn achosion fel hyn.

Nodwedd arall ar iaith y testun yw calediad y cytseiniaid 'b' (> 'p') a 'd' (> 't'); e.e. 'Myn yr hen fap, i fopio'; 'trallod trud'. Ceir hefyd achosion o feddalu'r cytseiniaid hyn, e.e. yn y ffurfiau 'pabist', 'pabistiaid', sy'n aml yn cyflythrennu'n foddhaol o ganlyniad i'r dewis o ffurf ('pabist' nid 'papist', ayyb.). Noder bod *GPC* yn rhestru'r ffurf 'pabist' o dan yr amrywiadau ar 'papist', gan nodi mai 'dan ddyl. yr e. *pab*' y daeth i fodolaeth. Ceir un enghraifft o'r ffurf sy'n defnyddio'r 'p' galed ('papist') yn y testun, sef yn y *dramatis personae* ar ddechrau'r chwarae (o dan golofn I). Penderfynwyd gadael hwnnw fel y mae. Sylwer bod nifer fechan o ffurfiau lle y safonwyd calediad neu feddaliad cytseiniaid, a hynny fel rheol gan nad oedd y ffurfiau hyn yn effeithio ar gytseinedd llinellau; e.e. 'escobion' (> 'esgobion'), 'disdawrwydd' (> 'distawrwydd'), 'ddatodiad' (> 'ddatodiad'), 'melldith' (> 'melltith').

Nid ymyrrwyd â ffurfiau ar eiriau sydd yn llai cyfarwydd i ni heddiw, ond sy'n ffurfiau cydnabyddedig neu restredig yn *GPC*, e.e. 'calyn', 'darllain' (ynghyd â'r ffurf person 1af unigol, modd mynegol, amser presennol 'darlleniaf' (< 'darllenaf')), 'pedwarydd', 'ymbell'. Rhestrwyd rhai ffurfiau llai cyfarwydd o'r fath yn yr eirfa, gan nodi'r ffurf a arferir yn gyson heddiw ynghyd â chynnig diffiniad neu aralleiriad. Cadwyd hefyd ffurfiau sy'n gorffen â'r ddiweddeb (henffasiwn, bellach) '-eu' ('boreu', 'chwareu', 'gynneu', '[m]addeu', 'moddeu', a'r ffurfiau berfol 'daetheu' (< 'daethai'), 'dyleu' (< 'dylai'), 'lwyddeu' (< 'lwyddai'). Noder, serch hynny, mai dim ond yn achos 'lwyddeu' y mae gofyn am y ffurf er mwyn sicrhau odl. Nid ymyrrwyd ychwaith â ffurfiau megis 'deud', 'deudyd' (< 'dweud', 'dywedyd') neu 'mi fuom' (< 'mi fûm'), sydd oll yn parhau i fod yn gyfarwydd iawn ar lafar. Cadwyd yn ogystal ffurfiau llai cyfarwydd megis 'gantho', 'ganthom' (< 'ganddo', 'ganddom' < 'gennym'). Penderfynwyd safoni 'I mae' (> 'Y mae') ac 'ei gyd' (> 'i gyd').

Er gwaethaf y duedd amlwg i golli'r ddeusain, ceir hefyd enghreifftiau yn y testunau o lafariaid ymwthiol, megis 'bobol' neu 'tylodion' (< 'tlodion'). Cadwyd y rhain yn y golygiad. Ar adegau y mae penderfyniad yr awdur neu'r cysodydd gwreiddiol i gynnwys llafariaid ymwthiol neu beidio yn ymddangos yn hynod fympwyol. Er enghraifft, byddai'r ffurf 'Lloeger' wedi gweithio'n dda yn y llinellau canlynol, lle y deisyfir odl gyda 'dyner' a 'mater':

> Neb ar dwyn, rwy'n deud yn dyner,
> Ond gwas a ffŵl i frenin Lloegr.
>
> Yn wir, mae Siorsyn, brenin Lloegr,
> Yn rhy feddal ym mhob mater (llau. 277–80).

Ysywaeth, ni ddewiswyd y ffurf yn yr argraffiad gwreiddiol. Penderfynwyd peidio ag addasu geiriau er lles yr odl, oni bai bod gwall amlwg wedi'i wneud, e.e. drwy roi 'ysgafel' yn hytrach nag 'ysgafell' yn y bedwaredd linell yn yr enghraifft isod. Penderfynwyd yma roi'r 'll' yn llawn, gan dynnu sylw at y newid drwy ddefnyddio ffont italig:

> Ond er cyflawni'r ddichell,
> Nolwch i mi goed, lond cawell;
> Rhaid imi, rydwy' yn deud,
> Was cyfion, wneud ysgafe*ll* (llau. 1231–4).

Y mae'r 'h' yn llythyren sy'n gofyn am sylw arbennig, gan fod enghreifftiau yn y testun lle'r hepgorir yr 'h' arferol, a lle'r ychwanegir 'h' yn groes i'r disgwyl. Mewnosodwyd 'h' mewn geiriau lle'r oedd gofyn amdani (e.e. 'arosodd' > 'arhosodd'; 'breniniaeth' > 'brenhiniaeth'; 'diangol' > 'dihangol'; 'fy nglywed' > 'fy nghlywed'), ac fe'i hepgorwyd mewn achosion megis 'brenhin', 'neshau' (> 'nesáu'), 'neshewch' (> nesewch), 'nhol' (> 'nôl'), 'tangnhefedd'. Cadwyd 'h' a ychwanegwyd ar ddechrau geiriau yn y testun, serch hynny: e.e. yn 'henwa'' (< 'enwaf'), 'hochor' (< 'ochr').

Yn achlysurol iawn, cymerwyd y rhyddid i hepgor elfennau yn y testun golygedig sy'n ymddangos yn wallus; e.e. 'myfin' > 'myfi' yn ll. 570; 'yw'r llyfrau Biblau'r bobloedd' > 'yw llyfrau Biblau'r bobloedd', ll. 309. Gwnaed rhai newidiadau pellach sy'n ymateb i wallau cysodi, ond gan nodi unrhyw ychwanegiadau mewn ffont italig; e.e. am 'bochod' rhoddwyd 'b*e*chod'; am 'buant' rhoddwyd 'bu*o*nt'; ac am 'on' rhoddwyd 'on*d*'. Nid yw bob amser yn bosibl twtio gwaith yr awdur mor ddidrafferth, serch hynny, a gadawyd rhai brychau heb eu newid: e.e. 'Wyf ar yr orsedd peredd Paris' (ll. 362). Yn achos 'ffoodd' a 'ffôodd' (llau. 1056, 1079), diwygiwyd i 'ffodd', er ei bod yn deg cydnabod bod y ddwy 'o' yn yr achosion hyn yn debyg o fod yno i gynrychioli'r ynganiad a oedd yn gyfarwydd i'r awdur a'r cysodydd.

Cynhwyswyd rhai geiriau wedi'u benthyg o'r Saesneg yn y testunau gwreiddiol heb unrhyw ymdrech i newid eu sillafiad; e.e. 'pox'. Mewn achosion o'r fath, rhoddwyd y sillafiad Cymraeg a geir yn *GPC* ('pocs'). Enghraifft arall yw 'army' yn y testun gwreiddiol, 'armi' yn y golygiad; 'Secretary' yn y gwreiddiol, 'Secretari' yn y golygiad. Yn achos 'news' ac 'use', penderfynwyd cadw'r orgraff Saesneg: er bod ffurfiau Cymraeg ar y ddau ('niws', 'iws') yn cael eu rhestru yn *GPC*, ni chredid eu bod yn gwbl gartrefol yn y cyd-destun hwn. Gadawyd rhai ffurfiau Saesneg ansafonol eraill heb eu haddasu, oll mewn ffont italig (e.e. *'pitfull', 'body-house', 'son of the bits'*). Noder na wnaed ymdrech i gywiro'r ffurfiau hyn gan eu bod yn adlewyrchiadau gwerthfawr o ynganiad yr awdur a'i ddealltwriaeth o'r Saesneg. Ni newidiwyd 'entr' (< 'enter').

Ceir llu o nodweddion anramadegol yn y testunau, e.e. 'ac hefyd'; 'cymeryd'; 'ni arhosodd'; 'ni a'u gwynebwn' (< 'ni a'u hwynebwn'); 'nid ellir'; 'yn eu addoli' (< 'eu haddoli'); 'yr Satan'. Y mae enghreifftiau o hepgor treigladau ac o dreiglo'n ddiangen i'w gweld: e.e. 'ai th'di' < 'ai tydi'; 'dau cant'; 'i Rhufain' (cyffredin ar lafar mewn enwau lleoedd); 'Y daetheu drueiniaid Ffrainc' < 'Y daetheu trueiniaid Ffrainc'; 'yn perchen'. Ni cheisiwyd cywiro'r nodweddion hyn.

Lled-safonwyd enwau pobl a lleoedd, e.e. drwy gywiro'r hyn sy'n ymddangos yn wallau anfwriadol yn dawel, weithiau gyda nodyn. Yn achos yr enw 'Fermoht' > 'Fermont', cymerwyd mai gwall cysodi yw'r 'h' am 'n', ond nid ymyrrwyd â'r llafariad 'e' ('Firmont' yw'r enw hanesyddol). Diwygiwyd yr enwau 'Goliah', 'Maccedah' a 'Josuah' oll gan gymryd na fyddai'r 'h' yn cyfrannu dim at yr ynganiad (rhoddwyd 'Golia', 'Macceda' a 'Josua'). Weithiau ceir mwy nag un ffurf ar enwau yn y testun. Brwydrwyd yn erbyn y dymuniad i sicrhau cysondeb, gan ganiatáu ffurfiau amryw. Ceir, er enghraifft, y ffurfiau 'Belsazar' a 'Belsezar' ar enw'r brenin Belsassar yn nhestun yr anterliwt. Newidiwyd yr orgraff yn yr achos cyntaf i 'Belsassar', gan ddilyn y Beibl Cymraeg Newydd, ond dim ond yn rhannol yr addaswyd 'Belsezar', gan roi 'Belsessar' i gynrychioli'r sain yn y gwreiddiol mewn orgraff Gymraeg. Cadwyd y ffurfiau 'Europia' a 'gwlad Ewropia' yn ogystal, gan osgoi 'safoni' 'Europia', gan ei bod yn bur bosibl nad 'w' fyddai ynganiad nodweddiadol yr 'u' ar ddechrau'r gair (cf. yr enw 'Brutus', y dylid ei ynganu'n ffonetig). Gadawyd y sillafiad gwreiddiol ar gyfer 'Fflandrs' yn ogystal.

Rhifwyd y llinellau yn nhestun yr anterliwt a'r cerddi fesul pump. Ni roddwyd llinell ar gyfer y cyfarwyddiadau llwyfan yn yr anterliwt, a phan gyfeirir at y cyfarwyddiadau hyn yn y rhagymadrodd, y nodiadau a'r eirfa, defnyddir rhif y llinell agosaf fwyaf perthnasol, naill ai yn union o flaen y cyfarwyddyd neu ar ei ôl. Er enghraifft, cyfeirir at y cyfarwyddyd '*ENTR Lewis Caped XVI, sef brenin Ffrainc*' gyda rhif y llinell sy'n ei ddilyn, sef ll. 121.

*Gwedd o Chwareyddiaeth, sef Hanes Bywyd a Marwolaeth Brenin a Brenhines Ffrainc ac amryw eraill o'u deiliaid. Hefyd, darluniad o grefydd babaidd a'r modd y darostyngwyd y pabyddion yn y tymestl diweddar, a wnawd gan Huw Jones, Glanconwy*

Ffydd babaidd ffiaidd o'i phen – ffydd erchyll,
Ffydd orchwyl aflawen;
Ffydd yw, gwn, ffiaidd gynnen,
Ffydd ryw dwyll, ffiaidd, ry den.

Trefriw, argraffwyd gan I. Davies, 1798

Trefniad o'r chwaryddiaeth rhwng tri

I
Dic y Geiriau Pigog
Yr Ail Papist
Y Llances
Yr Ail o'r werinlywodraeth
Yr Ail o reolwyr y deyrnas

II
Traethydd
Y Brenin
Elin, nain y Cybydd
Offeiriad pabaidd

Y Cyntaf o'r werinlywodraeth
Y Cyntaf o reolwyr y deyrnas
Cyffeswr y Frenhines
Y Pab

III
Y Frenhines
Y Cybydd
Y Pabist cyntaf
Yr Hen Wraig o babistes
Ustus Ffrainc
Y General
Secretari
Cyffeswr y Brenin

Fy nghydwladwyr,

Mi anturiais roddi hyn o lyfryn bychan yn yr argraff wisg, sef fy llafurwaith yn fy ieuenctid, gan feddwl boddio rhai o'm cydgyfeillion sydd yn awyddus o garu ôl traed yr hen Omeriaid, sef y ddawn awenyddawl a berchenogodd yr hen feirdd Cymru yn fwy godidawg nag un genedl dan yr haul. Ond gwybod yr ydwyf y bernir ar fy ngwaith, o ran ni chlywais i erioed sôn am lyfr, er cael ei drefnu yn lled gywir, na bydde rai yn goganu arno, yn enwedig Mr Hun, Gwybod y Cwbl, a Mr Gwell Na Neb Arall, a Bydolddoethyn, ac amryw sydd yn gwgu ac yn chwythu gwenwyn fel seirff ehedegog at y penbeirdd. 'Wiw i mi ddisgwyl amgenach, o ran nad wyf ond rhyw fath o brydydd anghywir, ond pob un o'm ewyllyswyr da a'i derbyniant ef yn llawen, a diolch i bob un ohonynt.

Hwn wyf eich ewyllysiwr da,<br>
Huw Jones, Glanconwy

*ENTR Dic y Geiriau Pigog*

Dic  Gosteg ac ystyr, trwy'r llythyr tra llwythog,
Rwyf i am draethu neu frefu'n afrywiog;
Mae genny' ystori wisgi wawr
Mewn pwysau mawr cwmpasog.

Ho! Dyma 'nghariadau i gyd gyferbyn, 5
Nhw ddigien' i gyd oni ddawnsia' i ronyn;
Maent yn barnu â'i gilydd (clep, clep)
Gallaswn roi ystep ers tipyn.

Wel, mi ddawnsiaf o lawenydd!
Tyrd y cerddor hylwydd – 10
Rhwbia fol dy hen ast goch
Oni nado hi'n groch annedwydd.

Paid, paid â rhwbio'i bola!
Chlywais i erioed fath udfa;
Dos efo hi adref, rhed ar hast 15
I'r cenel – mae'r ast yn cwna.

Mae pob peth yn dirwyn am fynd yn dorrog,
Oes 'r un o'r merchaid glân yn chwannog?
Edrychwch yma, Sali, Gwen,
Dyma'r boles â'i phen drwy'm balog. 20

Ho! Dacw 'nghariad, Gwenno,
'N camu 'i thrwyn wrth sôn cnuchio,
A phed fawn yn cynnig dan din cae
Degan, ni wnae mo'r digio.

Wel, dacw Sali a'r faly foliog, 25
Fel pwsi mawr cwmpasog,
Rwy'n ofni daw rhywbeth yn y man
Mewn ffwdan o dan ei ffedog.

*ENTR y Traethydd*

Traethydd  Pwy sy'n siarad mor ansiriol?

| | | |
|---|---|---|
| *Dic* | Neb ond y fi sy'n cadw ysgol. | 30 |
| | 'S ca' i geiniog y pen mi lenwa' 'mhwrs – | |
| | Mae yma'n bybyr gwrs o bobol. | |
| *Traethydd* | Pa beth yn ddwysgain wyt yn ddysgu? | |
| *Dic* | Nid dysgu tyngu na rhegu, | |
| | Na dwyn na hwrio, llelo llid – | 35 |
| | 'Wiw moedro, maen nhw i gyd yn medru! | |
| *Traethydd* | Pa beth, o rydid, yw'th bwyth ar redeg? | |
| *Dic* | *Ask my arse*! Dyna it Saesneg | |
| | Yn ddigon plaen, myn y dyfr, | |
| | Sef mwydion y llyfr gramadeg. | 40 |
| *Traethydd* | Gramadeg Belial a gest, heb oleu – | |
| | Rwy'n clywed araith y diawl yn d'eiriau. | |
| *Dic* | Dwyt tithe ddim gwell dy hawl, | |
| | Mae nod y diawl ar d'aeliau. | |
| *Traethydd* | Pa beth yw dy enw, faw go donnog? | 45 |
| *Dic* | Fy enw yw Dic y Geiriau Pigog. | |
| | Mi fuom neithiwr yn pigo Sal | |
| | Tra gallodd y gal, hen geiliog. | |
| *Traethydd* | Pwy yw'r bobl hyn sy o'th gwmpas? | |
| | Pwy sydd mor ffôl â gwrando'th lolas? | 50 |
| *Dic* | 'D adwaen i ond un neu ddwy – | |
| | Dacw Fari o blwy Llanferras. | |
| *Traethydd* | Mae gennyf enterliwt i'w thraethu. | |
| *Dic* | Wel, mi'th ganlynaf beth hyd Gymru | |
| | Os rhoi di ffafr i hen lo | 55 |
| | A chennad i ddawnsio a chanu. | |

| *Traethydd* | Wel, dos i ffordd am dipyn |
| | Tra bydda' i'n tystio'r testun. |

| *Dic* | Cofiwch chwithe ganu'r gloch, |
| | Ŵr dirfawr, pan foch ar derfyn. *Ymaith* | 60 |

*Mynegiad y chwarae*

| *Traethydd* | Y tyner Frutaniaid, Omeriaid, ymyrrwch, |
| | Rwy'n tystio y testun sy'n calyn, os coeliwch, |
| | Am frenin Ffrainc hynod (rwy'n gwybod yn gwbl) |
| | Ac hefyd pabyddion ('r un moddion rwy'n meddwl). |

Byw'r ydoedd Lewis ym Mharis amhurol  65
Ar orsedd fainc barchus, fron hoenus, frenhinol;
A'r pab oedd ei athraw, un hylaw, yn holi
Am gynnal pabyddiaeth o hyd, rhag ei boddi.

Roedd Ffrainc ers talm mewn cwlwm mawr caled
Dan d'w'llwch, heb ystyr mo dwyll y pabistied;  70
Eu troi oddi wrth undeb, diriondeb y Drindod
A 'doli mewn ochain y delwau monachod.

'R ôl hynny fe d'w'nodd mewn rh'wfodd mwy rhyfedd
O fynydd ysbrydol dra gwrol drugaredd,
Nes peri iddyn' weled mai caled y cwlwm  75
Dan iau y pabyddion, dewr weision direswm.

Helasant yn gethin ryw fyddin ryfeddol,
Ac 'n erbyn y Brenin ae'r gwerin wŷr gwrol.
'R ôl hir o ryfela, modd garwa', medd geiriau,
Trechasant y Brenin a'i fyddin un foddau.  80

Cewch hanes rhyw gybydd annedwydd hynodol,
A'i nain ddaw i'w galyn, wers wydyn arswydol;
Wrth siarad â Morys, honno fydd marw,
Ceiff yntef yn ebrwydd a hylwydd ei helw.

Cewch weled dull crefydd pabistiaid mawr cryfion 85
Drwy un offeiriadwr neu byrsiwr o berson;
A hwn fydd yn maddeu pechodau am eiddo
A dwyn rhai o'r purdan, bwll egwan, ball ogo'.

'R ôl hyn daw rhai dynion yn wiwlon i weled
Nad oedd y pab grefydd ond celwydd mawr caled; 90
Aent gwedi i fobio neu guro'r hen geryn,
A dyna ddarluniad a'r tastiad o'r testun.     *Ymaith*

ENTR *Dic y Geiriau Pigog*

*Dic*   Gwaed hunlle ac uwd Henllan!
Pwy oedd yn pregethu yrŵan?
Roedd yr un sŵn wrth ddeud consént 95
Â'r troliau ar balment Rhulan.

Pa beth oedd tecs y pengrwn?
Ai sôn am frenin Ffreinc-cwn?
Duw a safo gyda Siors,
Ond taflwn i'r gors y garsiwn. 100

Hoff gan amryw bobloedd
Siarad yn ddoeth mewn siroedd,
Fel bydolddoethyn yn gwneud gwên,
Rhoen' hanes rhyw hen frenhinoedd.

Rwyf finneu yn abl doethgar 105
Am ddywedyd hanes clymgar;
Mi fedraf henwi'r brenhinoedd yn dwr
Yn ddiwyd o bob cwr i'r ddaear.

Ond ni welais i odid frenin
Wna ddaioni i bobl gyffredin, 110
Ond *d* hel arian yn ddi-feth
A gwthio rhyw dreth yn gethin.

Mae'r papur newydd yn bur anweddedd –
Hanes trethi sy'n llond ei berfedd!
Rhaid talu trethi toc, medd y *news*, 115
Yn donnog am *use* ein dannedd.

|       | Mae Lewis yn galw ac yn galw |     |
|-------|------------------------------|-----|
|       | Am chwaneg o drethi i'w gadw; |     |
|       | Mae treth ar oleuni a phob peth, |     |
|       | A garwach, mae treth ar gwrw. | 120 |

*ENTR Lewis Caped XVI, sef brenin Ffrainc*

| Lewis | Pwy sydd yma megis brain |     |
|-------|--------------------------|-----|
|       | A garw sain yn ei gorun? |     |
| Dic   | Pwy wyt titheu? Ai Jac y Bais, |     |
|       | Gan ystowtied â Sais Brestatyn? |     |
| Lewis | Rwyf i yn etifedd mawr wedi tyfu. | 125 |
| Dic   | Nid llawer mwy na finneu rwy'n credu. |     |
| Lewis | Rwyf mewn anrhydedd mawr yn rhodio. |     |
| Dic   | Mae hynny'n burion, Mr Gwallgo. |     |
|       | Rych ŵr bonheddig braf, mi wn, |     |
|       | Neu deiliwr, gwn, wrth eich dwylo. | 130 |
| Lewis | Myfi yw'r penna' yng ngwlad Ewropia. |     |
| Dic   | Finneu ydyw'r ail, sef Twm y Bala – |     |
|       | Siarad lawer yn erbyn y graen; |     |
|       | Mi af i, 'r hen baun, yn benna'. |     |
|       | Pwy yw hwn â'i big dylluan? | 135 |
|       | Ai nai fab gast i Siôn y Glocsan? |     |
|       | Mae'n meddwl ei fod ynddo ei hun |     |
|       | Yn llwdn o ddyn mawr llydan. |     |
| Lewis | Myfi yw Lewis – dois yma i lywio – |     |
|       | Sef brenin Ffrainc, os wyt yn coelio. | 140 |
| Dic   | Holo, bobl! Torrwch ei siol – |     |
|       | Dyma babist â'i hen lol bibo. |     |

| [Lewis] | Gwirionedd ydyw hynny,
A gwiwdeg, nid wy'n gwadu:
Rwy'n proffesu cywir ffasiwn
Efo'r pab o Rhufain, ei ras nis rhifwn. | 145 |

Dic Wrth gofio'r hen gyfell,
Dywed imi, ac nid yn fusgrell,
Pa faint o awdurdod, yr hen fab,
A ddichon y pab a'i ddichell? 150

Lewis Mae'r pab yn peri inni gredu
Fod ganddo fraint o dan yr Iesu;
Mae'n gyrru atom ni i Baris
Ei fod e'n Ddoctor Infallibilis.

Mae'r pab yn tystio'n ddigon helaeth 155
Nad oes i undyn iechydwriaeth
Sydd allan o gymdeithas gywrain
Yr Eglwys lân a deddf y Rhufain.

Dic Ydyw, siŵr, mae'r pab yn helaeth
Yn mynych dystio mewn pabyddiaeth 160
Mai mamaeth duwioldeb ym mhob man
Drwy'r bydoedd yw anwybodaeth.

Mae hefyd, yr hen Frenin,
Yn gw'rafun y Bibl i bobl gyffredin;
Ni chân' nhw mo'no yn eu hiaith; 165
Mae hynny yn gaith go gethin.

Mae'n arw i'r Anghrist drwg 'nwydau
Gyboli a thorri y glân Ysgrythurau!
A'u cloi nhw i fyny (mae'n gywilydd noeth!)
Yn Lading – O, boeth bo'i 'lodau! 170

Er maint oedd helbul y nefol athro
Rôi'r gannwyll i'n goleuo,
Ac ynteu yn 'i throi, *son of the bits*,
O! Moli'r hen wits a'i malo!

| | | |
|---|---|---|
| *Lewis* | Dyw gwybodaeth angenrheidiol | 175 |
| | I broffesu ffydd iachusol; | |
| | Os credwn ni i'r Eglwys hyfryd | |
| | Ni gawn y nefoedd, dragwyddolfyd. | |

*Dic*   Beth ych yn feddwl o'r sacramentau
         Pan foch yn ei gymryd yn ôl eich defodau?            180
         Rŷm ni yn ei alw yn fara a gwin
         Pan fôm yn ei drin ar droeau.

*Lewis*  Er ei fod yn fara a gwin wrth gychwyn,
         Mae'n altro'i ddull cyn i ni ei dderbyn,
         'R hwn sy'n mynd, ond ei gysegru,                    185
         Yn gig a gwaed y Gŵr fu i'n prynu.

*Dic*    O! Wel, dywed eto'n gywir
         Beth yw'r ddefod hon, greadur,
         Rych yn ei galw'n ôl rhyw bàs,
         Yn offrwm màs mewn mesur?                            190

*Lewis*  'R ôl gwneud y bara a'r gwin i fyny
         Yn gorff a gwaed y Gŵr fu'n prynu,
         'R offeiriaid a'i codiff yno'n ei freichiau
         A'r bobl a syrthiant ar eu gliniau.

         A chwedi hyn nhw a'i haddolan'                       195
         Fel pe bae o Grist ei hunan;
         A dyna'r offrwm màs, rwy'n deudyd,
         Sydd dros y byw a'r marw hefyd.

*Dic*    Bûm minne'n darllain hanes pabistiaid
         Tan chollais agos lewyrch fy llygaid,                200
         A dal sylw, fel roeddwn lob,
         Ar eu crefydd ym mhob crafiad.

         Y degfed pab â'i enw yn Leo
         Oedd mwya' diawledig a soniwyd amdano;
         Darfu hwnnw, medda' i'n hy,                          205
         Fel cigydd ddysgu cogio.

Pan ffaeliodd gael digon o arian
Gwnaeth indulgenses ohono 'i hunan,
A'r ffreiers i'w gwerthu drwy lafur mwll
I roi pardwn yn nhwll y purdan.   210

A phawb yn ymadael â'u power
Er mwyn cael rhyw esmwythder;
Ac o fesur ychydig, o dro i dro,
Y twyllodd Leo lawer.

Wel, dywed dithau yrŵan,   215
Ai wyt ti'n credu i'r cynffon Satan,
Yr hwn a ddywedodd yn ddi-ffael,
Fod pardwn i' gael mewn purdan?

*Lewis*     Oes, mae purdan, rwy'n deud yn groyw.

*Dic*     Celwydd ddywedi di, 'nghorn dy wddw!   220
Does dim maddeuant, meddaf heb ffael,
Nac ymwared i'w gael 'r ôl marw.

Os gylch y purdan bechod dynion,
Pam fu farw hwn oedd gyfion?
Mae'n gywilydd i chwi fod mor flin   225
 thwyllo'r gwerin gwirion.

Ffei 'honoch, babistiaid cythreulig,
Addoli delwau o goed neu gerrig!
Yn uffern y byddwch efo'ch duw pren
Yn chwdu cyn pen ychydig.   230

*Lewis*     Mae yn y 'Sgrythur amryw bynciau
Yn arwyddocáu addoli delwau;
Ymgrymu i'r croesau gwiwdeg grasol
Er coffadwriaeth am Iesu durol.

*Dic*     Celwydd eto! Does dim yn debyg,   235
Ond fel y darfu i'r pabist ffyrnig
Ei chamgyfieithu yn ambell fan,
A chwitheu mewn rhan yn chwithig.

|  |  |  |
|---|---|---|
| | 'Ran dyna'r gorchymyn cynta' | |
| | Gadd plant Israel gan Duw gorucha': | 240 |
| | 'Na fydded it dduwiau ond Myfi', | |
| | Medd gair Duw celi, coelia. | |
| *Lewis* | Rŷm ni yn credu i dri pherson y drindod | |
| | Ac yn eu addoli nhw 'n ôl ein defod. | |
| *Dic* | Addoli yr ydech, torri mi 'ngên, | 245 |
| | Fynycha' yr hen fonachod! | |
| *Lewis* | Ond rhaid addoli'r saint ar ddeulin. | |
| *Dic* | Ist, ist, fy Mr Brenin – | |
| | Dacw ryw ddynes fel Modryb Dows | |
| | O'r *body-house* am bidin. | 250 |

ENTR *y Frenhines*

| | | |
|---|---|---|
| *Y Frenhines* | Taw, hen ffagwd, â'th oeredd ffigys. | |
| *Dic* | Pwy yw hon? Ai hŵr o Baris? | |
| | Mae 'phen gan uched, myn y ddraig, | |
| | Yn barod â chraig Llanberis. | |
| | Os uchel yw Cadair Idris, | 255 |
| | Uwch yw'r Wyddfa sy wrth Lanberis; | |
| | Mae hon yn uwch, nad elwy' ymhell, | |
| | Heb herio, na chastell Paris! | |
| *Y Frenhines* | Taw, taw, yn bur ddiatreg! | |
| *Dic* | Ydych chi'n bedair llath ar bymtheg? | 260 |
| | 'Cawn i fenthyg ystôl yn hyn o fan | |
| | Mi rown it gusan, gaseg. | |
| | Rwy'n rhy fyr o lathen neu'n rhagor! | |
| | Rhowch fenthyg yr ysgol sy'n y 'sgubor; | |
| | On'd te, wna' i ddim daioni i deg ei phleth, | 265 |
| | Oni chydia' i mewn peth o'i chedor. | |

| Lewis | Paid, hen ffŵl gydafel, |
| | Â'm gwraig, on'd te mi ddyga' 'th hoedl! |

| Dic | Wnes i ddim i'ch gwreigan front |
| | Ond taro'i chont ar 'i chantel. | 270 |

| Y Frenhines | Fy annwyl briod, moeswch gledde; |
| | Mi rhof drwy'i galon yn abl gole. |

| Dic | Tystion, tystion, rydwy'n deud! |
| | Dyma babistiaid mynd i'm gwneud yn baste. *Ymaith* |

| Y Frenhines | Pwy oedd hwn yma, fy arglwydd Frenin, | 275 |
| | Oedd yn siarad mor dra chethin? |

| Lewis | Neb ar dwyn, rwy'n deud yn dyner, |
| | Ond gwas a ffŵl i frenin Lloegr. |

| Y Frenhines | Yn wir, mae Siorsyn, brenin Lloegr, |
| | Yn rhy feddal ym mhob mater; | 280 |
| | Gado'i ddeiliaid dan ei ddwylo |
| | Yn rhydd bob egwyl braidd i bigo. |

| Lewis | Ni hidiwn ni mo Siors o Loegr: |
| | Ni rown ein deiliaid mewn gorthrymder, |
| | Ni gymrwn ddrych o'r brenin Persia | 285 |
| | A'r ymerawdr Moroco i'w gofio yn gyfa'. |

| Y Frenhines | Fy annwyl briod, rwy'n dymuno |
| | Am gadw eich deiliaid dan eich dwylo, |
| | A chadw gorchgudd ar eu golwg |
| | Fal na welent eu cam yn amlwg. | 290 |

| Lewis | Fy annwyl wraig, nyni yw'r pennaeth, |
| | Mawr anfeidrol yw'n llywodraeth; |
| | O ran ein bod yn y fath awdurdod, |
| | I'n brenhiniaeth canwn fawrglod. |

*Y ddau yn canu ar 'Dorsetshire March'*

> Cydganwn fawl i'n hawl yn hy, 295
> Nyni sy'n deulu dwysgu, dysgwn;
> Yn ein celloedd, lleoedd llawn,
> Rai buddiol iawn, gwybyddwn;
> Ni biau'r goron, dirion dardd,
> Yn ein gardd iawn hardd ein hurddas; 300
> Nyni yw'r perlau, goreu gwawr,
> Cadarnwch mawr y deyrnas.
> Ni piau'r cynnydd hylwydd helaeth;
> Nyni sy'n boddio'r hen babyddiaeth;
> Oll i adrodd y llywodraeth 305
> Mewn goruchafiaeth, odiaeth ainc;
> O, cywrain ffriw yw coron Ffrainc!
> Ein cyfraith ni sy'n llenwi'r llannoedd;
> Nyni yw llyfrau Biblau'r bobloedd;
> Nyni yw cennad siarad siroedd, 310
> Allu cyhoedd ym mhob cainc –
> Tra dewraidd ffrwst trwy diroedd Ffrainc.
>
> Mae ganthom filwyr, sawdwyr serth,
> Ym mhob rhyw berth yn gerth o'n gw'rthiau,
> A swyddogion, wiwlon wawr, 315
> Rhag curo i lawr ein caerau.
> Mae ganddom longau, moddau mawr,
> I'n cadw yn awr rhag dirfawr derfyn,
> Fel na ddaw chwaith, tra byddo chwyth,
> I'n golwg fyth un gelyn! 320
> 'Ran mae'n hawdurdod, hynod hoenedd,
> Mwyn yn rhodio mewn anrhydedd;
> Pur wâr felys, pair orfoledd,
> Ar yr orsedd, fwynedd fainc,
> Tra gwelwn ffriw trigolion Ffrainc. 325
> Os gwnawn ni ddrwg mewn cilwg goleu,
> Fe wneiff y pab â'i arab eiriau
> Am arian gwrol foddol faddeu!
> Down o'r goreu i dyner gainc;
> O, mynnwn ffrost, Amen, yn Ffrainc.   *Diwedd canu* 330

| | | |
|---|---|---|
| *Y Frenhines* | F'arglwydd Frenin, mi af i'm parlwr | |
| | I yfed gwin yn bur ddigynnwr; | |
| | Dewch ar fy ôl pan ddarfo'r stori, | |
| | Lana' traethod, i lunio trethi. | *Ymaith* |

*Lewis*  Myfi yn Ffrainc sy'n cael fy ngwrando 335
Ym mhob modd pan fwy'n rhybuddio;
Chadd neb erioed mo'r fath awdurdod
Ond y pab ei hun, rwy'n gwybod.

Yr unfed gŵr ar bymtheg ydwy'
O'r Lewisiaid mawr clodadwy! 340
Pabistiaid oedd fy nhad a 'nheidiau,
A dyna'r grefydd arwydd oreu.

A dyma'r grefydd a ddilynaf
(Mae wedi'i thido, nis gwrthodaf);
Mae gennyf fraint i ladd a llosgi 345
Bob un heno a dry ohoni.

Mor ardderchog ydyw brenin,
Pennaeth gwrol ar y gwerin;
'D all undyn godi ei droed i fyny
Oni byddaf i'n chwenychu. 350

Os Alecsander a goncweriodd
Yr holl fyd y ffordd y cerddodd,
Nid oedd Alecsander hwnnw
Ddim wrthaf i, rwy'n deud yn groyw.

Does arna' i arswyd yr un brenin 355
Sydd yn awr yn perchen byddin;
Nid all Twrci, Persia, Sbanis
Wneuthur niwed byth i Lewis.

Rwy'n fwy fy awdurdod yn ddiogel
Nag oedd y brenin gynt ym Mhabel: 360
Fy enw'n loywedd ydyw Lewis,
Wyf ar yr orsedd peredd Paris.    *Ymaith*

ENTR *Morys, y cybydd, pabist*

Morys  Gosteg i hyn o gwestiwn:
Pwy sydd yma yn cadw sesiwn?
Mae yma lawer o dylwyth teg                365
Neu gynod o hen geg Annwn.

Mae yma rai mewn sylw saledd
Mal pe baent wedi tynnu eu perfedd;
Dacw rywun wedi torri ei glun,
A dacw ryw ddyn heb ddannedd.              370

Ai tybied, y cwmni hynod,
Eich bod i gyd yn Ffrancod?
Rwy'n ameu'ch bod, torri mi 'ngên,
Yn ddiawlaid neu hen Wyddelod.

'Ran mae pobl Ffrainc mor wychion,         375
'Chan falched â'r hen ysbrydion;
Chlywais i gan undyn gleb
Drwy'r bylchau fod neb fwy beilchion.

Hai how, mi wela yrŵan
Un o bwysïau yr Satan!                     380
A dacw fo, yn un god,
Yn sadio mewn gwasgod sidan.

Hw! dacw rywun eto
Â'i wallt e wedi ei bowdro;
Mae digon o beillied hyd ei war            385
I wneud pwding lond car cyn peidio.

Beth ond balchder cythreulig,
A barodd ich wisgo'ch berwig?
Rhaid eillio'r gwallt cyn bod yn iawn
A thido rhyw rawn plethedig.               390

Dacw rywun yn pletio'i wefusau,
Fel twll tin iâr 'r ôl dodwy meddal wyau;
Na edrychwch, yn ddi-ffoi,
Ar 'i fosiwn wrth droi'i wefusau.

|       | Gwir a ddywedodd Done Quavato dyner: | 395 |
|       | Pobl Ffrainc piau Ystryd y Balchder; | |
|       | Mae Lewis ein brenin yn ein bro, | |
|       | Ar f'einioes, yn cario'r faner. | |

|       | Wela' i braidd neb gyferbyn | |
|       | Nad yw Belial wedi'i wneud yn bolyn; | 400 |
|       | O'r annwyl! Dacw fy nain bach | |
|       | Yn codi fel gwrach ei gwrychyn. | |

ENTR *Elin, nain y Cybydd, pabistes*

| Elin | Ow! Morys, dyrys dwrw, |     |
|      | Ai yma doist i yfed cwrw? |     |
|      | Rw i'n ameu dy fod, hen ffrind, | 405 |
|      | Ryw foddion yn mynd yn feddw. |     |

| Morys | Ow! Nain annwyl, boeth bo'ch 'lodau, |     |
|       | Be' daethoch yma heb y gardiau? |     |
|       | Fe fydd y forwyn cyn pen 'r awr |     |
|       | Yn riwlio heb fawr o roliau. | 410 |

| Elin | Nis gwn i, Morys, a fedra' i ardio – |     |
|      | Dwyf ddim yn iach, rwy'n coelio; |     |
|      | Mae rhyw beth yn cadw lol |     |
|      | Annedwydd yn 'y mol wrth neidio. |     |

| Morys | Gwaed y pab ardderchog! | 415 |
|       | Ai tybed, fy nain, eich bod yn feichiog? |     |
|       | Rych yn edrych yn un rhol |     |
|       | O gwmpas eich bol a'ch balog. |     |

| Elin | Taw, taw â'th siarad trwstan! |     |
|      | Beichiog yn ddeg a phedwar uga'n? | 420 |

| Morys | Be' wn i be' fu'n eich clwyd – |     |
|       | Rych yn edrych yn llwyd a llydan. |     |

| Elin | Mae rhywbeth, Morys lawen, |     |
|      | I'm blino ar 'mennydd – y b'lionen. |     |

| | | |
|---|---|---:|
| *Morys* | Wrth syrthio ar garreg y sarn | 425 |
| | Y tolciodd darn o'ch talcen. | |
| *Elin* | Ni bydda' i byw fawr dymor! | |
| | Da th'di, dos i chwilio am ddoctor. | |
| *Morys* | Bydd hynny yn chwedl tost | |
| | Rhigl, a chost yn rhagor. | 430 |
| | Wel, dywed fy nain, os nola' i ddoctor, | |
| | Ga'i ar eich ôl y trysor? | |
| *Elin* | Cei, Morys, y cwbl ffrwt – | |
| | Dydi ydyw ysgwt o ysgutor. | |
| | Ow! Nôl ddoctor cyn i mi basio! | 435 |
| *Morys* | Dacw was y doctor yn myned heibio. | |
| | Holo! Dyma fy nain gan farwed â phric; | |
| | Tyrd yma, Dic, i'w dowcio. | |

ENTR *Dic y Geiriau Pigog*

| | | |
|---|---|---:|
| *Dic* | Ow, Morys, yw'th nain yn marw? | |
| | Be' mae llygaid hi'n troi yma ac acw? | 440 |
| *Morys* | Na wn i (fi piau'r trwnc), | |
| | Mae'n gweiddi fod rhwnc yn 'i gwddw. | |
| | O, dyro ffisig i'r hen gangen; | |
| | Mae'n crynu fel dail yr aethnen. | |
| *Dic* | Fedda' i ddim ffisig 'n ddigon siŵr; | 445 |
| | Holo! Dyma ddŵr a halen. | |
| | Egorwch 'ch safn, Modryb Elin; | |
| | Gwnewch chwithe wynt â'ch het i'w bonti[n]. | |
| *Morys* | Ho! Châ fy nain heddiw prydnawn | |
| | Fygu, be cawn y fegin. | 450 |
| *Dic* | Wel, yr hen wreigan, | |
| | Pa fodd rych yrŵan? | |

| | | |
|---|---|---|
| Elin | Fendia' i fyth, myn y wadd;<br>Mae gofid yn fy lladd yn gyfan. | |
| Morys | Wel, fy nain, os ydych am farw,<br>P' le mae'r arian i gyd yn cadw?<br>Dywedasoch mewn eitha' rhôl<br>Mai fi geiff ar eich ôl 'ch elw. | 455 |
| Elin | Dyma it bwrs â thair mil o bunnau. | |
| Morys | Bendith Huw ganlyno'ch aelodau!<br>Gobeithio cewch chwitheu ar goedd<br>Ddilyn y nefoedd oleu. | 460 |
| | O, nain, galon, a heliodd gryn gowled,<br>Maen nhw'n swnio yn fwynion, ydyn' ar f'ened;<br>Fu clychau Gresffordd, torri mi 'nhroed,<br>Ar f'einioes erioed cyn fwyned. | 465 |
| | Mi wn i fy hun am yr holl anifeiliaid,<br>Y gêrs hwsmonaeth a stwff tŷ'n ddiwad,<br>Defaid a moch, gwyddau a geifr<br>A chywion yr ieir a chwyad. | 470 |
| Elin | Ow, bobl! Moeswch y cymun<br>Cyn i mi fynd yn gorffyn. | |
| Dic | Does yma'r un person yn ddigon siŵr;<br>Dyma bowlaid o ddŵr i'ch bolyn. | |
| Elin | Rhowch ganpunt am 'y ngollwng o'r purdan.<br>Dyma fi'n marw yrŵan.  *Elin yn marw* | 475 |
| Dic | Ow, Morys, myn gwaed brain,<br>Gwyliwch, dyma'ch nain yn gela'n. | |
| Morys | Ow, nain annwyl inneu!<br>Edrych be' sy yn ei phocedau. | 480 |
| Dic | Ist, mae'i thin ffwt, ffwt, ffwt;<br>Nolwch yma bwt ryw botiau. | |

| Morys | Edrych ei phocedau Dici, |
| | Gael gwybod be' sy yn rheini. |

| Dic | Fedra' i ddim chwalu'i thin yn iawn; | 485 |
| | Mae hi drwyddi yn llawn budreddi. | |

| | Dyma ddoler mawr ei onor, |
| | A dyma glytiau yn rhagor; |
| | Dyma eto, myn gwaed y frân, |
| | Gydyn o wlân neu gedor. | 490 |

| Morys | Bendith y pab i fy nain am farw – |
| | Un glufer o donc-wraig loyw; |
| | Mi gadwaf un blewyn melyn main |
| | O gedor fy nain i gadw. |

| Dic | Gan ddarfod iddi farw mor ddiachos | 495 |
| | Mi ganaf i farwnad fel yr eos. |

| Morys | Mi ganaf inneu, myn dalen werdd, |
| | Hael-nâd o gerdd yn 'i hwylnos. |

*Canu bob yn ail odl ar 'Dri Chant o Bunnau'*

| Dic | Ffarwél i'r hen Elin oedd gethin 'i gwanc, |
| | Hi wnaeth ei hŵyr Morys yn liwus o lanc; | 500 |
| | 'R ôl iddi hel elw, rwy'n bwrw'n ddi-baid |
| | Nad oedd ond peth gwagedd yn niwedd y naid. |

| Morys | 'R ôl hel i'w chornelau ar droeau mewn drwg, |
| | Myfi ydyw 'sgutor, dda onor, ddi-wg; |
| | Fi biau'r holl arian yn gyfan i gyd | 505 |
| | A'i holl gêr hwsmonaeth, wiw helaeth, o hyd. |

| Dic | Chwi biau'r holl bower, er llownder, a'i llys; |
| | Ei mwgwd a'i megin a'i chregyn a'i chrys; |
| | Ei chywion a'i chawell a'i phadell a'i fforch, |
| | Ei phoced a'i phicyn a'i thennyn a'i thorch, | 510 |
| | Ei gogr a'r gowgan a'i hosan a'i hwd, |
| | Cewch atyn' ei chetel a'r cogel a'r cwd. |

| | | |
|---|---|---|
| *Morys* | Tŷ gwartheg, teg w'rthiau, ceffylau hoff iawn, | |
| | Sŵn defaid sy'n dyfod a'r mynnod a'r mawn; | |
| | Gwyddau teg addas o gwmpas a geir | 515 |
| | A'r hwyad, rai rhowiog, gôr enwog, a'r ieir; | |
| | Y garthen a'i gwerthyd a'r cwrlid mawr coch, | |
| | Y cenel a'r cynod a'r mulod a'r moch. | |
| | | |
| *Dic* | Y byd sydd yn wastad fel lleuad uwch llawr | |
| | Yn mynd ac yn dŵad mewn bwriad bob awr; | 520 |
| | Y naill yn cael codwm i'r cwlwm mawr certh | |
| | A'r llall yn derchafu 'mwyn 'nynnu mewn nerth. | |
| | | |
| *Morys* | Ped fae heb fod felly yn gyrru rhai i'r gŵys, | |
| | Fe fydde yn dragwyddol hen bobl yn bwys; | |
| | Ped fase'm nain inneu mewn beiau yma'n byw, | 525 |
| | Ni fase mor drefnus i Forys le i fyw. | |
| | | |
| *Dic* | Mae arian mor wrol a gweddol eu gwawr, | |
| | Nhw wnân' y dyn llymllyd a'i fywyd yn fawr. | |
| | Bu Whittington ynte mewn bratie ger bron; | |
| | Fe aeth 'r ôl cael arian yn llydan ŵr llon. | 530 |
| | Ac felly, gyfeillion, un moddion i'n mysg, | |
| | Os bydd arian gloywon bydd digon o'r dysg. | |
| | | |
| *Morys* | A minneu'n dra manwl, rwy'n meddwl fy mod | |
| | Yn cael gyda f'arian, trwy glymiant, y glod: | |
| | Caf wreigan, caf rwygo, caf brancio mewn bro; | 535 |
| | Caf barch a chymeriad mewn trefniad bob tro; | |
| | Caf faddeu fy mhechod heb syndod na sen, | |
| | Sef gan y pab gwiwlan *a*m arian, Amen. *Terfyn. Exit oll* | |

ENTR *Offeiriad pabaidd*

| | | |
|---|---|---|
| *Offeiriad* | Y glân babyddion, fwynion fynwes, | |
| *pabaidd* | Sydd ar y brif-ffordd oreu broffes; | 540 |
| | Rwyf i'n eich dilyn, ŵr duwiolaidd, | |
| | Dan enw pybyr offeiriad pabaidd. | |

Ar ôl marwolaeth ein Achubwr
Ar y pren rhwng dau ladratwr,
Roedd raid bod rhywun iddo'n ficar     545
I gadw'r Eglwys ar y ddaear.

Yn y flwyddyn cant a phedwar ugain
A phymtheg union, dweda' i'n gywrain,
Yr aeth Damascus yn ddeputi
Yn y Rhufain, drwy feistroli.     550

Y Rhufain oedd y dref gadarna'
Yr amser hwnnw ar y ddaear yma,
Ac ynddi hi bu farw Peder,
Hen Apostol haul cyfiawnder.

Yn flwyddyn, dweda' i'*n* landeg,     555
Un mil pum cant dau ar bymtheg
Y daeth Leo'n athraw cywrain
I fod yn bab ar fainc y Rhufain.

Roedd hwnnw'n ddoethach yn ei 'madrodd
Na Solomon, er maint a chwiliodd;     560
Fe a ganfu yn y 'Sgrythurau
Fod tri lle i'r holl eneidiau.

Y cyntaf yw'r nefoedd fendigedig,
A'r ail yw uffern felltigedig,
A'r llall yw'r purdan, egwan ogo',     565
I buro dynion 'r ôl mynd yno.

Rwy finneu'n Ffrainc yn fugail gloyw
Yn ôl gorchymyn y gŵr hwnnw;
'S oes yma neb yn llawn pechodau,
Myfi am eiddo wneiff eu maddeu.     570

A dyma'r indulgenses hynod,
Sef llyfrau mân i faddeu pechod,
A sêl y pab sydd arnynt hefyd;
Dewch, prynwch hwynt, cewch fynd i'r bywyd!

*ENTR dau o babistiaid Ffrainc*

| | | |
|---|---|---:|
| *Pabist 1* | Ymgroes dda, 'r offeiriad sanctedd! | 575 |
| | Rwyf i yn gofyn eich trugaredd; | |
| | Rhag imi fynd i uffern ulw | |
| | Maddeuwch imi cyn fy marw. | |
| | | |
| *Offeiriad* | A wnest ti, ddynan drwg annuwiol, | |
| | Yr un o'r saith bechodau marwol? | 580 |
| | Os gwnest ti erioed yr un o rheini, | |
| | Cei fynd i uffern dân i losgi. | |
| | | |
| *Pabist 1* | Na, wnes i ddim ond dygyd ceffyl | |
| | Oddi ar gymydog ar nos Duwsul; | |
| | Tyngu, rhegu, dygyd gwyddau, | 585 |
| | Dywedyd celwydd, dwyn afalau. | |
| | | |
| *Offeiriad* | Ni wnest ti eto bechod marwol, | |
| | A hyn o lyfr mi'th gwna'n ddihangol; | |
| | Moes imi ddecpunt a cherdd d'oreu, | |
| | Â phys gwynion yn dy esgidiau.   *Exit â'r Dyn* | 590 |
| | | |
| *Pabist 2* | Yn awr rwyf inneu yn llawn pechodau; | |
| | Gwnewch yn rhodd un modd eu maddeu! | |
| | Mi odinebais echdoe'r boreu | |
| | Gyda gwraig wrth brynu lloeau. | |
| | | |
| *Offeiriad* | Mae hynny'n bechod melltigedig | 595 |
| | Yn erbyn yr Eglwys lân Gatholig; | |
| | Nid ellir maddeu i ti'r un moddion | |
| | Heb hanner cant o bunnau gloywon. | |
| | | |
| *Pabist 2* | Wel, dyma'r arian i chwi'n sydyn, | |
| | Rhowch lyfr maddeuant im amdanyn'. | 600 |
| | | |
| *Offeiriad* | Hwde, a dos i Rhufain dyner | |
| | Ag offrwm cymod i St Peder.   *Exit â'r Dyn* | |

Ow! Gonsidrwch, lân babyddion –
Yn awr yw'r pryd i'ch gwneud yn rhyddion;
Gwell i chwi dalu ychydig arian 605
I gaffael pardwn cyn mynd i'r purdan.

A chwithau'r glân ferchedau gwynion –
Os darfu 'ch garu a denu dynion,
Ata' i lediwch, bob rhyw lodes,
Mi'ch gwnaf mor lân bob un â seintes. 610

ENTR Hen Wraig o babistes

   *Offeiriad*   Pa beth a wnaethoch chi'r hen wreigan?

   *Hen Wraig*   O, hwrio erioed hyd hyn o'm hoedran!
Ond yn awr rwy'n rhy oedrannus
I orwedd dan 'r un dyn yn hwylus.

Mi feichiogais, do, gwn, ganwaith – 615
Ches i blentyn, chwaith, ond unwaith;
Mi gymrwn ffisig 'r ôl fy mhleser
I ladd fy nghywion cyn eu hamser.

   *Offeiriad*   Mae dy bechod, gwn, yn haeddu
Fynd dros byth i fwth y fagddu; 620
Mae nod y diawl ar draws dy dalcen –
Cais fynd o'r golwg dros y geulen.

   *[Hen*   Gyda'ch brodyr chwi, 'r gŵr serchog,
   *Wraig]*   Y bûm i felly yn y fonachlog.

   *Offeiriad*   Dim trwst, dim trwst! Rwy'n maddeu'n gynnes! 625
Ewch adref yn awr mor lân â seintes.   *Exit Hen Wraig*

ENTR y Llances pabisten

   *Offeiriad*   Pa beth wnaethoch chi, lliw'r hinon?

   *Llances*   Lladd fy nhad a mam un galon.
Rhois iddynt wenwyn yn y cwrw
Nes iddyn' syrthio i lawr yn feirw. 630

| | | |
|---|---|---|
| *Offeiriad* | Dyna bechod mawr, y lodes;<br>Chei di'r un o'r indulgenses.<br>Lladd dy dad a'th fam un galon –<br>Mae hynny'n bechod ym marn dynion. | |
| *Llances* | Yr achos imi eu lladd yn gelain –<br>Hwy ddarfunt droi o ffydd y Rhufain<br>A dechreu sôn am Eglwys Loegr;<br>Rhois iddyn' wenwyn ar eu swper. | 635 |
| *Offeiriad* | Cymrwch galon, feinir dyner –<br>Lladd hereticiaid nid oes fater;<br>Hwde lyfr maddeuant hyfryd,<br>A gorwedd gyda mi yw'th benyd. *Exit Llances* | 640 |
| | Cyn i mi fynd i ffordd i rodio,<br>Am hen gybydd rydwy'n gwibio;<br>Mae arno i mi gwrs o arian<br>Er mwyn ei nain sydd yn y purdan. | 645 |

ENTR *Morys, y cybydd*

| | | |
|---|---|---|
| *Offeiriad* | Wel, Mr Morys, mawr ei gymeriad,<br>Mae'n dda gan 'y nghalon 'ch gweled yn dŵad. | |
| *Morys* | Nad elwy' i bobi bara cri,<br>Hen Pharo, ai th'di yw'r 'ffeiriad? | 650 |
| *Offeiriad* | Moes ganpunt i mi o arian<br>Am ollwng dy nain o'r purdan. | |
| *Morys* | Pocs arni! Arna' i rhoes y cut?<br>Taled ryw sut i Satan! | |
| *Offeiriad* | Nid aeth hi eto i wlad y cythr'ul,<br>Ac nid eiff hi byth rwy'n disgwyl. | 655 |
| *Morys* | Wel, gorwedded yn llonydd, hylwydd hawl,<br>Ar ei chefen os nad oes diawl ar ei chyfyl. | |

| | | |
|---|---|---|
| *Offeiriad* | Roedd arni hi gwrs o fân bechodau;<br>Rhaid iddi ddioddef part o boenau. | 660 |
| *Morys* | Hwrio bydde hi, am wn i;<br>Bu gryn chw'thu rhyngddi hi a chwitheu. | |
| | 'Ran yn y nuner, rydwy'n onio,<br>Y darfu fy nain gasglu ei heiddo,<br>Ac yno y darfu lenwi ei chod<br>Oherwydd ei bod yn hwrio. | 665 |
| *Offeiriad* | Pam y rhaid it edliw hynny?<br>Waeth pa fodd y darfu'*u* casglu,<br>'Ran ti biau, myn gwaed y brain,<br>Wych elw dy nain i'w chwalu. | 670 |
| *Morys* | Grogi, neb a chwalo ddimeu!<br>Ped fae hi byth yng ngwlad y dreigiau<br>Thala' i 'r un swllt crwn<br>I esmwytho ei phwn a'i phoenau. | |
| *Offeiriad* | Ow! Tâl am gymod dy nain im'! | 675 |
| *Morys* | Syr . . . | |
| *Offeiriad* | Tâl . . .! | |
| *Morys* | Neb a'i hudodd yn hŵr, maddeuen' am ddim. | |
| *Offeiriad* | Ped fae Lewis y brenin tyner<br>Yn gwybod fod gan ti'r fath bywer,<br>Mi wn na bydde, fel y mae,<br>Yn llonydd, oni chae'r naill hanner. | 680 |
| *Morys* | Melltith dy fam, wyt ti am draethu? | |
| *Offeiriad* | Mae'n ddigon siŵr, oni 'nei f'anrhegu. | |
| *Morys* | Wel, dywed imi efo'th glùl<br>Faint sydd, dul, i'w dalu. | 685 |

| | | |
|---|---|---|
| *Offeiriad* | Oni ddywedais i ti mai canpunt? | |
| *Morys* | Bendith dy fam it, cymer deirpunt; | |
| | Maddeuaist lawer o bechodau i rai, | |
| | Mae'n debyg, am lai na dwybunt. | 690 |
| *Offeiriad* | Tâl neu mi fwria'th nain i'r diafol. | |
| *Morys* | Dyma it ganpunt yng ngŵydd y bobl. | |
| | Cofia ditheu fynd â fy nain mewn trefn | |
| | Yn ufudd ar dy gefn i'r nefoedd. | |
| *Offeiriad* | Wel, gwyn yw byd yr holl bersoniaid | 695 |
| | Sy o grefydd babaidd lân fendigaid! | |
| | Mi gana' foliant, clymiant clên, | |
| | Bob ystyr i'r hen babistiaid. | |

*Canu ar 'Tempest of War'*

On'd mwyn ydyw maeth y ffri berson ffraeth
Mewn helaeth babyddiaeth sy'n bod? 700
Cael llwydd yn y llan a rhwydd-deb i'm rhan
Ac arian yn gyfan i'r god.
Gan wych a chan wael yn fwyn mi ga' fael
Am eu cadw rhag cythraul mawr certh;
Am y gloyw aur glân, mi tynna' nhw o'r tân 705
A'r purdan anniddan ei nerth.

Trwy grefydd a gras Mair, wyryf mawr ras,
Cawn addas gymdeithas â Duw;
A Phedr a'i ffydd sy'n rhoddi ni rhydd
Rhag cystudd, annedwydd iawn yw. 710
Holl seintiau'r nef sydd â'u gweddi'n ddi-gudd
At ein Llywydd, er cynnydd i'n côr;
Pabistiaid sy'n bod yn glir tan y glod;
Cawn gymod, gras hynod, groes Iôr.

|  | Y pab, oreu pwyll, yw'n dyddiwr heb dwyll – | 715 |
|---|---|---|
|  | I'r tywyll mae'n gannwyll deg wiw; |  |
|  | Y ficar yw fe, dan annedd Duw ne', |  |
|  | I'r 'neidie sy â'u donie ym Mab Duw. |  |
|  | O moliant bob mis i'r grefydd deg ris, |  |
|  | Boed Lewis ar Baris yn ben, | 720 |
|  | A Ffrainc, deyrnas ffri, fo'n annedd i ni |  |
|  | (Heb her'si), i'w moli, Amen.    *Terfyn. Ymaith* |  |

ENTR *Ustus Ffrainc*

| Ustus | Gosteg i'r gwiwdeg ustus! |  |
|---|---|---|
|  | Mi ddois i'r sesiwn at y sosys, |  |
|  | I wneud yn loywedd gyfraith Lewis | 725 |
|  | Fel y parodd ar orsedd Paris. |  |
|  |  |  |
|  | Mae'r gyfraith hon yn erchi cosbi |  |
|  | Pob rhyw ddynion sy'n ei thorri |  |
|  | Yn ôl eu camwedd, heb ddim cymod, |  |
|  | Oni rydd y pab faddeuant pechod. | 730 |
|  |  |  |
|  | Ceiff pawb gosb yn ôl eu beiau – |  |
|  | Rhai i'w crogi, rhai i'r rhwyflongau, |  |
|  | Rhai i garcharau i fyw'n chwerw |  |
|  | Heb ymwared nes eu meirw. |  |
|  |  |  |
|  | Rhaid inni gosbi hereticiaid | 735 |
|  | Sy'n troi o grefydd y Rhufeiniaid. |  |
|  | P' le mae'r jailer? Doed i fyny |  |
|  | Â'r carcharorion i'w cydfarnu. |  |

ENTR *Dic y Geiriau Pigog a'r carcharorion*

| Dic | Wel, Mr Ustus, cywir wastad, |  |
|---|---|---|
|  | Dyma'r carcharorion wedi dŵad; | 740 |
|  | Bernwch nhw oll uwch ben y bwrdd |  |
|  | Fel y gyrrwyf nhw i ffwrdd, heb gariad. |  |

|       | Mae arnynt lau'n sefyll ar eu pennau |     |
|       | (Cymaint mewn rhan â chywion gwyddau) |    |
|       | Yn tyllu eu crwyn bob un â'i phig | 745 |
|       | Ac yn bwyta'u cig â'u cegau. |      |

|       | Maent braidd â llwgu o ddifri |     |
|       | Wrth fwyta bara du wedi drewi |     |
|       | A llymed o ddwfr budr iawn    |     |
|       | Fo drwyddo yn llawn budreddi. | 750 |

|       | Mae rhai bob dydd yn trengi – |
|       | Rwy'n ffaelio cael neb i'w gladdu – |
|       | A'u cyrff yn gorwedd un fath yn awr |
|       | Â chordwd ar lawr carchardy. |

*Ustus*   Pa beth, drwy'th gennad, yw'*u* drygioni           755
          Fel y gwypwyf pa fodd i'w gosbi?

*Dic*     Dyma ich bapur yn llawn o baent,
          Ŵr didwyll, fel maent i'w dodi.

*Ustus*   Yma'n wir mi wela'n eglur
          Feiau lwythau yn hyn o lythyr:                    760
          Mwrdrwyr, lladron, gwŷr difuchedd,
          A rhai i'w tresio am siarad trawsedd.

          Dod y mwrdrwyr i'w marwolaeth,
          Dod y lladron sy'n anllywodraeth;
          Dod y lleill sy'n llai eu beiau                   765
          Mewn hell ing i rwyfo llongau.

*Dic*     O! Mi gyrraf nhw i ffwrdd o'r goreu
          Lle cânt eu cosbi yn ôl eu beiau.
          Y sesiwn diwaetha', mewn modd dreng,
          Y gyrrais dair lleng i'r llongau.                 770

          Hwy gânt ystiwardiaid yno i'w ystwrdio
          (Rhyhwyr clwcian pan fo'r ffrewyll yn clecio)
          'R ôl eu danfon yn un cnap
          Cânt yno, chwap, eu chwipio.

| | | |
|---|---|---|
| *Ustus* | Oes yno bobl digon cythreulig | 775 |
| | I chwipio'r caethion yn friwedig? | |
| | Mae'r Brenin yn ordro ar ôl eu chwipio | |
| | Eu halltu â halen oni bônt yn anhwylio. | |
| *Dic* | Oes, mae yno bobl un fath â chythreuliaid | |
| | Yn sefyll yn lle ystiwardiaid | 780 |
| | I dorri aelodau ac i larpio crwyn | |
| | Ac i wneuthur mawr gŵyn i'r gweiniaid. | |
| *Ustus* | Wel, dos â nhw i ffwrdd yn ddibris | |
| | I'w difa cyn pen deufis. | |
| *Dic* | P' le rho' i'r hereticiaid, bod ag un? | 785 |
| | Mae yma luoedd yn erbyn Lewis. | |
| *Ustus* | Dod yr hereticiaid drwg aneiri | |
| | Wrth y pyst, â thân i'w llosgi. | |
| *Dic* | Hai, hai, ddiawlaid, ewch bob darn! | |
| | Chwi gawsoch eich barn heb wyrni. *Ymaith â Dic* | 790 |

ENTR *y Brenin Lewis*

| | | |
|---|---|---|
| *Ustus* | Henffych well, fy arglwydd Frenin, | |
| | A hynny yn oleu ar fy neulin! | |
| *Lewis* | Pa beth wyt ti'n 'neud yma â'th byrdwn, | |
| | Cyd y sos – ai cadw sesiwn? | |
| *Ustus* | Ie, cadw sesiwn rwyf dan sisial. | 795 |
| *Lewis* | Wel, gwylia di fod yn rhy feddal! | |
| | Oni chadwi 'neiliaid dan 'y nwylo | |
| | Mi fynna' yn siŵr dy ladd a'th flingo. | |
| | Cosba bawb i'r gyfraith eitha'; | |
| | Na fydd wrth undyn yn ysmala; | 800 |
| | Oni chosbwn bawb a'u baeddu | |
| | Ni sai'n llywodraeth byth i fyny. | |

|   | Os bydd gan rywun ar ei elw | |
|---|---|---|
|   | Dipyn gormod at ei gadw, | |
|   | Côd oddi arno hynny a elli | 805 |
|   | A gyr o yn gadarn imi gwedi. | |

        Lle byddo ferchaid glân a llanciau,
        Gyr nhw i mi o bob rhyw fannau,
        Fel y caffwy' y llanciau yn sawdwyr
        A merchaid glân yn hŵrs i'm swyddwyr.    810

*Ustus*    Wel, mi wna', fy arglwydd Frenin,
        Yn ôl eich gair chwi bod y tipyn;
        Ni wnaf wrth undyn mo'r tosturio,
        Er maint yn oleu a fônt yn wylo.    *Ymaith â'r Ustus*

*Brenin*    Swydd ardderchog yw brenhiniaeth –    815
        Myfi sy i adrodd y llywodraeth;
        Ond mi wela' ddyn yn dyfod
        Â rhyw newydd i'm cyfarfod.

*ENTR Dic y Geiriau Pigog*

*Dic*    Wel, Mr Brenin, 'd a' i byth tua Brwynog,
        Rwyt ti gwedi mynd yn o godog;    820
        Mae llawer o'r wlad yn byw'n gul
        Pan wyt yn ful mor foliog.

        'Drychwch bobl, 'd a' i byth i 'neud babi,
        Ond ydyw 'i fol yn hocsied ddigri?
        Mae yn ei boten, groenen gre',    825
        Beth dibrinder o de a brandi.

        Dyma fulain syd[d] yn ymrafaelio
        Am lafur y wlad cyn hanner y tyfo,
        Ac yn ei geudod hynod hael
        Mae'r trethi yn cael eu trwytho.    830

*Brenin*    Taw â siarad geiriau surion!
        Mae gennyf lawer o swyddogion:
        Rhaid i rheini gael eu lluniaeth
        Am wneud mewn synnwyr fy ngwasanaeth.

| | | |
|---|---|---|
| *Dic* | Rych yn cadw llawer o grach fon'ddigion – | 835 |
| | Oni bai chwi, hwy aent yn lladron – | |
| | Sef personiaid, esgobion feilchion fyrdd | |
| | Sy'n boddio ffyrdd pabyddion. | |

*Brenin* Oni bai dy fod yn ffŵl i frenin Lloegr
Mi'th holltwn â 'nghleddyf drwy dy hanner. 840

*Dic* *Hold*, Lewis, rhaid i chwi
Ymostwn i mi a meistr.

'Ran mae Siôr, brenin Lloegr dirion,
Yn erchi rhydd-did i'w holl drigolion;
A'ch deiliaid chwithe, myn goreu gwawl, 845
Mewn gwanffydd rhwng y diawl a'i gynffon.

Ond gwrando, Lewsyn – di gei dy lasio!
Mi glywais 'th deiliaid yn sôn ac yn dilio
Am godi yn un cnap,
Myn yr hen fap, i fopio. 850

*Brenin* Taw â'th ynfyd chwdlyd chwedleu;
Ni ddaw i'm teyrnas mo'r fath bethau.

*Dic* Maen nhw am fobio mewn ystŵr,
Yn ddigon siŵr, ers oriau.

*Brenin* Os ydyw'r wlad am godi felly 855
Mi alwa'm sawdwyr i'w gorchfygu. *Exit Brenin*

*Dic* Waeth iti heb – mae pob tin a phen,
Ar f'einioes, â'i bren i fyny.

Wel, gwir a ddywedodd y Gŵr fu'n prynu
Am deyrnas ymranno'n erbyn ei theulu, 860
Na sai honno, rhwng nef a llawr,
Ar f'einioes, fawr i fyny.

Ac felly, 'r cwmni hylwydd,
Cewch glywed sôn drwy'r gwledydd
Y bydd y Ffrancod, rwyddnod radd, 865
Mewn goleu yn lladd ei gilydd.

ENTR *Morys, y cybydd*

Dic  Ow, Mr Morys o Gwm Eirin,
Pam na ddaethech yn gynt o'ch cegin?
Chwi gowsech fy nghlywed am awr gron
Yn siarad ger bron y Brenin. 870

Morys  O, melltith Huw a'i canlyno,
P'aset ti yn 'i ladd a'i flingo!
'Ran gwell genny' leidr, hagr hawl,
Na Lewis y brenin, diawl a'i braeno!

Dic  Rwy'n ofni, Mr Morys weddol, 875
Fod eich cyfraith yn dost ryfeddol!

Morys  O, mae Lewis y brenin – ffrilyn ffraeth –
Yn ein difa yn waeth na'r diafol.

Dic  Wyddoch chi beth, Mr Morys weddol?
Mae'r wlad yn sôn am godi i fobio. 880

Morys  Wel, os codan' nhw union yn eu naws
Mi ddof inne ar draws i dresio.

Dic  Mi af i i ffordd oddi yma
I chwilio am gleddyf cyn dechreu rhyfela.  *Ymaith â Dic*

Morys  O! Os gwel' di'r Brenin, gwna ryw dric 885
I'w ladd e, da Dic, â'th dwca.

O! Mae teyrnas Ffrainc wedi 'i witsio –
Does dim rhydd-did i neb gael rhodio;
Gwyn 'i fyd na ddae ryw ffael
I Lewis gael 'i lwyo. 890

Fe ddwedodd rhywun i'r Brenin yn rhywiog,
Yn wirionedd, 'mod i yn ariannog!
Fe yrrodd yntau un o'i wŷr
I frefu yn bur afrowiog.

Fe farciodd hwnnw fy holl bywer, 895
Fy anifeiliaid a 'mhlant a'r ŷd mor eger;
Ches i ganddo, myn y wadd,
Ddim rhinwedd nes y cadd e'r hanner.

Roedd genny' ddwy eneth lân ryfeddol –
Fe gymrodd y rheini'n hŵrs i'w bobl! 900
A 'nau fachgen, lawen lwydd,
A gymrodd i'w swydd frenhinol.

O, mae 'nghalon yn llosgi'n anghyffredin
O ran cael camwedd cymin'!
Hanner yr eiddo ges i gan fy nain 905
Aeth i 'winedd y brain a'r Brenin.

O! Mae gan i 'wyllys mawr, myn Suddas,
I godi i fobio bawb o gwmpas;
Mi ymladdwn inneu fel Samson gawr –
O, fel y darniwn wŷr mawr y deyrnas! 910

*ENTR dau o'r gwerin yn tuchan dan iau babaidd*

*Gwerinwr 1* Och, och! Gwae ni! Tost yw'n cyfraith;
Hyll anfeidrol yw'n llywodraeth!
Y mae'n Brenin, y bedd a'i braeno,
Yn waeth offeryn na'r Brenin Pharo.

*Gwerinwr 2* Cosbi mae yr holl drueiniaid 915
Fel ped faen' nhw eirth neu fleiddiaid;
A charcharu pawb yn chwerw,
Yn ddiymwared, nes eu meirw.

*Morys* O! Mi ges inneu gam mawr ganddo –
Fe ddygodd oddi arna' i hanner fy eiddo; 920
Gadewch inni godi yn erbyn y Pab,
Yn ferch ac yn fab, i fobio.

*Gwerinwr 1* Rŷm ni'n barod iawn i hynny
　　　　　Os cawn ni bart o'r wlad i'n helpu.

*Morys*　　Wel, dyma fi yr awr hon, 925
　　　　　Ar fy ena', a fy ffon i fyny.

*Gwerinwr 2* Wel, ni godwn i fobio bawb o'n cyrra[u].

*Morys*　　Wel, mi af adref i chwilio am arfau:
　　　　　Pigffyrch, pigau, pladuriau'n ddi-doll,
　　　　　Mewn munud, a fy holl grymanau.　　*Exit Mory[s]* 930

*Gwerinwr 1* O dan gaethiwed pabaidd greulon,
　　　　　Mi ganaf yma rai penillion.

*Gwerinwr 2* Mi ganaf inneu dros bawb hefyd
　　　　　Sy'n Ffrainc yn rhodio heb ddim rhydid.

*Canu ar 'Derfyn y Dyn Byw'*

*Gwerinwr 1* a
*Gwerinwr 2* Och, erwin fyd carcharus 935
　　　　　Helbulus sydd yn bod;
　　　　　Rhy dost ein cost a'n cystudd,
　　　　　Annedwydd yw y nod!
　　　　　Iau babaidd oeraidd arw
　　　　　A'i chwerw dwrw dig, 940
　　　　　A'n gwthiodd oll yn gaethion
　　　　　Dan ddynion fryntion frig.
　　　　　Ein llenwi â phob dallineb
　　　　　Yn lle'r disgleirdeb glân;
　　　　　Troi'r g'leuni yn dywyllwch – 945
　　　　　Be' meddwch, fawr a mân?
　　　　　On'd ŷnt yn twyso'r 'neidiau,
　　　　　At ddreigiau tonnau'r tân?
　　　　　Mae'n crefydd ym mhob crafiad
　　　　　Yn dŵad mewn mawr dwyll, 950
　　　　　A'r pab â'i ffydd anghywrain
　　　　　O Rhufain ydyw rhwyll.
　　　　　Ffei, ffei o'n hofergoelion,
　　　　　Babyddion byrion bwyll!

Goleua'n t'wyllwch, Arglwydd,   955
O newydd yma i ni,
Fel gwelom yn ein gofid
Fawr rydd-did Calfari.
Gorchfygaist holl nerth angeu
Drwy boenau clymau cla';   960
Egoraist deyrnas nefol
I'th duwiol weision da.
Gorchmynnaist i'th weinidogion
Bregethu'n gyfion gynt,
Gan ddechreu mewn duwioldrem   965
Yng Nghaersalem, wiwdlos hynt,
A mynd trwy gyrrau'r ddaear
Yn gynnar fel y gwynt;
A phardwn rhad sy i ddynion
Afradlon ceimion cas   970
Yn ysgol rad yr Arglwydd,
Sef newydd grefydd gras.
A pheth yw'n trwst yrŵan,
Am egwan burdan bas?

A'n Brenin gerwin garw –   975
Mawr ydyw ei ferw fo!
Fydd yma ddim ond blinfyd
Trwy'r bywyd fyth tra bo.
Mae'n waeth na brenin Pabel,
Gŵr uchel gynt o radd;   980
Mae'n waeth na'r Brenin Pharo
Am gweirio, llywio lladd.
A'i holl gynghorwyr hefyd
Sy'n embyd wrthom ni,
A ninnau mewn caethiwed   985
A'n llygaid oll yn lli.
Duw dyro'n iawn ollyngdod
O'n trallod, cryndod cri,
Yn enw'r Oen tiriongu

|                | Fu'n prynu ar y pren.                          | 990  |
|                | Ni ymladdwn bawb am rydd-did                   |      |
|                | Dlos hyfryd trwy bob sen;                      |      |
|                | A Duw ro inni'r dduwies                        |      |
|                | I'n mynwes oll, Amen.    *Diwedd canu*         |      |

Gwerinwr 1 a
Gwerinwr 2   Wel, yn awr ni a gychwynnwn                                    995
             A'r carcharau i gyd a dorrwn;
             Gwell ganthom gael ein lladd mewn gofid
             Na byw yn Ffrainc ddim hwy heb rydd-did.   *Exit oll*

ENTR *Morys, y cybydd*

Morys        Ow, fy 'neidiau, aeth yn fyd annedwydd;
             Mae pawb mewn goleu yn lladd ei gilydd!                        1000
             Mae meibion a merchaid faes o'u co'
             Bob munud i gnocio 'mennydd.

             Pedwarydd ar ddeg, dyweda' i'n gywrain,
             O fis Gorffennaf bu ryfel milain;
             Ym mhlaid rhydd-did cododd, myn pil,                           1005
             'R ôl digio, ddeng mil a deugain.

             Ym Mharis gwnaed helynt erchyll,
             Sef torri ei muriau i gyd yn gandryll;
             Fe dynnodd y mobs y carchar mawr,
             Sef Pastile, i lawr fel *pitfull*.                             1010

             Fe ddaeth y carcharorion allan
             I ymladd ym mhlaid y truan,
             Ac ymladd yn ddigon siŵr,
             Yn llidiog, â phob gŵr llydan.

             Fe heliodd y Brenin ei wŷr i'w braenu –                        1015
             O, chlywais i 'rioed fath saethu! –
             Roedd y cyrff meirwon fel mynydd mawr
             Yn ddidwrdd hyd lawr o'r ddeudu.

Mae rhyfel gwyllt drwy'r wlad yn gyfa'
Rhwng y Brenin a'r gwerin, a phawb am y garwa';  1020
Chlywodd neb sôn yn wir
Am fwy cynnwr yn nhir Ffrainconia.

Daeth y ddwy armi un o bobtu 'nghaeau,
Saethasant wrth ymladd fil o 'ngwyddau;
Gwaeth na'r cwbl, torri mi 'ngên,  1025
Buont yn ffowlio fy hen geffylau.

Es echdoe'r boreu i Erw'r Pandy,
Egorais fy nghlos ar feddwl cachu;
Gyda i mi blygu fy nau lin,
Dyma bowdwr yn fy nhin, lond beudy.  1030

O, mi redais adref 'ngoreu
A 'nghlos ar draws 'y ngarrau;
Ac i achub yr hoedl, dyweda' i, yn rhodd,
Mi neidiais ryw fodd i'r fuddeu.

Edrychais o'r fuddeu yn o ryfeddol,  1035
I edrych a welwn yr un o 'mhobol;
Doedd yno neb, myn gwaed y cawr,
Ond y forwyn ar lawr yn farwol.

Mi codais hi fyny yn 'i lled-orwedd –
Mi welwn dwll bwlet didrugaredd;  1040
Choelie un o honoch, myn pwll,
Fod gan ffyrfed twll yn 'i pherfedd.

Ond nid oeddwn yn hidio yr un geiniog
O ran nad oedd ond hobi ddiog;
Ddaw hi on'd hynny, siawns, i'm nyth  1045
I wneud gweflau byth am gyflog.

Ond y werinlywodraeth sy'n ynnill yr awron –
O, rydwy' yn leicio hynny'n burion! –
Ac maen nhw'n deud mor sownd â'r mur
Fod y Brenin a'i wŷr yn brinion.  1050

Rydys wedi lladd y milwyr cethin
Oedd â'u bronnau 'r un ffordd â'r Brenin;
Mae'r lleill yn troi yn ddigon pur
Yn ffrydiau efo'r gwŷr cyffredin.

Pan welodd y Brenin bawb mor egr,  1055
Fe ffodd neithiwr 'r ôl ei swper;
Wn i b' le'r aeth yn llawn o hug,
Onid aeth y llyg tua Lloegr.

Ond rydwy'n gobeithio'n ddinag
Y daliwn y llwdn lledwag;  1060
Os felly fydd, myn Mair wen,
Ni a dorrwn ei ben beth bynnag.        *Exit Morys*

ENTR *y Brenin yn ffoi rhag y werin*

Lewis  Ow! Mae 'nheyrnas wedi rhwystro,
Mae pawb drwy'r wlad yn codi i fobio;
Y gwŷr truain ar bob troeau  1065
Sydd am guro am y goreu.

Maent wedi torri'r holl garcharau,
Lle'r oedd y caethion mewn cadwynau,
A rheini'n dal, yn ddiddidoliad,
I ladd heb ystyr fy mhabistiaid.  1070

Mae fy sawdwyr inneu'n colli
Pob rhyw frwydr y fu eleni!
A'r gwerin wŷr, nid pur y perwyl,
Sy am fy nghoron union annwyl.

Och, llwyr gwae fi! I b' le y rhedaf?  1075
Mae fy neiliaid am fy nalaf;
Yn awr rwy'n ffoi mewn mawr gaethiwed
Fel pum brenin yr Amoriaid.

Fe ffodd y rheini rhag eu difa
I ganol ogof ym Macceda;  1080
Ond ni chawsant mo'r hir lechu
Nes i Josua eu dibennu.

|  | Felly'n wir rwyf inneu yn ofni |  |
|---|---|---|
|  | Y ca' fy lladd 'r un modd â rheini; |  |
|  | A chyda'r gair mi wela'r fyddin | 1085 |
|  | Sydd ger bron am ddal y Brenin. |  |

*ENTR y Pen General (o'r werinlywodraeth) a'i wŷr, i ddal y Brenin a'i roi yng ngharchar*

| General | Dyma'r Brenin, rydwy' yn credu; |  |
|---|---|---|
|  | Yn hyn o fan mi cymra' i fyny.    *Dal y Brenin* |  |
| Dic | Arhoswch y Mr os gwelwch yn ddaf – |  |
|  | Hen sothach – mi wnaf ei saethu. | 1090 |
| General | Paid, paid, fy sawdiwr gwiwlan; |  |
|  | Mi rwyma' ei draed a'i ddwylo 'rŵan. |  |
| Dic | O, gadewch i mi, heb lol, |  |
|  | Roi 'nghleddyf yn ei fol e, fulan! |  |
| General | Aros, Dic, na fydd ffwdanffol | 1095 |
|  | Nes inni ei farnu ef wrth ein rheol. |  |
| Dic | Ni arhosodd e, myn y wadd – |  |
|  | Hen babist – ond lladd ei bobol. |  |
| General | Dim trwst! – ond cymer Lewis |  |
|  | A dos ag ef i garchar Paris. | 1100 |
|  | 'R ôl i ni ei farnu'n berffaith |  |
|  | Fe geiff farw wrth y gyfraith. |  |
| Dic | Tyrd, hen leidr, neu mi dorra'th 'lodau – |  |
|  | Cei fyd chwerw mewn carcharau; |  |
|  | Chei fawr o grandrwydd wrth dy law | 1105 |
|  | Ond dodwy dy faw mewn tidau. |  |

*Dic yn cymeryd y Brenin ymaith*

| General | Wel, dyna Lewis wedi 'i gymeryd |  |
|---|---|---|
|  | A'i roi yng ngharchar yn sownd hefyd; |  |

Cheiff e mwy ddim rhydd-did yma
Hyd oni thalo'r ffyrling eitha'. 1110

Ond mae miloedd o'i ddilynwyr –
Sef gwŷr malais – yn codi milwyr;
Mae rheini yn ymladd eto'n gethin
Ger ein bron ym mhlaid y Brenin.

A dacw'u byddin fawr yn dyfod 1115
Dros y mynydd i'n cyfarfod;
Dewch fy sawdwyr, awn yn sydyn,
Ni a'u gwynebwn yn y dyffryn.

*ENTR Dic y Geiriau Pigog*

Dic    Holo heb arbed, rwy'n deud mewn byrbwyll!
Mi rois i y Brenin mewn carchar tywyll, 1120
Ac yno mae, myn gwaed y frân,
Yn chweinio heb dân na channwyll.

Pan welodd e gynta' y carchar cethin,
Efe wnaeth wyneb caseg ddrycin;
Mi rois iddo gic i lawr i bant 1125
Oni anafodd ei fant a'i fontin.

Ceiff brofi yn awr beth o'r gofid
A gadd ei ddeiliaid pan oedd yn eu herlid,
A phrofi hefyd, yn ddi-wad,
Pa beth ydyw'r brad heb rydid. 1130

Mae'r werin[l]ywodraeth yn ymladd eu goreu
Ac yn curo'r pabistiaid i gyd o'u cyrrau;
Maen nhw wedi 'ngosod inneu'n ffri
Mewn opiniwn i dorri eu pennau.

Mi dorrais o bennau gwŷr bon'ddigion 1135
Echdoe'r boreu dri chant union;
Does crefft mwy 'nillgar, myn y frân,
Na chigydd ar y glân farchogion.

Mae bon'ddigion ac esgobion lawer
A phersoniaid ac ustusiaid eger 1140
Wedi ffoi, yn un côr,
Gan lygio dros y môr i Loegr.

Ac fe fu Lloegr yn wir mor wirion
 cheinioca'n eglwysydd i'r chwiwladron,
'N lle cofio ers talm fel cowsont yn glên 1145
Eu baeddu gan yr hen babyddion.

O, bed fuaswn i yn Dofer
Pan ddaethon' hwy gyntaf i Loegr,
Mi faswn, myn uffern radd,
'N mynyd actio i'w lladd mewn dicter. 1150

Yrŵan mae Lloegr ac amryw genhedlaeth
Yn dechreu rhyfela â'r werinlywodraeth;
Ond gwell yw heddwch i bob rhyw –
Er pwnio, Duw fydd y pennaeth.

Wel, rydwy'n brysur iawn ers dyddiau – 1155
Mae'n fawr gan 'y nghalon dros 'y nghariadau;
Does dim amser i siarad yn fân
Ychydig â'r glân ferchedau.

Ond rhag i chwi ddigio yn awr wrth Dici,
Gwrandewch, y glân lodesi; 1160
Sefwch yn llonydd, fawr a mân –
Adrodda' i i chwi gân werth gini.

*Canu ar 'Gastell Conwy'*

Pob mun hardd lun, sy'n hoffi 'doli dyn,
Pob morwyn – yn sydyn nesewch:
Trwy rad, heb wad, forwynion mwynion mad, 1165
Cynghoriad ar ganiad a gewch.
Os daw, o draw, un llencyn ger eich llaw,
Sef broliwr heb ddim braw, walch hylaw, i'ch hel,
Ger bron y llon, byddwch ffyddlon, hoff union a ffel;
Mae'r dyn a'i wŷn yn ceisio moedro mun, 1170

Drwy llochi ym mhob llun a'i gorun yn gall;
Twyll llon, fy mron, pob calon o feibion y fall.

Gwnewch chwi 'ngair i, forwynion ffraethlon ffri,
Sef cosbi a dofi'r hen dwyll;
'N ddi-chwith i'ch plith daw rhinwedd, loywedd wlith;   1175
'N lle melltith, daw bendith o bwyll.
Cewch fod mewn clod, lliw gw'nna' eira ôd,
Tôn rhydd-did tan y rhod yn gawod a gewch;
Trwy'r ha', ferch dda, cewch eirda, lliw'r eira, lle'r ewch;
Un gwas, o gas, 'd all eto frolio'n fras   1180
Fod iddo blycio'ch blas wrth bwrpas ei ben;
Cewch fod mewn clod â phriod em wiwnod, Amen.
                            *Diwedd canu*

Ffarwél fy mwyn gariadau,
Mi wela' garcharorion, baciau;
Rhaid imi dorri heno, mi wn,   1185
Gwmpas deg pwn o'u pennau.    *Ymaith â Dic*

*ENTR y Brenin, yn cwynfan wrth borth y carchar*

Lewis    Och, gwae fi! Blin yw fy ffortyn,
Rwy'n waeth fy sut nag un cardotyn!
Y fi sy'n wir ers pedair blynedd
Yn y carchar mewn anhunedd.   1190

Rwy'n caffael yma fwy o ddirmyg
Nag a fedr dyn ddychymyg;
Pe cawn i 'nghoron unwaith eto
Ni charcharwn neb, rwy'n coelio.

Ond mi glywais ddweud yn atgas   1195
Fod rheolwyr mawr y deyrnas
Wedi 'marnu i farwolaeth;
O achos hyn rwy'n syn, ysywaeth.

*ENTR y Secretari, i ddarllain y farn i Lewis Capet, sef brenin Ffrainc*

| | | |
|---|---|---|
| *Secretari* | Nawr drwy'ch cennad, yn llawn cynnwr, | |
| | Gwrandewch fy stori, yr hen ddi'styrwr; | 1200 |
| | Mi ddois i draethu barn i'ch erbyn | |
| | Yma, coeliwch, fel y calyn. | |

Rheolwyr y deyrnas sydd yn dywedyd
Eich bod yn rhwydo pawb o'u rhydid,
A'ch bod yn erbyn diogelwch                     1205
Bob dyn truan cyfan, cofiwch.

Rheolwyr y deyrnas sydd yn dywedyd
Y cewch chwi heddiw ddiodde'n embyd;
O fewn y pedair awr ar hugain
Cewch eich lladd mewn moddion milain.           1210

*Lewis*  Mae gennyf lythyr yn 'y mhoced –
Darlleniaf hwn, cewch chwitheu glywed –
Yr hwn sy'n deud pa beth wy'n ofyn
Cyn cael y pwysfawr, dirfawr derfyn!

Rwy'n gofyn am dri diwrnod,                     1215
A hynny i wneud fy hun yn barod,
A chymorth yr Esgob Fermont hefyd,
Cyn i neb fy lladd mor embyd.

A gadael i fy nheulu hoyw
Ffoi i ryw le cyn fy marw;                      1220
Ond rhowch y llythyr i'r rheolwyr –
Mae ynddo chwaneg eto i'w ystyr.    *Ymaith â'r Secretari*

Rwyf fel Belsassar yn crynu'n galed
Wrth weld y 'sgrifen law ar bared;
Ac yn ofni'n wir mai ofer                       1225
Yr eiff fy llythyr, hyn o amser.

*ENTR Dic y Geiriau Pigog, ag ateb o'r llythyr*

*Dic*  Wel, Meistr Brenin hagar,
Does i chwi ddim ond galar;
Wnaed dim cyfrif o'ch llythyr ffôl –
Cyrchwch yn ôl i'r carchar.    *Y Brenin i lawr*    1230

>           Ond er cyflawni'r ddichell,
>           Nolwch i mi goed, lond cawell;
>           Rhaid imi, rydwy' yn deud,
>           Was cyfion, wneud ysgafell.        *Gosod y fainc*
>
>           Dyma ysgafell ym meysydd Elysia;                         1235
>           O, mi wela'r Brenin yn dyfod yma,
>           A chyda fe filwyr, hwylwyr hael,
>           Yn ddifyr am gael ei ddifa!

*ENTR y Brenin a'i Gyffeswr i dorri ei ben, yn y flwyddyn 1793*

> *Lewis*   Ow, fy ngwraig a 'mhlant un galon
>           Oedd yn wylo'r dagrau heilltion                          1240
>           Wrth imi ganu ffarwel iddyn'
>           Heddiw'r boreu cyn fy nghychwyn.
>
>           Does imi fawr o amser mwyach,
>           Rhaid imi dynnu 'y nghoat bellach;
>           Mae fy stoc yn dynn, rwy'n coelio,                       1245
>           Diolch ich 's gwnewch fy helpio.   *Tynnu'r goat*
>
> *Dic*     Mi dorraf innau'n sydyn
>           Eich gwallt chwi bod y tipyn;      *Torri ei wallt*
>           Hwde, cadw hwn yn saff –
>           Gwneiff ichwi raff neu reffyn.                           1250
>
> *Lewis*   Gwrandewch yn awr, fy holl elynion –
>           Rwy'n maddeu ichwi o ewyllys calon;
>           Can ffarwél, fy mwyn gyffeswr –
>           Duw, bydd i'r enaid bach yn swcwr.
>
>           Ond cyn fy marw, salw sylwedd,                           1255
>           Clych go anghenus, clywch gynghanedd
>           O ffarwél i'r deyrnas a'm cadernid;
>           Cwyn yn dduwiol cana' i'n ddiwyd.

*Canu ar 'Betty Brown'*

Och, oeraidd fyd chwerw, mae'n arw mi wn i,
Rhaid marw'n ddi'mwarad a'm llygad yn lli; 1260
Barn Duw ddaeth i'm herbyn, mor sydyn mae'r sen,
Llesg wyf, mae ysgafell a bwyell uwch ben!
Er maint oedd fy most, hoff ryfedd, a'm ffrost,
Gosodwyd fi'n sydyn i'r terfyn oer tost;
Dymchweliff Duw mawr pan welo Fe'i awr 1265
Y cedyrn ar gyhoedd o'u lleoedd i'r llawr.

Bu'r sownd Alecsander mewn uchder, mwyn nerth –
Drwy gadarn ergydio bu'n pwyo pob perth;
A Pharo, offeryn y gelyn mawr gynt,
Ni ph'raes ei holl drafel, fer hoedl, fawr hynt; 1270
A Herod o hyd oedd falch yn ei fyd –
Y llau mawr a'i lladdodd, oer glwyfodd i'r glud;
Belsessar, yn siŵr, gostegodd ei stŵr,
A'i dad, brenin Pabel, ae'n isel wan ŵr.

Y cedyrn wag hyder, fawr uchder fu erioed, 1275
Aeth gwaglais a'u goglyd, wan fywyd, yn foed;
Pe baem fel eryrod rhwng serod a'n sail,
Malurie Duw ni yno, 'r ôl 'dwino fel dail.
Bu minneu ar f' mainc, mwyn orchwyl, mewn ainc,
Â rhwydeb yn rhodio 'c yn ffrwyno gwŷr Ffrainc; 1280
Ond yrŵan mor wan, does rhydd-did i'm rhan;
Er maint oedd fy elw rhaid marw'n y man.

Ffarwél, fy ngwraig ffyddlon, wych union ei chwant,
A phawb a gadd ofid o'm plegid, a'm plant;
'Ngwyllyswyr da hefyd, bob munud un modd, 1285
I chwithau rhof ffárwel, yn isel fy nodd.
Gwna' farw'n deg faith dan grefydd di-graith
Hen Eglwys y Rhufain, wiw gywrain ei gwaith.
Mae'm bywyd ar ben – yn siŵr mi ga' sen –
Duw maddeu i'm gelynion bob moddion, Amen. 1290
*Diwedd canu*

Dic  Dim trwst, Lewis, taw â lolio;
Raid dim diolch am faddeu heno.
'R ôl i chwi farw, yr hen baun,
Nid ellwch yn blaen mo'u blino.

                Tyrd, hen frenin Paris,                           1295
                Mi'th lusgaf di'n abal dibris;
                Gorweddwch yma ar eich bol
                A thewch â'ch lol, da Lewis.    *Ei osod ar y fainc*

                Wel, dyma'r fwyall, ydech yn gweled?
                O, mi ro' iddo ddyrnod caled!   *Torri ei ben*      1300
                Dyna ben y Brenin mawr,
                Myn f'ysgwydd, i lawr i'r fasged.

                Edrychwch y cwmni hylwydd –
                Dyma ei ben e'n ebrwydd!    *Dal y pen yn 'i law*

*Oll â llef uchel*
                Rhwydd-deb, rhwydd-deb, mwyndeb maeth               1305
                I'r werinlywodraeth ledrwydd!

*Dic*            Wel, dyma fe wedi ei ddibennu;
                Ewch â fe i ffordd i'w gladdu,
                A thywelltwch arno ddwfr a chalch
                I ferwi'r hen walch yfory.                          1310
                        *Ymaith â'r Cyffesydd â chorff y Brenin*

                Lewis oedd y brenin mwya'
                Gynneu trwy'r holl Europia;
                Fel y lladdais i o yn gwic –
                Un garw yw Dic a'i dwca.

                Wrth gofio, fe wnaeth Lewis                         1315
                Cyn ei farw glamp o ewyllys;
                Mi af i i ddarllain hwnnw i'w wŷr
                Heno yn o bur i Baris.          *Ymaith â Dic*

*ENTR un o Reolwyr y Deyrnas*

*Rheolwr y Deyrnas 1*
                Wel, dyma un o'r glân reolwyr
                Sydd ar deyrnas Ffrainc is awyr;                    1320
                Mae llwydd yn ffrydio i'r gwŷr cyffredin
                'R ôl dibennu a braenu'r Brenin.

> Ond nid o'i ran ei hun yn unig
> Y cadd e 'i ladd, drwy boen a dirmyg,
> Ond o ran y gau addoliaeth 1325
> Oedd yn hynod drwy'r frenhiniaeth.
>
> A honno, yn wir, oedd crefydd babaidd –
> Nid yw yn agos yn Gristnogaidd,
> 'Ran mae yn peri 'doli delwau
> Drwy ddwys antur, hefyd seintiau. 1330
>
> Mae Gair Duw yn deud yn eglur,
> O eiriau Moses, oreu mesur,
> Os hude neb ni i gau addoliaeth
> Am eu rhoi yn filain i farwolaeth.
>
> Felly'n wir buom ninnau'r Ffrancod 1335
> Mewn gau addoliaeth mawr heb wybod;
> Ond yn awr yr ŷm ni yn gwybod
> Nad oes ond Crist i faddeu pechod.

*ENTR un arall o Reolwyr y Deyrnas*

*Rheolwr y Deyrnas 2*
> Dyma un rheolwr eto
> Sydd ar deyrnas Ffrainc, yr wy'n coelio; 1340
> Ac nid nyni ill dau yn unig
> Ond amryw eraill yn gysylltedig.
>
> Fy annwyl gyfaill, clyw fi'n traethu:
> Y mae rhyfel yn chwanegu –
> Y mae Lloegr ac amryw wledydd 1345
> Am ein lladd trwy boen a chystudd.

*Rheolwr y Deyrnas 1*
> Och! Rwy'n synnu o achos Lloegr,
> O ran ei bod hi mor ysgeler,
> A chimaint cam y gadd Brutaniaid
> Ym mhob ystyr gan babistiaid. 1350

*Rheolwr y Deyrnas 2*
    Dyma'r achos, yr ydwy' yn meddwl,
    Oedd iddynt godi mewn cythryfwl,
    O ran mae yn Lloegr fyrdd yn pesgi,
    Yn fawr eu truth, wrth fwyta trethi.

    Ac nid oedd ganddynt ddim i'w wneuthur    1355
    Ond gyrru'r Duke of York a'i sawdwyr,
    Gan feddwl cael ein lladd o'n cyrrau
    Er siampl noeth i'w deiliaid nhwythau.

    Er bod yn Lloegr gyfraith addas
    Mewn cadarnwch yn y deyrnas,    1360
    Eto, er hyn, mae'r dynion gwaela'
    Yn cael eu gwasgu hyd yr eitha'.

    A dyna'r peth wnaeth iddynt ofni,
    Os nyni a wna feistroli
    Y gwna eu deiliaid hwythau dyrru    1365
    I'w lladd i gyd, fel maent yn haeddu.

*Rheolwr y Deyrnas 1*
    Os oes yn Lloegr rai'n gormesu,
    Ceir chware teg mewn rhan er hynny;
    Dydyw'r gyfraith yno'n gofyn
    Gwneuthur cam ag un cardotyn.    1370

    Ceiff yno bawb y Bibl sanctaidd
    Yn eu hiaith i fyw'n Gristnogaidd;
    Ond llawer iawn o waed a gollwyd
    Yno, cofiwn, cyn y cafwyd.

    Ond fe ddarfu Lloegr dirion    1375
    Drechu a baeddu'r hen babyddion;
    A thosturio ddyleu Lloegr
    Wrthom ni sy am wneud cyfiawnder.

*Rheolwr y Deyrnas 2*
    Wel, ni thrown at neb ein gwegil –
    Ymladdwn, bawb, ym mhlaid 'r Efengyl;    1380

Er gwaetha'r pab a'i holl ddichellion
Ni ganwn yma rai penillion.

*Y ddau yn canu ar 'Ddifyrrwch Gwŷr y Gogledd'*

Ymladdwn, byddwn bur, drwy dân ac arfau dur,
Trwy ffydd yn ffel, gwnawn 'mosod fel y mur,
Er cymaint ydyw cas pabyddion beilchion bas        1385
I'n hudo'n ôl at grefydd ffôl ei gras.
Ffarwél i'r pab, anarab nerth,
A'i ofergoelion, swynion serth,
Ffarwél gael gras am arian
Mewn purdan gwantan gwerth.                         1390
Trwy Grist a'i 'Fengyl – annwyl yw! –
Ni gawn ryddhad o gariad gwiw,
Yn ysgol rad sancteiddiol
Drwy edifeiriol fyw.

Daw'n Heglwys gymwys gu o law'r Amoriaid lu         1395
A Phabilon, caethiwodd hon ei thŷ;
Cawn gannwyll ddidwyll Dduw, 'r Efengyl annwyl yw,
Cawn fêl a llaeth, sef buddiol faeth y byw.
Down eto, Arglwydd hylwydd hardd,
I'th foli Di a'th fawl a dardd;                     1400
Er i'n hynafiaid gwympio
Down eto i rodio'r ardd.
Dod, Dduw, ein ced, iawn gred y groes,
I ni ym mhob c'leta', lyma' loes,
A rhydid angenrheidiol,                             1405
Amen dragwyddol moes.          *Ymaith â'r Ail*

*Rheolwr y Deyrnas 1*

Pe caem ni lonydd gan elynion
Ni fyddem bellach fyw'n heddychlon;
Ond nid ar unwaith y ceir rhydd-did –
Cawn eto'n gyfan boen a gofid.                      1410

Ond ni a luniwn gyfreithiau newyddion,
A rhain at les y rhai tylodion,
Fel y caffo'r gwan ei fara
Yn bur ddiguchiog fel y gw'cha'.

|  | Ond am rydid nyni ymrodiwn, | 1415 |
|---|---|---|
|  | Be caem ludded, ac ymladdwn; |  |
|  | Os ŷm ni'n ymladd am gyfiawnder |  |
|  | Waeth befo byddin fawr ei chryfder. |  |

        Fe laddodd Samson aml elyn
        Gydag asgwrn gên yr asyn,     1420
        A charreg bach, drwy weddi Dafydd,
        A ladde'r cawr Golia'n ebrwydd.

        O! Mi glywaf saethu gerwin:
        Mi wn mai'r Duke of York a'i fyddin
        Sydd yn Fflandrs wedi ymgynnull –     1425
        Mi af i edrych pwy sy'n ynnill.

*ENTR Dic y Geiriau Pigog*

*Dic*     Arhoswch, y Meistr, cyn ymystyn!
        Mae'r Frenhines wedi'i barnu ers mityn;
        Mi dorra'i phen, ni hidia' i rech,
        Yn egr am chwe cheiniogyn.     1430

*Rheolwr y Deyrnas 1*
        Wel, cais di hel parodrwydd,
        Mi gyrra' yma'n ebrwydd.     *Ymaith â'r Rheolwr*

*Dic*     Gyrrwch hi yma yn union deg,
        Yn lle egor eich ceg ar y cigydd.

        Wel, dyma'r lle yn barod,     1435
        A dacw'r Frenhines yn dyfod;
        Mae hi'n edrych fel hen wrach
        Â 'chydig bach yn 'i cheudod.

*ENTR y Frenhines a'i Chyffeswr*

*Dic*     Dewch, yr hen Frenhines –
        Mi dorra'ch pen, myn peunes;     1440
        Chei yma fawr o gŵyn
        Er camu dy drwyn, ladrones.

|   |   |   |
|---|---|---|
|  | Y chwi oedd y drwg tro cynta' | |
|  | I wneud yr holl ryfel yma, | |
|  | 'Ran mae'r merchaid yn coelio'r ddraig, | 1445 |
|  | Er gofid yr hen wraig, Efa. | |

*Y Frenhines* Ow! Fy mhlant sydd yn ddiswcwr!

*Dic* Hidiwch monynt – hwy dawent â'u dwndwr,
 'Ran rydym ni am ladd eich plant
 A'u taflu i bant yn bentwr. 1450

*Y Frenhines* Ow! Rhowch bardwn i frenhines!

*Dic* Tewch â'ch dwndwr, da fy meistres.
 Gorwedd yma yn un rhol
 Ar dy fol, hen fules.

 Wel, mi ro' i ti ddyrnod dibris 1455
 Er dy fod yn wraig i Lewis;   *Torri ei phen*
 Dyna ei phen hi, yn ddi-gêl,
 Odanodd fel pêl denis.

 Wel, fe ddarfu ei phoen a'i phenyd;
 Ewch â hi i ffwrdd mewn munud; 1460
 Teflwch hi gwedi mewn ystŵr
 Ar ôl ei gŵr i'r gweryd.
     *Ymaith â'r Cyffeswr â chorff y Frenhines*

 Wel, fe gafodd y pabyddion
 Trwy deyrnas Ffrainc ddinistr creulon;
 Nhw gawsant eu baeddu yn o glên, 1465
 Yn ddiwyd, fel yr hen Iuddewon.

 Os gwerthwyd o'r Iuddewon drygiog
 Ddeg ar hugain am un geiniog,
 Gellir prynu o babistiaid am geiniog neu ddwy,
 'N ddioferedd, lond plwy Llanfwrog. 1470

Ond mae'r werinlywodraeth druan
Yn ymladd bob dydd yrŵan,
A'r Awstraid a Lloegr ac amryw radd,
Mewn gofid, am eu lladd yn gyfan.

Ond er gwaetha' amryw ddeiliaid, 1475
Maent wedi cymryd gwlad yr Holandiaid;
Ac fe ddarfunt, a dywedyd y gwir,
Rwystro rhai 'n nhir yr Awstraid.

Ni fase neb yn credu yn ufudd
Y daetheu drueiniaid Ffrainc mor hylwydd, 1480
Trwy bob anhunedd, yn niwedd nod,
I gario'r glod trwy'r gwledydd.

Ond gwir y ddihareb sy'n deud, yn ddieu,
Y peth na fynno Duw ni lwyddeu;
Waeth befo cryfder yr un rhyw, 1485
Wrth guro, Duw fydd y goreu.

*ENTR Morys, y cybydd*

Morys    Ow, Dici, fy nghyfaill dioca',
             Pam 'd ei i rywle i ryfela?
             Mi drawais i ddyn â darn o bren
             Onid oedd yn uswydd a'i ben yn isa'. 1490

Dic        Mi dorrais innau bennau mowrion,
             Sef y Brenin a'r Frenhines a'i phlant un galon,
             A llawer eraill oedd yn y wlad
             Yn baeddu efo nâd pabyddion.

Morys    Os ydyw'r pabistiaid wedi bostio, 1495
             Maent efo eu pabau yn dechreu pibo;
             'Dae ddyn yn agos i glywed y sgwrs
             Tuag uffern, mae yno gwrs o gwffio.

             Ond gwrando di eto, Dici,
             Rŷm ni'n ffaelio cael hau eleni, 1500
             'Ran cyrff y meirwon sy'n un baw
             Oddi yma i'r cwr, draw, yn drewi.

| Dic | Na hidiwch – fydd fawr o brinder, |
| | 'Ran mae ym Mhrydain ydau lawer; |
| | Fe ceriff chwiwladron o yma'n hy, 1505 |
| | Pe llwgai holl Gymru a Lloeger. |

| Morys | Wel, os cawn ni rydd-did, |
| | Ni hidiwn fawr yn y pab a'i ferdid; |
| | O'i achos ef 'r aeth 'y mhwrs i'n wag – |
| | Ces lawer o blag o'i blegid. 1510 |

Ffarwél i'r gau grefydd ddrwg anhyfryd,
A'r croesau, seremonïau, 'r un munud;
Addola' i on'd hynny ond y gwir Dduw
Tra bydda' i byw mewn bywyd.

| Dic | Wrth gofio, Mr Morys heini – 1515 |
| | Mae'r Pab wedi ffoi rhag ei grogi. |

| Morys | O, pe gwelwn yr uffern fab, |
| | Fe gae yr hen Bab ei bobi. |

ENTR y Pab yn ffoi o Rhufain

| Pab | Och, llwyr gwae fi! Rhowch le im lechu! |
| | Mae gennyf arian, dul, i dalu; 1520 |
| | Mae fy neiliaid, sef pobl Eidal, |
| | Heno ar fygwth fy rhoi'n y fagal. |

| Dic | Pwy ydych, fy Mr Cywrain? |

| Pab | Myfi yw'r Pab oedd yn y Rhufain. |

| Morys | Closia, Dic, myn uffern radd, 1525 |
| | O'r goleu – gad ei ladd yn gelain. *Taro'r Pab i lawr* |

| Dic | *Well done*, Morys, dyna ddyrnod marwol! |
| | Mi dynnaf inneu'i glyniau oddi wrth ei ganol. |

| Morys | O, rhowch fenthyg powdr, mi wnaf gast, |
| | Sef ei saethu fo yn ffast â phistol! *Llabuddio'r Pab* 1530 |

| Dic | Ai chwi yw'r Pab sy'n deud celwyddau,
Sef deud y medrwch faddeu pechodau? |

| Morys | O, chei ddim mynd oddi yma heb dynnu dy groen
A diawledig boen i'th aelodau!
*Pab yn rhedeg; Dic ar ei ôl drwy'r bobl* |

| Dic | Ow, Mr Morys, fe redodd eto! | 1535

| Morys | Rhed ar ei ôl! Ow, ow! Cais dinio!
Holo, bobl! Deliwch y Pab,
Fel caffo'r hen fab ei fobio.

Yr hen a dorro ei wddw
Oni cheiff o'i ladd yn farw; 1540
Fe geiff yn y purdan, ffwdan ffôl,
Wneud ei ben ôl yn ulw.

Wyrach y ceiff yn uffern eto
O dan ei Dad ei dido,
A Lewis i gusanu bawd ei droed – 1545
Y dynan a fu erioed odano.

Dyna'r Bwystfil, rydwy'n bostio,
Oedd yr Apostolion yn sôn amdano;
Pan ddae yn bab i ddechreu byw
Câ' Eglwys Duw ei handwyo. 1550

Ond yr Anghenfil hwn, myn andras,
Sydd deip o babau'r deyrnas,
Y naill ar ôl y llall yn rhwydd,
Ac i gyd yr un swydd â Suddas.

Os bûm ers talm yn babist gwirionllyd, 1555
Mi wn yrŵan am ffordd y bywyd.
I'r hen burdan â phob duw pren;
Rhof ffarwél, Amen, mewn munud. *Ymaith â Morys*

*ENTR y Traethydd*

*Traethydd*   Yn awr, y glân gompeini,
Fe ddarfu hyn o ystori;    1560
Fe ddarfu ninnau, drwy aml freg,
Mewn tristwch redeg trosti.

Ond mae'r prydydd yn deud 'i hunan
Fod y stori'n beth mwy llydan,
Ond ni fedre mo'i gwneud yn giwt    1565
Mewn entrliwt mor fechan.

Ond meddwl hyn yr ydwy' –
Y berniff rhai'n ofnadwy
Ar y prydydd (dan wneud gên),
Sef y ganwr o hen Lanconwy.    1570

Wel, dyweded pawb a fynno!
Diolch i chwi am wrando;
Cewch yma eto'r ganiad sydd –
Wyrach y bydd i'ch boddio.

*Diweddglo ar 'God Save the King'*

Cwmni da, brafia' bryd,    1575
Gwelsoch syn dremyn drud –
On'd embyd oedd?
Llu Ffrainc gron, blinion bla,
Aeth i'r mud oerllyd iâ,
Mewn blina' bloedd.    1580
Aeth Lewis ddibris ddall
A'i wŷr llon mowrion mall
O ran drud embyd wall
Ar ball i'r bedd;
Cyll yr haid ffyliaid ffôl,    1585
Hyn o stŵr, hen ystôl;
Cyll y Pab, rwyddfab rôl,
Ei siriol sedd.

Aed iau caeth diffaith du
Pab mawr i lawr, a'i lu 1590
Sy'n chw'thu chwant;
A'r ffydd gau, cleisiau clo,
Swydd wan brudd, sy'n ein bro
Yn pluo plant.
Maeth i'n ffydd, ddedwydd yw, 1595
Rhydid, rhad gariad gwiw,
I 'nabod Crist yn Nuw
A byw yn ben.
Llwydded Siôr, wiwgôr wawl,
Fel bo clod, hynod hawl, 1600
Wiwdda modd, addaw mawl,
I Dduw, Amen.

Duw nef wen, cadw ein Brenin
A'i ddeiliaid rhag bleiddiaid blin;
Cariad doed i bob coror, 1605
Amen, drwy diroedd a môr.

Terfyn

## *Nodiadau ar yr Anterliwt*

*Englyn* Cadwyd sawl cyfres o englynion sy'n rhefru yn erbyn y ffydd Gatholig. Gw. Dafydd Manuel, 'Ar warediad Lloeger oddiwrth Babyddiaeth' yn llsgr. LlGC 436B, ffolios 57ʳ–58ʳ; John Robert, Bryn Melyn, 'Englynion yn erbyn Pabyddiaeth' yn llsgr. LlGC 672D, t. 238; a dienw, 'Englynion pan oedd y Gwn Powdr Treson', yn J. Jones (Myrddin Fardd) (gol.), *Cynfeirdd Lleyn: 1500–1800* (Pwllheli, 1905), t. 215. Y mae'r englyn cyntaf yn y gyfres olaf yn dilyn y patrwm a welir yn englyn Huw Jones, drwy ddefnyddio 'ffydd' fel cymeriad geiriol drwyddo:

> Ffydd Rhufain filain fydd i foli – 'r pab
> Ffydd mam pob drygioni
> Ffydd waedlyd hefyd yw hi
> Ffydd dhwl hen ffei ddiawl hòni.

Y mae'n bosibl bod englynion fel hyn yn cylchredeg ar lafar o gyfnod brad y powdr gwn ym 1605, ac y byddent yn codi'u pennau ar adegau o densiwn megis cyfnod y Chwyldro.

*Anerchiad agoriadol* Annisgwyl braidd yw 'argraff wisg' yn llinell gyntaf yr anerchiad hwn. Efallai mai gwall am 'argraff wasg' > 'argraffwasg' sydd yma, ond ni ddiwygiwyd y darlleniad gan ei bod yn bosibl bod Huw Jones yn delweddu ffurf brintiedig y testun fel 'gwisg' newydd ar ei destun llawysgrif gwreiddiol.

*llau. 5–9* Awgrymodd G. G. Evans fod 'dawnsio yn digwydd yn llawer amlach [yn yr anterliwtiau] nag a nodir yn y testunau', ac y byddai'r ffŵl, y mae'n bur bosibl, yn dawnsio yn fyrfyfyr wrth i'r ddrama fynd rhagddi. Sylwer bod lleoliad y ddawns yn yr anterliwt hon, yn dilyn ymgais y Ffŵl i ddwyn 'gosteg' ar y gynulleidfa, yn cyd-fynd â'r hyn a geir yn rhai o anterliwtiau Twm o'r Nant, gan gynnwys *Cyfoeth a Thlodi* a *Tri Chydymaith Dyn*. Adrian C. Roberts (gol.), *Twm o'r Nant: Dwy Anterliwt. Cyfoeth a Thlodi a Tri Chydymaith Dyn* (Bangor, 2011), tt. 42–3, 117.

Nid enwir tôn y ddawns yma, ac y mae hynny'n bur nodweddiadol o destunau anterliwtiau. Sylwer, fodd bynnag, fod ambell anterliwt gynnar yn enwi dawnsfeydd ffalig, megis 'Sponk bogel' (dienw, 'Y Brenin Llŷr') a 'ffwcin [s]troc' ([Mathew Owen], 'Cronicl y Cymry'). G. G. Evans, 'Yr Anterliwt Gymraeg, II', *LlC*, II, rhif 4 (1953), 230; dienw, 'Y Brenin Llŷr', a [Mathew Owen], 'Cronicl y Cymry', yn Ffion Mair Jones, 'Pedair Anterliwt Hanes' (traethawd PhD anghyhoeddedig Prifysgol Cymru, 2000), tt. 467, 833–4.

*ll. 7* Noder defnydd John Jones (Jac Glan-y-gors) o 'clep-glep', a ddiffinnir fel 'click-click, incessant clatter or jabber' yn *GPC* s.v. clep.

*llau. 10–14* Y mae'n bur amlwg oddi wrth y disgrifiad o 'rwbio . . . bola' yr offeryn (h.y. â bwa) mai ffidlwr yw'r cerddor yma, fel yn yr anterliwtiau'n gyffredinol. Cymharer agwedd ddirmygus y Ffŵl tuag ato â'r hyn a welir yn *Y Farddoneg Fabilonaidd* gan Twm o'r Nant:

Ffŵl: Tyr'd dithe'r cerddor, mi ddawnsia'n glir
Ryw ychydig i'r merchede.

O, cais dewi â'th rincin,
Cadw dy ffidl, yn boeth bo'i phwdin;
Mae hi yr un wich a hwch gynhaig,
Neu fules y wraig o'r felin.

Twm o'r Nant, *Y Farddoneg Fabilonaidd*, yn Isaac Foulkes (gol.), *Gwaith Thomas Edwards (Twm o'r Nant)* (Liverpool, 1874), t. 152.

*llau. 17–28* Yma gwelir y Ffŵl yn pryfocio'r merched, gan ddefnyddio'r ffalws ffug. Yr oedd defnydd o'r ffalws er mwyn difyrru'r merched yn y dorf yn gyffredin yn yr anterliwtiau o'r cyfnod cynharaf. Gw., er enghraifft, Huw Morys, *Y Rhyfel Cartrefol*, gol. Ffion Mair Jones (Bangor, 2008), tt. 232–3. Dewisodd Ellis Roberts (Elis y Cowper) a Thwm o'r Nant ei hepgor o'r chwarae yn rhai o'u gweithiau, fodd bynnag, a hynny dan ddylanwad crefydd (a Methodistiaeth yn benodol yn achos Twm, fe dybir). G. G. Evans, 'Yr Anterliwt Gymraeg', *LlC*, I, rhif 2 (1950), 91; *idem*, 'Henaint a Thranc yr Anterliwt', *Taliesin*, 54 (1985), 20–1.

*ll. 25* Anodd yw pennu ystyr 'faly', nas rhestrir yn *GPC*. Tybed ai gwall neu ffurf arall ar 'boly' (bol, bola) sydd yma, ond fel enw benywaidd y tro hwn?

Awgrymir yn gryf fod Sali, un o'r merched yn y dorf, yn foliog oherwydd ei bod yn feichiog. *GPC* s.v. bol, bola, boly. Posibilrwydd arall yw bod 'faly' yn seiliedig ar y Saesneg 'valley', dyffryn.

*ll. 30* Aethai'r gwaith o 'gadw ysgol' yn fwyfwy poblogaidd yng Nghymru yn ystod y ddeunawfed ganrif. O'r 1780au ymlaen aeth Thomas Charles ati i sefydlu ysgolion dyddiol cylchynol ar ddelw ysgolion Griffith Jones, Llanddowror, yn gynharach yn y ganrif. Hyfforddid yr athrawon yng nghartref Charles yn y Bala, ac erbyn 1794 yr oeddynt yn gyfrifol am redeg ugain o ysgolion ar hyd a lled gogledd Cymru. O 1797 ymlaen canolbwyntiodd Charles ar droi'r ysgolion dyddiol hyn yn ysgolion Sul. Ym mhlwyf Llansanffraid Glan Conwy yr oedd ysgol yn cael ei rhedeg gan Hugh Williams ar fferm y Meddiant yn ystod y 1790au. *ODNB* s.n. Hugh Hughes [*pseud.* Cristion] (1790–1863); Peter Lord, *Hugh Hughes: Arlunydd Gwlad 1790–1863* (Llandysul, 1995), tt. 11, 12–13; Eryn M. White, 'Addysg Boblogaidd a'r Iaith Gymraeg 1650–1800', yn Geraint H. Jenkins (gol.), *Y Gymraeg yn ei Disgleirdeb: Yr Iaith Gymraeg cyn y Chwyldro Diwydiannol* (Caerdydd, 1997), tt. 334–5.

*ll. 37* H.y. 'Beth, os caf ofyn, yw'r testun y mae gennyt newyddion yn ei gylch yn cylchredeg / yn mynd ar led?'

*ll. 46* Y mae enwau ffyliaid yr anterliwtiau yn ddadlennol. Mewn rhai achosion ceisir awgrymu diffyg sylwedd y ffyliaid, gydag enwau megis Cymendin, Gwagsaw neu Mr Pleser mewn anterliwtiau o waith Richard Parry, Huw Jones, Llangwm, a Thwm o'r Nant, sy'n awgrymu eu bod yn ymhyfrydu mewn doniolwch, gwamalder a mwyniant anghyfrifol. Yma, fodd bynnag, ar allu'r Ffŵl i ddadlennu gwirioneddau annymunol y mae'r pwyslais, fel yn achos rhai o ffyliaid Twm o'r Nant (Syr Rhys y Geiriau Duon, Syr Tom Tell Truth neu Syr Caswir, er enghraifft). Y mae natur yr enwau yn rhychwantu'r hyn a gynhwysir yng nghymeriad y ffŵl, y diniweityn 'gwirion', neu'r 'licensed critic of society', ys dywed Enid Welsford, yn y traddodiad Ewropeaidd. Foulkes (gol.), *Gwaith Thomas Edwards*; Enid Welsford, *The Fool: His Social and Literary History* (London, [1935]), t. 202; G. G. Evans, 'Yr Anterliwd Gymraeg'(traethawd MA anghyhoeddedig Prifysgol Cymru, 1938), tt. 389–92; Huw Jones, *Hanes y Capten Ffactor*, yn A. Cynfael Lake (gol.), *Anterliwtiau Huw Jones o Langwm* (Barddas, 2000), tt. 56–139; Richard Parry, 'Cyndrigolion y Deyrnas Hon', yn Jones, 'Pedair Anterliwt Hanes', tt. 567–8.

*ll. 49* Cyffredin iawn yn anterliwtiau'r ddeunawfed ganrif yw cyfeirio at y dorf, weithiau gan enwi rhai o'r aelodau. Drwy gyfrwng y cyfeirio hwn, fel yr awgrymodd Dafydd Glyn Jones, crëir *genre* sy'n cychwyn ymhlith aelodau'r gynulleidfa ond yn graddol bellhau oddi wrthynt wrth i'r stori afael. E. G. Millward, 'Twm o'r Nant a Neli'r Clos', *LlC*, XVI, rhif 3 a 4 (1990–1), 389; Dafydd Glyn Jones, 'The Interludes', yn Branwen Jarvis (gol.), *A Guide to Welsh Literature c.1700–1800* (Cardiff, 2000), t. 228; Twm o'r Nant, *Pleser a Gofid*, gol. Nia Tudur (Bangor, 2001), t. 85; a'r cyfeiriadau pellach yn llau. 132, 136n ac 174n.

*ll. 52* Plwyf Llanferres yn sir Ddinbych. Cadwyd y ddiweddeb '-as' yma, fel yn y gwreiddiol, er mwyn yr odl ac o bosibl er mwyn adlewyrchu'r ynganiad a oedd yn gyfarwydd i Huw Jones.

*llau. 59–60* Nodir yma fod angen i'r Traethydd ganu cloch ar ôl gorffen 'Mynegiad y chwarae' i alw'r Ffŵl yn ôl i fyny i'r llwyfan ar gyfer ei araith nesaf, sy'n cychwyn yn ll. 93.

*llau. 61–92* Sylwer ar y newid o fesur triban ym 'Mynegiad y chwarae'. Er na ddigwydd hyn ym mhob anterliwt, y mae'n nodwedd eithaf cyffredin. Gw. Huw Jones, *Protestant a Neilltuwr*, yn Lake (gol.), *Anterliwtiau Huw Jones o Langwm*, tt. 201–4; Twm o'r Nant, *Pleser a Gofid*, tt. 28–30. Rhennir y penillion yn gwpledi odledig, a cheir pedair acen ynghyd ag odl fewnol ym mhob llinell. Rhydd yr odlau mewnol hyn sail i gynghanedd sain gyflawn yn y rhan fwyaf o'r llinellau. Gellir cymharu'r mesur hwn â'r Gyhydedd Hir. Gw. John Morris-Jones, *Cerdd Dafod* (Rhydychen, 1925), tt. 338–9; Jones, 'Pedair Anterliwt Hanes', tt. 454–5. Ymhellach ynghylch y tri mesur sylfaenol a ddefnyddir yn yr anterliwtiau, gw. Jones, 'The Interludes', tt. 237–8.

*ll. 61* Cymeriad Beiblaidd oedd Gomer fab Jaffeth, ac yn sgil cyhoeddi *L'Antiquité de la nation et de la langue des celtes* gan Paul-Yves Pezron ym 1703, a'i gyfieithu i'r Saesneg ym 1706, sicrhaodd ei le ymhlith y Cymry fel sylfaenydd y genedl. Cyn i syniadau Pezron ennill poblogrwydd, Brutus, un o gymeriadau *Historia Regum Britanniae* Sieffre o Fynwy, oedd y sylfaenydd cydnabyddedig yn y meddwl poblogaidd, a chyfeirid at y Cymry fel 'Brutaniaid' ar ei ôl, fel y gwneir yma. Erbyn y 1790au yr oedd y term 'Brutaniaid' yn magu ystyr ehangach ac yn cyfeirio fwyfwy at y 'Prydeinwyr' yn hytrach na'r Cymry. Efallai mai hyn a gyfrif am benderfyniad Huw Jones i ategu'r enw 'Gomeriaid' yn y cyfarchiad hwn i'r dyrfa ac yn ei ragair rhyddieithiol. Meic Stephens (gol.), *Cydymaith i Lenyddiaeth Cymru* (2il arg., Caerdydd, 1997), s.n. Brutus; Geraint H. Jenkins, *Thomas Jones yr Almanaciwr 1648–1713* (Caerdydd, 1980), tt. 122–3; Ffion Mair Jones, *Welsh Ballads of the French Revolution 1793–1815* (Cardiff, 2012), t. 28.

*ll. 63* Louis neu Lewis XVI (1754–93) oedd brenin Ffrainc yng nghyfnod y Chwyldro. Yn fuan wedi'r cyfeiriad cyntaf hwn ato, rhydd y Traethydd ei enw, Lewis (ll. 65), ac yn ll. 121 (fel rhan o'r cyfarwyddyd llwyfan) rhoddir ei deitl llawnach, Lewis XVI, gan nodi ei berthynas â theulu Caped (Capet). Sefydlasid grym y teulu hwn gan Hugues Capet yn y flwyddyn 987. Perthynai Lewis XVI i gangen y Bourboniaid o'r teulu, cangen a gychwynnodd ar gyfnod maith fel brenhinoedd Ffrainc ym 1589. Olynai ei daid, Lewis XV (1710–74); yr oedd ef yn olynydd i'w daid yntau, Lewis XIV (1638–1715).

*ll*. 67 Pius VI oedd y pab rhwng 1775 a 29 Awst 1799. Yr oedd gan yr Eglwys Gatholig rym eithriadol yn Ffrainc drwy gydol y ddeunawfed ganrif. Yn wir, Catholigiaeth oedd yr unig ffydd y caniateid i'r Ffrancwyr ei harfer rhwng 1685 (pan alltudiwyd y Protestaniaid gan Lewis XIV) a 1787 (pan gyhoeddwyd gorchymyn o oddefiad tuag atynt gan Lewis XVI). Ar yr un pryd, sicrhâi Concordat Bologna, 1516, fod cryn rym gan frenhinoedd Ffrainc dros faterion eglwysig ac nad oeddynt yn gwbl gaeth i benderfyniadau a mympwyon y pabau. Pan geisiwyd diwygio'r Eglwys ymhellach drwy Gyfansoddiad Gwladol y Glerigaeth (12 Gorffennaf 1790), yr oedd greddfau Lewis XVI yn dweud wrtho am gefnogi'r mesurau, er i'r Pab ei rybuddio i wrthsefyll. Byddai'n rhy syml dilyn arweiniad yr anterliwt a disgrifio brenhinoedd Ffrainc fel disgyblion i'r pabau, felly, er nad oes amheuaeth nad oeddynt yn Gatholigion pybyr a thriw. Colin Jones, *The Longman Companion to the French Revolution* (Harlow, 1988), tt. 133, 240–1; *idem*, *"The Great Nation": France from Louis XV to Napoleon* (London, 2002; adarg., 2003), tt. 96, 127, 442–3; David A. Bell, 'Culture and Religion', yn William Doyle (gol.), *Old Regime France 1648–1788* (Oxford, 2001; adarg. 2009), tt. 79–80.

*ll*. 72 'Ac addoli' yw ystyr 'a 'doli'. Gan fod ''doli' i'w weld drachefn yn ll. 1163 ('sy'n hoffi 'doli dyn') y mae'n bur annhebygol mai gwall cysodi sydd yma.

*ll*. 77 'Heliasant' fyddai'r ffurf gywir ar 3ydd person lluosog, modd mynegol, amser gorffennol y ferf heliaf: hel. Y mae'n amlwg o'r cyd-destun mai'r ferf honno, yn hytrach na'r ferf 'helaf: hela', a oedd gan yr awdur dan sylw yma.

*llau*. 78–80 Dehongliad Huw Jones o'r Chwyldro yw mai rhyfel cartref rhwng y 'gwerin wŷr' a'r pabyddion ydoedd. Er nad yw'n disgrifio'r 'gwerin wŷr' fel Protestaniaid, y mae'n amlwg ei fod yn gweld eu buddugoliaeth dros y Catholigion fel arwydd bod y Ffrancwyr bellach wedi gweld y goleuni o safbwynt crefydd. Nid yw'r cyhuddiad eu bod yn atheïstiaid yn bresennol yn y testun o gwbl. Yr oedd dehongli'r Chwyldro fel gwrthdaro rhwng dwy ffydd yn bur gyffredin. Yn Ffrainc ei hun yr oedd arwyddion bod y Chwyldro'n dyrchafu Protestaniaid ar draul Catholigion: er enghraifft, yn Nîmes, ym Mhrofens, Protestaniaid oedd wedi ennill seddau'r 'Drydedd Radd' (Tiers État) yn y Gymanfa Genedlaethol (Assemblé Nationale), ac yr oeddynt yn allweddol yn y gwaith o sefydlu milisia yn y ddinas. Bu terfysgoedd gwaedlyd rhwng Protestaniaid a Chatholigion yn y dref honno ym mis Mehefin 1790, yn ogystal, pan laddwyd tua 300 o Gatholigion. Cyfrannai agwedd y Gymanfa tuag at y Pab ymhellach at yr argraff mai rhyfel crefyddol oedd y Chwyldro. William Doyle, *The Oxford History of the French Revolution* (2il arg., Oxford, 2002), tt. 138–9.

Yng Nghymru, hybwyd y dyb mai rhyfel gwrth-Gatholig oedd y Chwyldro ar dudalennau'r *Cylch-grawn Cynmraeg* (1793–4), lle y darparwyd cyfieithiadau o waith proffwydoliaethol a mileneraidd James Bicheno, *Signs of the Times: or the overthrow of the Papal Tyranny in France, the Prelude of Destruction to Popery and Despotism, but of Peace to Mankind* (1793). Yr oedd y ddealltwriaeth hon o'r hyn a oedd yn digwydd yn Ffrainc yn fyw ymhlith Methodistiaid yn ogystal â Bedyddwyr ac Ymneilltuwyr eraill. Nododd John Owen, Machynlleth, mai '[b]arn a ddysgynodd ar y papistied' oedd y 'cyfnewidiad presenol yn Ffrainc', a lluniodd benillion syml yn cyfeirio at ddymchweliad yr Anghrist a'r pab. Yn ei farn ef yr oedd y Chwyldro yn gyfle 'i'r rhai sy'n eistedd mewn tywyllwch weled goleuni mawr . . . i weinidogion y gair Redeg drwy holl wledydd pabyddiaeth ar Efengyl dragwyddol ganddynt'. Pan luniodd Thomas Jones, y Methodist o Ddinbych, bamffled i sicrhau teyrngarwch y Cymry i'r wladwriaeth Brydeinig ym 1798, fodd bynnag, yr oedd ei ddehongliad ef yn fwy petrus: 'Gwir yw, y maent yn wrthwynebwyr i'r Pab, ac wedi ei droi allan o ddinas Rhufain: ond y maent yn wrthwynebwyr hefyd i Grist, i'w efengyl, ac i bur grefydd. Y maent yn tynnu Pabyddiaeth i lawr hyd y gallant; ond yn gosod i fynu Anghrist'nogaeth waeth o lawer yn ei lle.' Dienw, 'Arwyddion yr Amserau', *Cylch-grawn Cynmraeg*, III (1793), 170–8; John Owen, *Golygiadau ar Achosion ag Effeithiau'r Cyfnewidiad yn Ffrainc* (Machynlleth, [1797]), tt. 9, 10, 11; Thomas Jones, *Gair yn ei Amser at Drigolion Cymru gan Ewyllysiwr da i'w wlad* (Caerlleon, [1798]), t. 4; Hywel M. Davies, 'Morgan John Rhys and James Bicheno: Anti-Christ and the French Revolution in England and Wales', *BBGC*, XXIX, rhan I (1980), 111–27; R. Watcyn James, 'Ymateb y Methodistiaid Calfinaidd Cymraeg i'r Chwyldro Ffrengig', *Cylchgrawn Cymdeithas Hanes y Methodistiaid Calfinaidd*, rhifau 12 ac 13 (1988–9), 35–60.

Noder mai Thomas Jones (gol.), *An English and Welsh Dictionary* (1800) yw ffynhonnell enghraifft gynharaf *GPC* o'r gair 'gwerinwr'. Y mae enghreifftiau'r anterliwt yn ei rhagflaenu o ychydig flynyddoedd, felly.

*llau. 81–4* Gellir cymharu stori marwolaeth nain y Cybydd yn yr anterliwt hon â hanes diwedd Siân, gwraig y Cybydd yn *Protestant a Neilltuwr*. Yn y ddau achos gwelir y fenyw yn clafychu, yn marw, ac yn cael ei marwnadu gan y Ffŵl a'r Cybydd. Rhoddir peth sylw i'r corff, gan ddefnyddio hiwmor bras; gw. ymhellach ll. 481n. Y mae cryn dipyn o atgasedd tuag at y fenyw i'w weld yn y portread o berthynas y gŵr a'r wraig yn *Protestant a Neilltuwr*, ac adlewyrchir hynny yn y farwnad iddi, sy'n cwyno am ei harferion diog ('Nid oedd ail iddi am gysgu a drewi . . .'). Ym marwnad Dic a Morys, ar y llaw arall, ar etifeddiaeth lewyrchus Dic y mae'r pwyslais. Jones, *Protestant a Neilltuwr*, tt. 221–6; a gw. llau. 403–538 yn y testun am yr olygfa yn ei chyfanrwydd.

*llau. 85–8* Trafodir yma ddwy nodwedd unigryw ar y grefydd Gatholig, sef ei phwyslais ar athrawiaeth y purdan a'i defnydd o offeiriaid. Y purdan, yn ôl dysgeidiaeth yr Eglwys Gatholig, yw'r man neu'r cyflwr yn y byd nesaf lle y mae eneidiau'r meirw yn trigo hyd Ddydd y Farn. Yno, ânt drwy'r proses o gael eu puro cyn esgyn i'r nefoedd. Yr offeiriaid yw olynwyr yr Apostolion yn nhraddodiad yr Eglwys Gatholig. Erbyn dechrau'r ail ganrif OC yr oedd awduron megis Ignatius yn mynnu y dylai'r offeiriaid, fel cynrychiolwyr Crist ar y ddaear, reoli agweddau pwysig ar weithredoedd yr Eglwys, yn eu plith ddathliadau litwrgïaidd a derbyniad athrawiaethau newydd. *NCE*, II, s.v. Bishop (Canon Law); Bishop (In the Church); ibid., XI, s.v. Purgatory.

*ll. 88* Disgrifiad o'r purdan yw 'bwll egwan, ball ogo'', h.y. pwll di-rym, [megis] ceudod beius neu wallus'. Cf. y disgrifiad o'r purdan fel 'egwan ogo'' yn ll. 565.

*ll. 93* Daw'r Ffŵl i'r llwyfan gan dyngu a rhegi'n lliwgar, ac mewn cynghanedd gyflawn.

*ll. 96* Rhuddlan, plwyf a thref yn sir y Fflint. Collwyd yr 'dd' ar lafar. Cf. 'o Rylan' yn Edward Thomas, *Cwymp Dyn* (Caerlleon, d.d.), t. 58; ac 'o Ru'lan neu rywle' yn T. H. Parry-Williams (gol.), *Hen Benillion* (Llandysul, 1940), t. 54.

*ll. 97* 'Pengrwn' oedd yr enw dychanol a roid ar ddilynwyr plaid y Senedd yn rhyfeloedd cartref Prydain (1642–9) oherwydd eu dull o dorri eu gwalltiau ar ffurf 'cyt powlan'. Ei 'decs' fyddai 'text' neu destun ei bregeth: cymerir yn ganiataol y byddai pregethu yn rhan allweddol o'i fwriadau wrth ymddangos ar y llwyfan, yn unol â'r portread poblogaidd o ddilynwyr y Senedd. Y mae atgasedd tuag at Ymneilltuwyr a Methodistiaid i'w weld mewn sawl anterliwt, ond ymddengys y cyfarchiad 'pengrwn' ymhell o'i le yn *Hanes Brenin a Brenhines Ffrainc*, sy'n rhoi sylw i ffaeleddau'r ffydd Gatholig. Gorwedd yr eglurhad gorau dros y cyfeiriad lletchwith hwn yn unffurfiaeth y *genre*.

*ll. 99* Ceir yn y testun y ffurfiau Siors, Siôr a Siorsyn ar enw'r Brenin Siôr III (1738–1820), a esgynnodd i'r orsedd ym 1760. Ganed i'w wraig Charlotte, tywysoges o Mecklenburg-Strelitz yn yr Almaen, bymtheg o blant rhwng 1762 a 1783. O ddiwedd 1788 hyd fis Chwefror 1789 dioddefodd Siôr o anhwylder meddyliol difrifol a chafodd driniaeth fel gwallgofddyn. Dychwelodd y salwch yn ddiweddarach, ac yr oedd yn analluog i ymgymryd â'i ddyletswyddau fel brenin o 1810 hyd ei farwolaeth ddeng mlynedd yn ddiweddarach. Canwyd sawl marwnad Gymraeg iddo gan feirdd megis Edward Jones, Maes-y-plwm, a Thomas Dyer, Llanegwad, sydd ill dau yn diolch am allu Siôr i warchod Prydain rhag bygythiad Catholigiaeth: 'E safai'n wrol hŷf iawn araith, / Rhag ceisio boddio câs Babyddiaeth', medd Edward Jones. Llwyddodd Siôr i dorri'r cysylltiad ym meddwl ei ddeiliaid rhwng teulu Hanover a'r Almaen, ac i wella delwedd gyhoeddus y frenhiniaeth. *ODNB* s.n. George III (1738–1820); Thomas Dyer, *Marwnad, neu Alarus Goffadwriaeth am Farwolaeth ein Tirionaf Frenin, George y Trydydd* (Caerfyrddin, d.d.); Edward Jones, *Marwnad ar yr Achlysur o Farwolaeth Alarus George III, Brenin Prydain Fawr ac Iwerddon* (Aberystwyth, 1820); Linda Colley, *Britons: Forging the Nation 1707–1837* (New Haven, 1992), tt. 220–39.

*llau. 101–4* Hanes brenhiniaeth gyfoes, a'i dymchweliad, a geir gan Huw Jones, Glanconwy, yn wahanol i'r arlwy mewn rhai anterliwtiau, sy'n rhoi 'hanes rhyw hen frenhinoedd'. Gw. ymhellach Ffion Mair Jones, *"[M]ae r Stori yn wir iw gweled / yn nghronicle y brutanied': Dramateiddiadau Cymraeg o'r Ffug-hanes Brytanaidd yn yr Ail Ganrif ar Bymtheg a'r Ddeunawfed Ganrif* (Aberystwyth, 2008).

Tybed a oes arlliw yma yn ogystal o deimladau gweriniaethol? Y mae agoriad pamffled heriol Jac Glan-y-gors, *Seren tan Gwmmwl* (1795), yn beirniadu'r 'hen Israeliaid' a oedd 'yn eu dallineb yn gwaeddi am Frenin'. Er bod testun Huw Jones yn rhoi dyledus barch i Siôr III, y mae ei gefnogaeth i weriniaeth newydd Ffrainc yn gadarn, ac efallai y byddai wedi cydymdeimlo â beirniadaeth Glan-y-gors o 'ddull brenin'. John Jones, *Seren tan Gwmmwl*, yn dienw (gol.), *Argraffiad Newydd o Seren tan Gwmmwl a Toriad y Dydd, gan John Jones, Glan-y-Gors* (Liverpool, 1923), t. 6.

*llau. 109–10* Ymddengys y cyhuddiad na wna yr un brenin les i bobl gyffredin yn un heriol, er nad yw'n newydd i'r anterliwtiau. Cynrychiolwyd cymeriad brenin ar lwyfan yr anterliwt yn *Pedair Colofn Gwladwriaeth* gan Twm o'r Nant (1769). Yno, rhydd ef ei hun ddarlun o'i statws dyrchafedig a'r parch a ddangosir iddo ar gân, cyn i'r Ffŵl, Syr Rhys y Geiriau Duon, ddod i'r llwyfan ac ymosod arno. Byrdwn cwyn Syr Rhys yw swm y dreth a gyfyd y Brenin ar bobl gyffredin, ynghyd â lluosogrwydd ei 'weision' a'u harferion twyllodrus. Ymddeola'r Brenin o'r llwyfan gyda chydnabyddiaeth o berygl dynion o 'ffals wasanaeth', ynghyd â chwpled yn eiriol 'Duw a gadwo Brenin Lloegr / Mewn iach fendith a chyfiawnder'. Sylwer bod beirniadaeth Syr Rhys yn anterliwt Twm o'r Nant yn cael ei throsglwyddo i raddau helaeth oddi ar ysgwyddau'r Brenin, a brenhiniaeth fel cysyniad, i awgrymu mai camwri gweision anghyfiawn yw'r gwir ddrwg.

Er bod beirniadaeth Huw Jones yn cynnwys sylwadau ynghylch trethi, fel un Syr Rhys, y mae'r cyhuddiad a wneir yma yn llawnach na hynny ac yn adlewyrchu i ba raddau yr oedd y byd wedi newid er y 1760au hwyr. Gellir cymharu ymosodiad Jac Glan-y-gors ar frenhiniaeth yn adran agoriadol *Seren tan Gwmmwl*. Gan ddilyn *Common Sense* (1776) o waith y gweriniaethwr Thomas Paine, dyfynna Glan-y-gors o I Samuel, pennod 8, lle y dangosir sut y mae brenhinoedd yn cymryd teuluoedd ac eiddo pobl gyffredin at eu defnydd eu hunain. Honna nad oes 'ddim mwy eglur na goleu [na'r geiriau hyn] i'w gael mewn llyfrau; am ddull a chyrhaeddiad; ymchwyddiad, ac ymddygiad brenin tu ag at ei ddeiliaid'. Nid yw Glan-y-gors yn ymatal ychwaith rhag nodi bod 'hanes erchyll ofnadwy am orthrymder brenhinoedd mewn gwledydd tramor; ond mae hanes penau coronog Lloegr yn drwstan a gwaedlyd, a phuteinllyd agos drwyddo'. Sylwer bod anterliwt a gyfansoddwyd ym 1800 a'i chyhoeddi ym 1803, *Ynghylch Tri Pheth*, yn cynnwys cymeriadau Brenin a Brenhines Balchder, sy'n honni mai 'Nyni sy'n gyrru'r boneddigion, / I wasgu'n llidiog y tylodion', honiad ac iddo ymhlygiadau mwy cyhuddgar tuag at frenhiniaeth na'r hyn a welir yng ngwaith Twm o'r Nant. Iorwerth ap Robert [Edward Roberts], *Interlute Newydd, Neu Wedd o Chwaryddiaeth, Ynghylch Tri Pheth, Sef, Balchder, Oferedd, a Chydwybod* (Croesoswallt, 1803), t. 9; Jones, *Seren tan Gwmmwl*, tt. 7, 16; Twm o'r Nant, *Pedair Colofn Gwladwriaeth*, yn G. M. Ashton (gol.), *Anterliwtiau Twm o'r Nant: Pedair Colofn Gwladwriaeth a Cybydd-dod ac Oferedd* (Caerdydd, 1964), tt. 4–10; Thomas Paine, *Common Sense*, yn *idem*, *Rights of Man, Common Sense and Other Political Writings* (1995; adarg., Oxford, 2008), gol. Mark Philp, tt. vii, 14–15.

*llau. 111–20* Dwy wir dreth a enwir yma, sef y dreth olau, a threth ar gwrw. Gwatwarus yw'r cyfeiriad at dreth am '*use* ein dannedd'. Yr oedd cwyno am drethi yn nodweddiadol o anterliwtiau cynharach yn y ganrif yn ogystal. Cf. Ellis Roberts, *Enterlut yn Cyffelybu Amser Dŷn i Bedwar Chwarter y Flwyddyn* (Trefriw, d.d.), t. 25; dienw, 'Y Brenin Llŷr', tt. 757–8, 825; a llau. 109–10n uchod.

Efallai fod cwynion yr anterliwtiau ynghlwm wrth y ffaith bod Prydeinwyr yn cael eu trethu yn drymach na thrigolion bron unrhyw wlad arall yn Ewrop, gan gynnwys y Ffrancod, yn ystod y ddeunawfed ganrif. Cynyddodd trethi ddengplyg rhwng y Chwyldro Gogoneddus (1688–9) a diwedd rhyfeloedd Napoleon (1815), gyda'r cyfraniadau mwyaf yn dod o Gymru a Lloegr. Yn yr un cyfnod newidiwyd dulliau trethu, a daeth trethu uniongyrchol (yn bennaf ar ffurf treth y tir) yn llai pwysig na threthu anuniongyrchol (ar nwyddau megis te, cwrw, canhwyllau, sebon a gwin). Dadleuir bod y system drethu Brydeinig yn llwyddiant, fodd bynnag, ac yn cael ei derbyn, ar y cyfan, gan y cyhoedd. Ei phrif fanteision oedd bod llawer o'r trethi a godid ynghudd ym mhrisiau eitemau bywyd pob dydd, ac mai'r Senedd a'u codai yn hytrach nag unben o frenin. Clive Emsley, 'Revolution, War and the Nation State: The British and French Experiences 1789–1801', yn Mark Philp (gol.), *The French Revolution and British Popular Politics* (Cambridge, 1991), tt. 113–14; Colley, *Britons: Forging the Nation*, t. 34; Eckhart Hellmuth, 'The British State', yn H. T. Dickinson (gol.), *A Companion to Eighteenth-Century Britain* (Oxford, 2002; arg. clawr papur, 2006), tt. 21–2.

Gellid dadlau bod taerineb ychwanegol mewn cyfeirio at drethi yn y 1790au. 'Mae'r bobl sydd yn cael eu galw yn arglwyddi . . . mewn llefydd uchel tan y brenin, ac yn byw ar y trethi yr ydys yn eu codi ar lo, neu ganwyllau, neu oleuni dydd, neu ryw beth arall a fo'n bur angenrheidiol i ddyn tylawd fyw yn y byd', meddai Glan-y-gors. Yr oedd polisi trethu yn rhan bwysig o neges Paine yn *The Rights of Man* yn ogystal. Jones, *Seren Tan Gwmmwl*, t. 18; Paine, *Rights of Man (1792)*, yn *Rights of Man, Common Sense and Other Political Writings*, tt. 247, 264–5.

*ll. 113* Buasai Cymru'n farchnad ddeniadol i gynhyrchwyr papurau newydd y gororau er y 1780au. Papurau Caer a fyddai wedi cyrraedd Huw Jones yng nghyffiniau Glanconwy. Cynhyrchid dau bapur yn y ddinas honno yn ystod y 1790au, sef y papur ceidwadol, *Adam's Weekly Courant*, a'r papur mwy radical-aidd, y *Chester Chronicle*. Dengys gwaith diweddar gan Marion Löffler i ba raddau yr oedd Cymry Cymraeg yn defnyddio'r *Chester Chronicle* fel fforwm ar gyfer eu gwaith, gan gyhoeddi ynddo gerddi yn yr iaith Gymraeg, ynghyd â chyfieith-iadau ohonynt ar adegau. Yn ystod y 1790au datblygwyd cylchgronau Cymraeg yng Nghymru ei hun, yn ogystal, gan gynnwys y *Cylch-grawn Cynmraeg* (1793–4) a'r *Geirgrawn* (1796). Hannah Barker, *Newspapers, Politics and Public Opinion in Late Eighteenth-Century England* (Oxford, 1998), tt. 95–7, 115, 122; Marion Löffler, 'Cerddi Newydd gan John Jones, "Jac Glan-y-Gors"', *LlC*, 33 (2010), 143–50; *eadem*, *Welsh Responses to the French Revolution: Press and Public Discourse 1789–1802* (Cardiff, 2012).

Am gyfeiriadau pellach at yr arfer o ddarllen papur newydd yn yr anterliwtiau, gw. Twm o'r Nant, *Pedair Colofn Gwladwriaeth*, t. 28; *idem, Cyfoeth a Thlodi*, t. 110; Jones, *Protestant a Neilltuwr*, t. 255. Awgrymir yn gryf fod Huw Jones, Glanconwy, yn ddarllenydd papurau newydd gan fanyldeb yr ystadegau yn ei gerdd ynghylch brwydr Penrhyn St Vincent. Gw. cerdd 2, llau. 13–16, 51–4, 69–72n.

*llau. 121–4* Y mae pryfocio fel hyn wrth ddod ar y llwyfan, gyda'r naill gymeriad yn cyhuddo'r llall o fod yn Sais, yn nodweddiadol o'r anterliwtiau. Y mae'r tynnu'n groes ynghlwm wrth ymdrech yr anterliwt i ddadlennu balchder a hunan-dyb dynol ryw. Cf. Twm o'r Nant, *Tri Chryfion Byd*, yn Foulkes (gol.), *Gwaith Thomas Edwards*, t. 5; a gw. sylwadau Dafydd Glyn Jones yn 'The Interludes', t. 248.

*llau. 132, 136* Yma, bu'r awdur yn benodol ei gyfeiriadaeth at aelodau o'i gynulleidfa, drwy sôn am Twm y Bala a Siôn y Glocsan. Y mae'r enw cyntaf yn awgrymu pa mor eang oedd cylch adnabyddiaeth Huw Jones a rhai o wylwyr ei anterliwt; a'r ail, o bosibl, yn ddisgrifiad o grydd a wnâi glocsiau, neu o ddawnsiwr gyda'i glocsiau. Gw. hefyd ll. 49n a ll. 174n.

*ll. 141* Torri ei ben ('siol', yma) yn wir yw tynged Lewis cyn diwedd yr anterliwt, wrth gwrs. Gw. ymhellach llau. 1299–1304. Rhydd *GPC* enghreifftiau eraill o'r ebychiad 'holo' o anterliwtiau Twm o'r Nant, *Pedair Colofn Gwladwriaeth* a *Pleser a Gofid*, ac o anterliwt Richard Parry, *Ystori Richard Whittington* (Caerfyrddin, 1812), a gyfansoddwyd ym 1736. Sylwer ar y defnydd pellach yn y testun hwn yn llau. 437, 446, 1119 a 1537.

*ll. 154* Ynghylch athrawiaeth yr Eglwys Gatholig ar destun anffaeledigrwydd yr Eglwys, gw. *NCE*, VII, s.v. Infallibility.

*llau. 163–70* Cwynir yma na chyfieithid y Beibl i'r ieithoedd brodorol mewn gwledydd Catholig. Yr oedd cyfeirio at duedd pabyddion i rwystro datblygiad llythrennedd yn rhan allweddol o bolemeg wrth-Gatholig. Dadleuodd Paine, wedi dyfynnu'r feirniadaeth a geir o frenhiniaeth yn I Samuel, pennod 8: 'And a man hath good reason to believe that there is as much of king-craft, as priest-craft in withholding the scripture from the public in Popish government.' Adleisia Glan-y-gors Paine drwy awgrymu y byddai'r testun dan sylw o I Samuel, pei defnyddid gan esgobion ac offeiriadau'r pab gerbron eu cynulleidfaoedd, yn ddigon i 'ollwng y gath allan o'r cwd a dangos eu dull eu hunain yn ei belydr ei hun'. Jones, *Seren tan Gwmmwl*, t. 8; Alison Shell, *Oral Culture and Catholicism in Early Modern England* (Cambridge, 2007), t. 14; Paine, *Common Sense*, tt. 14–15.

*ll. 174* Awgrymir gan Nia Tudur y gallai fod cynsail hanesyddol i rai o'r 'gwrachod' a enwir yn *Pleser a Gofid*. Y mae'n bosibl bod gwraig a adwaenai Huw Jones, yntau, yn cael ei hadnabod wrth yr enw 'Moli'r hen wits'. Twm o'r Nant, *Pleser a Gofid*, t. 105; a gw. ll. 49n, a llau. 132, 136n.

*ll. 177* 'Os credwn ni yn yr Eglwys hyfryd' yw ystyr 'os credwn ni i'r Eglwys hyfryd'. Ynghylch y defnydd a welir yma o'r arddodiad 'i', cf. ll. 891n.

*llau. 179–86* Yn ôl John Foxe, 'Roman Catholics profess, that in the most holy sacrament of the Lord's supper, there is really and substantially, the body and blood, together with the soul and divinity of Christ; and that the whole substance of the bread is turned into his body, and the whole substance of the wine into his blood; which conversion, so contradictory to our senses, they call Transubstantiation . . .'. Â Foxe ymlaen i holi pam fod yn rhaid cymryd geiriau Iesu ynghylch y bara a'r gwin yn llythrennol, pan yw eu hystyr yn fwy eglur ac yn fwy naturiol os y'u deellir yn ffigurol. John Foxe, *Fox's Original and Complete Book of Martyrs; or, An Universal History of Martyrdom* (London, [?1795]), t. 8.

*ll. 199* Anodd iawn yw pennu beth allai Huw Jones fod wedi ei ddarllen ynghylch hanes pabyddion. Gwyddys bod Protestaniaid yn Lloegr wedi ymdrechu'n bur galed i ddosbarthu llyfrynnau bychain gwrth-Gatholig, a eglurai mewn dull clir ac mewn iaith syml beryglon diwinyddol yr athrawiaeth Gatholig. Yr oedd y Gymdeithas er Taenu Gwybodaeth Gristnogol (Society for the Promotion of Christian Knowledge, neu'r SPCK) ymhlith y carfanau a fu'n weithgar yn y maes hwn, a chyhoeddwyd gan y gymdeithas honno ddeunydd ar gyfer dysgu seiliau Anglicaniaeth a pheryglon Catholigiaeth i blant yn ei hysgolion, gan gynnwys llyfryn o gwestiynau ac atebion yn dwyn y teitl *A Protestant Catechism: Shewing the Principal Errors of the Church of Rome: In Four Parts* (1766). Adleisiwyd agweddau'r SPCK tuag at Gatholigiaeth yn ysgolion Griffith Jones yng Nghymru. O ystyried bod y Ffŵl ymron yn ei ffieiddio'i hun am '[dd]al sylw . . . / Ar eu crefydd', fodd bynnag, y mae'n bosibl mai testun o waith awdur Catholig y bu'n ei ddarllen. Cyhoeddwyd gweithiau Saesneg gan Gatholigion drwy gydol y ddeunawfed ganrif yn amddiffyn eu ffydd ac yn ymosod ar ddeiliaid Eglwys Loegr ac ar Ymneilltuwyr. Geraint H. Jenkins, *The Foundations of Modern Wales 1642–1780* (Oxford, 1987), t. 372; Colin Haydon, *Anti-Catholicism in Eighteenth-Century England, c. 1714–80: A Political and Social Study* (Manchester, 1993), tt. 40–2, 58, 72–4.

*ll. 200* Annisgwyl, ond nid cwbl ddigynsail, yw gweld dryswch ynghylch y defnydd o 'tan' mewn testun mor gynnar. 'Nes collais' fyddai'n ramadegol gywir, yma.

*ll. 203* Ganed Giovanni de' Medici, neu'r Pab Leo X (1475–1521) yn Fflorens, yn un o deulu dylanwadol a chefnog. Parhaodd ei ddiddordebau aristocrataidd mewn cerddoriaeth a drama wedi iddo gael ei goroni'n bab ym 1513. Er mwyn ariannu ei arferion bu'n gwerthu teitlau a safleoedd i bobl yn ei lys, ynghyd â maddeuebau. Fe'i beirniadwyd yn hallt am yr arfer olaf gan Martin Luther mewn gwaith a gyhoeddwyd yn Wittenberg ym 1516.

*ll. 208* Ceir tair ffurf (neu dri sillafiad) ar y gair Saesneg 'indulgences' yn y testun gwreiddiol, sef 'indulgenses', 'induligences' ac 'indulgenes' (llau. 208, 571, 632). Dewiswyd y gyntaf ar gyfer y golygiad hwn. Yr ystyr yw: 'Y rhyddhad a ddyry Eglwys Rufain i bechadur o'r gosb dymhorol a erys iddo ar ôl maddau ei bechodau'. Un ffurf a gynigir yn *GPC*, sef 'indwlgens', a enghreifftir â dyfyniad o waith Dewi Nantbrân, dyddiedig 1764. Y mae'r amrywiaeth o fewn y testun unigol hwn, fodd bynnag, yn dyst i'r ymdrech lafurus i sefydlu ffurf foddhaol yn yr iaith Gymraeg. *GPC* s.v. indwlgens.

*ll. 216* H.y. 'Wyt ti'n credu'r cynffon Satan (dilynwr, ci bach y diafol)?' Y mae'r defnydd o'r arddodiad 'i' yn cyfateb i'r hyn a welir yn llau. 177 ac 891n.

*llau. 228–42* Y mae tuedd pabyddion i addoli delwau neu dduw pren yn un o resymau eraill y Ffŵl dros ffieiddio atynt. Cyfeirir yn ll. 241 at y cyntaf o'r Deg Gorchymyn a roddodd Duw i Moses a phobl Israel: 'Na chymer dduwiau eraill ar wahân i mi.' Exodus 20:3.

*llau. 249–50* Rhoddir yr enw 'Dows, Dowsi' ar ferched yn bur aml yn yr anterliwtiau. Cf. 'nith Mrs Dows o Lanfor' sy'n un o griw o wragedd a ddaliwyd gan y Cybydd yn darllen ffortiwn gyda 'thesni' yn *Protestant a Neilltuwr*, neu 'Dowsi aflan', mam y Ffŵl yn *Hanes y Capten Ffactor*. 'Cariad' neu 'anwylyd' yw ystyr yr enw Saesneg anarferedig 'douse', a cheir defnydd eironig ohono yn Saesneg fel yn yr anterliwtiau. 'Puteindy' yw ystyr 'bawdy-house', a gamddeallwyd yma am 'body-house'. *OED*; Jones, *Hanes y Capten Ffactor*, tt. 64, 128–9; *idem*, *Protestant a Neilltuwr*, t. 220.

*ll. 251* Cf. un o enghreifftiau *GPC* o 'ffagwd', o'r anterliwt aml-haenog *Sherlyn Benchwiban*, 'Dos o'm tŷ i yn fuan y ffagwd'. Ni chrybwyllir ystyr ffigurol i 'ffigys' yn *GPC* ond y mae'n amlwg mai cyfeirio at y ceilliau a wna'r Frenhines yma.

*ll. 252* Gwneir yma gysylltiad arbennig rhwng merched Ffrainc ac anfoesgarwch rhywiol. Cf. dienw, 'Cerydd i'r Cymru, Sef, Can Newydd yn gosod allan Ddull'r Oes, yn ei Balchder o Ffasiwne anllad' (Caerfyrddin, d.d.; JHD 504b), lle y dychenir menywod sy'n cuddio chwantau rhywiol o dan eu gwisgoedd crand, mewn modd sy'n adlais o ymddygiad 'Pytteinied Paris', yn ôl y bardd. Siwan M. Rosser, *Y Ferch ym Myd y Faled: Delweddau o'r Ferch ym Maledi'r Ddeunawfed Ganrif* (Caerdydd, 2005), tt. 195–6, lle y dyfynnir 'Cerydd i'r Cymru'.

*ll. 258* Y mae'n bosibl mai'r Bastille sydd dan sylw yma. Yr oedd gan yr adeilad hwnnw gynifer ag wyth o dyrau, ac er nad oedd yr uchaf ond 73 troedfedd, fe'u cynrychiolwyd fel tyrau enfawr ('monstrous clifflike ramparts', medd Simon Schama) mewn darluniau wedi'r Chwyldro. Simon Schama, *Citizens: A Chronicle of the French Revolution* (1989; London, 2004), tt. 330–1. Cf. hefyd llau. 999–1018n.

*llau. 260–6* Steil gwallt y Frenhines sy'n peri iddi fod cyn daled (cf. llau. 253–4). Yn ystod y 1770au a'r 1780au gosodai merched bonheddig eu gwalltiau 'yn uchel ar eu pennau, wedi eu pentyrru o gwmpas strwythur cymhleth o binnau a gwallt ffals', arfer a'u gwnaeth yn darged mynych i faledwyr y cyfnod, fel y dangosodd Siwan Rosser. Dengys rhai portreadau o Marie Antoinette y byddai, yn wir, yn gwisgo ei gwallt yn yr arddull hwn ar adegau. Ymddengys, serch hynny, mai dilyn traddodiad yng ngwaith y baledwyr o gysylltu oferedd gwag ac anfoesol merched Cymru ag arferion 'Pytteinied Paris' a wneir yma. Rosser, *Y Ferch ym Myd y Faled*, tt. 192, 196; a gw., er enghraifft, y darlun gan Jean-François Janinet, 1777, yn Antonia Fraser, *Marie Antoinette: The Journey* (2001; arg. clawr papur, London, 2002).

Rhydd taldra eithriadol y Frenhines gyfle i'r anterliwtiwr i ddatblygu'r chwarae mewn dull aflednais. Cf. yr olygfa ganlynol rhwng y Ffŵl a Hudlath Gawres, gweddw'r cawr Albion, yn 'Cronicl y Cymry':

*Hud*: ai corr all helpio hudleth wen
ni chyredd dy ben mom gwregis
rwi yn ofni y boddit yn y clwt
sudd rhwng y nghwt a nghopis

*ffwll*: mi fedrwn lynu yn dy fwng
ped fawn i rhwng dy linie
mi wnawn ith lyged fritho ynghud
a gweled y bud yn chware.

[Owen], 'Cronicl y Cymry', t. 402.

*ll. 261* Y mae 'Pe . . .' yn ddealledig ar ddechrau'r cwpled hwn (h.y. 'Pe cawn i fenthyg . . .').

*ll. 267* Nodir yn *GPC* ynghylch tarddiad 'cadafael, cadafel, cydafel': 'o bosibl mai *Cadafael fab Cynfedw*, brenin Gwynedd (a adwaenid yn ddiweddarach fel *Cadafael Cadomedd* oherwydd iddo gilio rhag y gelyn) a roes fod i'r e. hwn'. Dengys enghreifftiau *GPC* ddefnydd cynharach yn yr anterliwtiau, e.e. Ellis Roberts, *Gras a Natur* ('Gore i gydafel dewi'). 'Ffŵl' yw'r ystyr.

*ll. 274* Ni ellir bod yn hollol sicr o ba air y tardd 'baste' yn y llinell hon. Gallai fod yn ffurf luosog ar 'past', fel yr awgrymir yn yr eirfa, neu o bosibl yn ffurf ar 'pastai, pasti'. Yn y ddau achos rheolwyd dewis yr awdur o ddiweddeb ('-e') gan ofynion yr odl. Tebyg yw ystyron y ddau air, a'r hyn a gyfleir yma yw ofn y Ffŵl y bydd y Brenin a'i wraig yn ymosod arno.

*ll. 278* Y mae eiconograffeg a llenyddiaeth yr Oesoedd Canol yn dyst i fodolaeth traddodiadau sy'n uno ffyliaid a brenhinoedd yn Lloegr. Anogid brenhinoedd a gwŷr o dras i gadw ffyliaid yn eu cartrefi, i'w hatgoffa o'u diffygion ac o'r ffaith eu bod hwythau'n ddarfodedig fel pawb arall, er gwaethaf eu grymoedd ymddangosiadol. Sandra Billington, *A Social History of the Fool* (Brighton, 1984), t. 12.

*ll. 279–82* Dangosir yma ymwybyddiaeth bod rhyddid i ddeiliaid brenin Lloegr 'bigo', ond iddynt wneud hynny o fewn fframwaith o barch. Y mae'n briodol bod y Ffŵl yn cymryd y cyfrifoldeb hwn ar ei ysgwyddau ei hun, yma fel mewn anterliwtiau eraill.

*ll. 282* 1832 yw dyddiad y defnydd cynharaf a nodir yn *GPC* s.v. braidd, yn yr ystyr 'bron, ymron, o fewn ychydig', sef yr ystyr sy'n gweddu orau yma a thrachefn yn llau. 399, 747.

*llau. 285–6* Ystyrir brenin Persia (yng nghyfnod ysgrifennu'r Beibl, y mae'n bur debyg) ac ymerawdwr Moroco fel teipiau o greulondeb gan Huw Jones.

*ll. 289* Eglurir yn *GPC* s.v. gorchudd mai adffurf yw 'gorchgudd', 'oherwydd colli golwg ar yr elf. *cudd* yn *gorchudd*'.

*ll. 291* Efallai fod grym lluosog i'r ffurf unigol 'pennaeth' yma.

*ll. 295* Gellir cymharu ymffrost y Brenin mewn cân yn Twm o'r Nant, *Pedair Colofn Gwladwriaeth*, t. 5, ac yn anterliwt ap Robert, *Ynghylch Tri Pheth*, tt. 9–10, lle y cenir cân ar 'Rodney's March' gan Frenin a Brenhines Balchder. Ni cheir enghreifftiau o alaw 'Dorsetshire March' yn y baledi, ond gw. Twm o'r Nant, *Pleser a Gofid*, tt. 68–70, 108, 136, lle y gwelir cân i gynghori'r ieuenctid ar dôn ac iddi'r enw hwn. Ni ellir gosod geiriau'r gerdd hon o'r anterliwt ar nodiant ffynhonnell Tudur yn ei golygiad o *Pleser a Gofid* (sef llsgr. LlGC 14427B) nac ychwaith ar y nodiant a geir yn llsgr. Cwrt Mawr Music 6, t. 167.

*ll. 309* Cf. llau. 163–70n.

*llau. 351–4* Cyfeiriad at Alecsander III (Alecsander Fawr, 356–323 CC) o Facedonia. Credai Alecsander ei fod yn ddisgynnydd i'r duwiau Heracles, Perseus a Zews, ac erbyn 331 CC yr oedd yn ei gynrychioli'i hun fel mab i'r olaf. *Oxford Classical Dictionary*, gol. Simon Hornblower ac Antony Spawforth (3ydd arg., Oxford, 2003), s.n. Alexander III.

*ll. 357* Enwyd brenin Persia eisoes uchod (gw. llau. 285–6n). Hil greulon yw'r Tyrciaid yn anterliwt *Hanes y Capten Ffactor*, lle y cynllunia 'Syltan a Sarasin' i labyddio Prudensia, '[m]erch i Gristion'. Jones, *Hanes y Capten Ffactor*, t. 81. Gwelir yn glir agwedd Huw Jones, Glanconwy, tuag at y Sbaenwyr yn ei faled ynghylch buddugoliaeth John Jervis yn erbyn llynges Sbaen ym 1797. Gw. cerdd 2.

*ll. 360* Babel yw'r enw Hebraeg am Fabilon. Gorwedd adfeilion Babilon tua hanner can milltir i'r de o Baghdad. Yr oedd y ddinas yn ei hanterth rhwng 605 a 539 CC fel prifddinas ymerodraeth newydd Babilonia.

'Pabel' yw'r ffurf gysefin a dreiglir yma ('ym Mhabel'). Caledwyd y 'B' yr ydym yn gyfarwydd â hi yn yr enw 'Babel' yma fel yn llau. 979 a 1274. Cf. calediad y 'B' yn 'Bastille' (> Pastile) yn ll. 1010.

*ll. 364* 'Llys barn' yw ystyr 'sesiwn', a cheir yr ymadrodd 'cadw sesiwn' drachefn yn llau. 794 a 795 i gyfeirio'n llythrennol at gynnal eisteddiad mewn llys, adeg prawf Lewis XVI. Yn ll. 364, fodd bynnag, y mae elfen drosiadol i'r defnydd o'r gair.

*ll. 365* Y mae disgrifio'r dorf fel '[t]ylwyth teg' yn nodweddiadol o'r anterliwtiau. Cf. Parry, 'Cyndrigolion y Deyrnas Hon', t. 512; dienw, 'Y Brenin Llŷr', t. 749.

*ll. 366* Ynghylch 'cŵn Annwn' ('cynod', yma), gw. Stephens (gol.), *Cydymaith i Lenyddiaeth Cymru* s.v. Annwn neu Annwfn, Cŵn Annwfn, Gwyn ap Nudd; Brynley F. Roberts, 'Gwyn ap Nudd', *LlC*, XIII, rhif 3 a 4 (1980–1), 283–9.

*ll. 374* Ymddengys nad oedd barn Cymry'r cyfnod hwn o'r Gwyddelod yn ffafriol iawn. Yn ôl tystiolaeth y Parchg J. Evans, *Letters Written during a Tour through North Wales in the Year 1798, and at Other Times* (3ydd arg., London, 1804) yr oeddynt yn elyniaethus iawn tuag at Wyddelod a ffoesai i Gymru yn sgil gwrthryfel 1798, boed Brotestaniaid neu Gatholigion. '[A] powerful and rancorous enmity possesses the bosoms of the Welsh against the Irish', meddai Evans. Paul Brendan O'Leary, 'Immigration and Integration: A Study of the Irish in Wales, 1798–1922' (traethawd PhD anghyhoeddedig Prifysgol Cymru, 1989), t. 1, lle y dyfynnir gwaith J. Evans.

*ll. 389–90* H.y. 'Rhaid eillio'r gwallt a chlymu rhyw flew anifail wedi'u plethu [ar y pen] cyn y byddwch yn fodlon neu yn barod.' Ymddengys mai disgrifio'r proses o wisgo wig a wneir yma.

*ll. 393* Tebyg mai ymadrodd llanw yw 'di-ffoi' yma. Cf. ''Tawn i heb ffoi!'

*llau. 395–6* Cyfeiriad at addasiad Ellis Wynne o waith y Sbaenwr Don Francisco Gomez de Quevedo Villegas. Pan yw'r Twrc yn ceisio hawlio Balchder, yr hynaf o ferched Belial, yn wraig yn 'Gweledigaeth Cwrs y Byd' ymetyb Lewis

XIV o Ffrainc yn ffrom, gan ddweud: 'Nagè, . . . myfi pieu honno sy'n cadw fy holl ddeiliaid yn ei Stryd hi, ac hefyd yn dwyn atti lawer o Loegr a Theyrnasoedd eraill.' *ODNB* s.n. Ellis Wynne (1671–1734); Ellis Wynne, *Gweledigaetheu y Bardd Cwsc*, gol. Aneirin Lewis (Caerdydd, 1960), tt. 16–17; Gwyn Thomas, *Y Bardd Cwsg a'i Gefndir* (Caerdydd, 1971).

*llau. 407–10* Gwaith merched a morwynion oedd 'gardio', sef trin gwlân â chrib wlân arbennig. Fel hyn y disgrifir y 'cardiau' gan Hugh Evans: 'Dau ddarn o bren . . . a dannedd mân mân ar un ochr iddynt. Rhoddid y gwlân rhyngddynt a thynnid y naill grib ar draws y llall.' Yr oedd y gwaith hwn yn rhan o'r proses o drin y gwlân â llaw yn barod i'w nyddu a'i droi'n frethyn. Cwynir yn gyson yn yr anterliwtiau am ddiffyg awydd merched yr oes i gyflawni'r gwaith hwn. Hugh Evans, *Cwm Eithin* (Liverpool, 1931), t. 85; Huw Jones, *Histori'r Geiniogwerth Synnwyr*, yn Lake (gol.), *Anterliwtiau Huw Jones o Langwm*, t. 166.

*ll. 424* Talfyriad, ar lafar, o 'pilionen' yw '[p]lionen' yn y testun gwreiddiol. Ystyr 'pilionen (yr) ymennydd' yw'r 'meninx', sef breithell neu bilenni'r ymennydd. Y mae'n bosibl bod Elin (sydd newydd daro'i phen ar 'garreg y sarn' (ll. 425)) yn dioddef o salwch megis 'llid y bilionen' neu lid yr ymennydd. *GPC* s.v. pilionen.

*ll. 428* Y mae'r doctor neu'r 'pothicari' yn ymddangos mewn anterliwtiau eraill, ond i drin y cybydd y daw fel rheol, wrth i hwnnw glafychu oherwydd ei ddiffygion moesol tua diwedd y chwarae. Yn wir, nid yw'r nain yn gymeriad amlwg ymhlith perthnasau'r cybydd anterliwtaidd. Fel rheol, ei frodyr, ei chwiorydd, ei fab a'i ferch sy'n cael y sylw. Evans, 'Yr Anterliwd Gymraeg', tt. 420–1; Parry, 'Cyndrigolion y Deyrnas Hon', tt. 534, 611; Twm o'r Nant, *Tri Chydymaith Dyn*, tt. 191–2.

*llau. 449–50* H.y. 'Ni châi fy nain fygu y prynhawn 'ma, pe cawn afael ar fegin.' Byddai Morys yn tanio'r gwynt a ddeuai o ben ôl ei nain pe câi afael ar fegin i'w chwythu.

*ll. 453* Gwrthrych y tyngir iddo yw'r 'wadd' neu'r twrch daear. Gw. enghreifftiau pellach yn llau. 897, 1097.

*ll. 460* Cyffredin iawn yn yr anterliwtiau yw defnyddio 'Huw' fel gair teg am Dduw mewn dywediadau megis 'Bendith Huw' yma, neu regfeydd megis 'melltith Huw' yn ll. 871.

*ll. 465* Crybwyllir 'clychau Gresffordd' mewn rhigwm sydd yn enwi 'Saith Rhyfeddod Cymru'. Y mae'r rhigwm yn anhysbys ei awduraeth, ond gwyddys iddo gael ei lunio gan deithiwr o Sais a ddaeth i Gymru ddiwedd y ddeunawfed ganrif neu ddechrau'r ganrif ddilynol:

> Pistyll Rhaeadr and Wrexham steeple,
> Snowdon's mountain without its people,
> Overton yew-trees, St Winifred wells,
> Llangollen bridge and Gresford bells.

Stephens (gol.), *Cydymaith i Lenyddiaeth Cymru* s.v. Saith Rhyfeddod Cymru.

*ll. 470* Rhestrir 'chwyaden' yn *GPC* ond heb nodi'r ffurf luosog. O ddilyn patrwm 'hwyad, hwyaid', y mae'n debyg mai 'chwyaid' fyddai'r dewis amlwg. Yma collir y ddeusain ar ddiwedd y ffurf luosog.

*ll. 472* Ni chynhwysir yr ystyr 'corff marw' (S. *corpse*) yn *GPC* s.v. corffyn, ond y mae'n rhan o'r hyn y ceisir ei fynegi yma, wrth i'r nain ei gweld ei hun yn llithro o'r byd hwn.

*ll. 474* Ni restrir 'bolyn' fel bachigyn o 'bol' yn *GPC* s.v. bol, bola, boly. Gellid ei ddarllen fel ffurf dreigledig ar 'polyn' (pawl, stanc, postyn) ond, o ystyried y cyd-destun, y mae'n fwy tebygol mai 'bol bychan' yw'r ystyr yma.

*llau. 479–80* Enghraifft o fathos comig wrth i alar y Cybydd droi yn chwilfrydedd ynghylch arian ei nain.

*ll. 481* Isel iawn yw lefel yr hiwmor yma, wrth i'r Ffŵl gyfeirio at sŵn y gwynt a ddaw o ben-ôl nain Morys, y cybydd. Rhestrir 'ffwt-ffwt' yn *GPC*, gyda'r ystyr 'yn ffrwtian (am gawl, uwd, &c. yn berwi)', ac y mae'r enghraifft gynharaf yn deillio o 1879. Disgrifiad o sŵn y gwynt yn dod allan o gorff y nain sydd yma.

*ll. 482* Gellid darllen 'bwt' fel cyfeiriad gan y Ffŵl at Morys, y cybydd, gan ei ddeall fel gair sy'n anwylo Morys ('[p]erson bychan . . . (hefyd weithiau i gyfleu anwyldeb)'). *GPC* s.v. pwt. Mwy tebygol, serch hynny, yw bod 'o' yn ddealledig yma rhwng 'bwt' a 'ryw'; h.y. 'Ewch i nôl ychydig o botiau yma.'

*ll. 485* 'Lledu'r arogl' sy'n dod o berfeddion nain Morys yw ystyr 'chwalu'i thin'. Y mae cymaint o ddrewdod fel mai prin y gall y Ffŵl ei wasgaru.

*ll. 487* Y mae hwn ymysg y cyfeiriadau cynharaf at y 'ddoler' yn y Gymraeg. Daw'r enghraifft gynharaf a nodir yn *GPC* o *Trysorfa Gymmysgedig*, 93 (1795).

Cylchgrawn radicalaidd a gwleidyddol dan olygyddiaeth Thomas Evans (Tomos Glyn Cothi) oedd y *Drysorfa*: dadleuwyd yn y cyntaf o'r tri rhifyn a ymddangosodd fod yr 'athrawiaeth o burdan wedi costio myrddiynau o fywydau', neges y byddai Huw Jones wedi cytuno â hi. Petai modd profi iddo ddarllen *Y Drysorfa*, byddai'n lliwio'n darlun ohono ymhellach. *GPC* s.v. doler; Löffler, *Welsh Responses to the French Revolution*, t. 225.

*ll. 492* Ni chynhwysir 'tonc-wraig' yn *GPC*, ond o ystyried y defnydd helaeth yn yr anterliwtiau o'r ferf 'tonciaf, toncaf: tonc(i)o, tonc(i)an' gyda'r ystyr 'cael cyfathrach rywiol (â), cnuchio', ac o gofio cyhuddiad blaenorol y Ffŵl y gallai ei nain fod yn feichiog (ll. 416), ymddengys mai ystyr rywiol a fwriedir yma.

*ll. 497* Y mae'r 'ddalen werdd' yn un o'r llu o wrthrychau y tyngir iddynt yn y testun. Ni chofnodwyd y llw hwn yn *GPC*; 'deilen werdd', 'deilen ir', yw ystyr 'dalen werdd'. Gw. hefyd 453n.

*ll. 498* Ychwanegwyd yr 'h-' ar ddechrau 'wylnos' (sydd yn ffurf gydnabyddedig ar 'gwylnos') i ddynodi mai cyfeirio at fenyw a wneir, ac o bosibl er mwyn sicrhau cynghanedd draws gyflawn. Gw. *GPC* s.v. gwylnos, wylnos.

*ll. 499* Y mae enw'r dôn, 'Tri Chant o Bunnau', yn dadlennu'n syth eironi'r farwnad hon. Enwir yn fanwl yr offer ffermio a'r anifeiliaid a adawyd i'r Cybydd. Gwelir nodiant yr alaw mewn gosodiad i delyn neu biano yng nghyfrol Edward Jones, *The Bardic Museum* (London, 1802), t. 62, a cheir gosodiad o'r geiriau ar yr alaw yn yr atodiad.

*ll. 502* Cyfeirir yma at ba mor ddibwys neu wag oedd dyddiau olaf y nain, gan fod y gwaith pwysig o gasglu arian wedi'i wneud eisoes.

*llau. 519–26* Ceir gogwydd newydd ar thema'r *memento mori* yma. Ym mhedair llinell gyntaf y pennill y mae'r Ffŵl yn sylwi ar anocheledd marwolaeth, ond yn y llinellau dilynol honna Morys y cybydd fod budd yn dod i olynwyr y meirw bob amser wedi eu darostyngiad hwy. Gw. ymhellach ddefnydd o'r thema hon yng nghân olaf Lewis, llau. 1263–82.

*llau. 527–38* Thema gyfarwydd yn yr anterliwtiau a'r baledi yw'r parch a ddaw i'r dyn goludog. Cf. gân Ifan Offeiriad yn *Tri Chryfion Byd*, a'i byrdwn, 'Gydag arian, gwiwdeg yriad, / Gwneir 'ffeiriad o ddyn ffôl'. Twm o'r Nant, *Tri Chryfion Byd*, tt. 24–5. Gw. hefyd faled Huw Jones, Llangwm, 'Cerdd yn dangos fod Natur pôb math o Ddŷn at Arian yn fwy na dim arall' (Caerlleon, d.d.; JHD 238ii), lle y dadleuir mai 'Am arian mae'r ymorol drwy'r bydol fywyd bas'. Yn

*Hanes Bywyd a Marwolaeth Brenin a Brenhines Ffrainc* ategir at briodoleddau cyfoeth y fantais a rydd golud mewn gwlad lwgr, Gatholig, lle y gellir ei ddefnyddio i achub dyn o'r purdan (llau. 537–8).

*llau. 529–30* Daeth Richard Whittington (bu farw 1423) yn arglwydd faer Llundain a gadawodd arian i ailgodi carchar Newgate ac i adeiladu llyfrgell yn y brifddinas. Ni cheir sôn am y stori boblogaidd ynghylch Whittington a'i gath yn gynharach na 1605, pan drwyddedwyd fersiynau Saesneg ohoni ar ffurf drama a baled i'w hargraffu. Cyhoeddwyd sawl argraffiad o'r stori dan y teitl *The History of Sir Richard Whittington: thrice Lord Mayour of London* yn Llundain yn ystod ail hanner y ddeunawfed ganrif. Ceir yn ogystal anterliwt Gymraeg o waith Richard Parry ar y testun, sef *Ystori Richard Whittington*. *Bywg.* s.n. Rhisiart Parry (1665?–1749); *Oxford Companion to English Literature*, gol. Margaret Drabble (5ed arg., Oxford, 1990), s.n. Richard Whittington; Dafydd Wyn Wiliam, 'Tri Richard Parry', *Tlysau yr Hen Oesoedd*, II (1997), 2–4.

*llau. 537–8* Gwnaed addasiadau bychain yma i'r hyn a geir yn y testun gwreiddiol, drwy gynnig 'syndod' yn hytrach na 'syndon' yn ll. 537, ac 'am' yn hytrach nag 'o'm' yn ll. 538. Sylwer bod 'syndon' yn ffurf restredig ar 'sindon' yn *GPC*, gyda'r ystyr 'lliain main, yn enw. wrth gyfeirio at amdo Iesu'. Nid yw'r ystyr honno yn arbennig o briodol yma, fodd bynnag, ac y mae 'syndod' yn rhoi'r odl ddisgwyliedig â 'fy mhechod'.

*llau. 547–50* Bu dau bab o'r enw Damasus (nid Damascus, fel yr honna'r anterliwt, sy'n cymysgu efallai ag enw'r dref yn Syria yr oedd Saul, neu Paul, yn teithio iddi pan gafodd ei dröedigaeth). Nid oedd yr un ohonynt yn teyrnasu yn ystod OC 195, sef y dyddiad a ddarperir yma. Eidalwr, o bosibl o Rufain ei hun, ydoedd Damasus I (g. *c.* OC 305, bu farw OC 384). Byr iawn fu teyrnasiad Damasus II, a fu farw o fewn ychydig fisoedd iddo gael ei enwi yn bab yn ystod Nadolig 1047. Actau, pennod 9; Phillipe Levillain ac eraill (goln), *The Papacy: An Encyclopedia* (3 cyf., London, 2002; cyfieithiad o *Dictionnaire historique de la papauté*, 1994), s.n. Damasus I; Damasus II.

*ll. 553* Credir i Pedr farw fel merthyr yn Rhufain *c.* OC 67, yn ystod cyfnod o erledigaeth greulon i'r Cristnogion tra oedd Nero yn ymerawdwr.

*llau. 555–8* Nid yw dyddiad yr anterliwtiwr ar gyfer cychwyn cyfnod Leo X fel pab (1517) ymhell o'i le. Fe'i hetholwyd yn bab ar 9 Mawrth 1513, a'i goroni ar 21 Mawrth. Levillain ac eraill (goln), *The Papacy: An Encyclopedia*, s.n. Leo X.

*llau. 561–6* Nid ymddengys fod unrhyw athrawiaeth newydd ynghylch uffern, purdan a'r nefoedd wedi deillio o gyfnod Leo X fel pab. *NCE*, VIII, s.n. Leo X, Pope.

*llau. 567–70* Dyma gyflwyniad yr offeiriad i'r golygfeydd sy'n dilyn (llau. 575–642), lle y dangosir y gyffes Gatholig. Yr oedd yn ofynnol i bob un a chanddo bechod 'marwol' ar ei gydwybod fynd i gyffesu o leiaf unwaith y flwyddyn, adeg y Pasg. Rhoddai hyn yr hawl iddynt dderbyn gollyngdod yn Sacrament yr Allor. John McManners, *Church and Society in Eighteenth-Century France: Volume 2: The Religion of the People and the Politics of Religion* (Oxford, 1998), t. 246.

*ll. 569* H.y. 'Os oes yma unrhyw un . . .'.

*llau. 571–4* Cf. ll. 208n.

*llau. 575–642* Seiliwyd y tri *vignette* a gyflwynir yn y llinellau hyn ar waith Ellis Wynne. Yr oeddynt eisoes wedi denu sylw un anterliwtiwr: yn *Y Farddoneg Fabilonaidd* dramateiddiodd Twm o'r Nant gyffes llances Wynne, sy'n cyfaddef yn y lle cyntaf iddi briodi heretic Protestannaidd, er mawr siom a dicter i'r offeiriad, cyn ychwanegu ei bod wedi'i ladd, newyddion sy'n ei chlirio yng ngolwg ei chyffeswr. Mabwysiadwyd elfennau o'r sefyllfa hon yn nhrydydd *vignette* Huw Jones, lle y mae llances yn cyffesu iddi ladd ei rhieni am iddynt droi'n Brotestaniaid. Y mae ail *vignette Y Farddoneg Fabilonaidd* eto'n seiliedig ar *Gweledigaetheu y Bardd Cwsc*, a defnyddiwyd yr elfen fwyaf allweddol ohono – sef y cyfaddefiad bod y llances (neu'r hen wraig yn *Hanes Bywyd a Marwolaeth Brenin a Brenhines Ffrainc*) wedi beichiogi drwy gysgu gydag 'un o'ch mynachod chwi' – gan Huw Jones yn ei ail *vignette*. Ni ddefnyddiodd Huw Jones drydydd *vignette* Wynne a Twm o'r Nant, sy'n dangos dyn, neu ddynion, yn cyffesu iddo neu iddynt 'ddadcuddio dirgelion yr Eglwys Gatholic'. Rhoddodd ef yn ei le gyffes o ladrad, tyngu, rhegi a dweud celwyddau, sy'n cael eu diystyru fel pethau cymharol ddibwys gan yr offeiriad. Yr unig adleisio geiriol amlwg rhwng *Hanes Bywyd a Marwolaeth Brenin a Brenhines Ffrainc* a'r fersiynau eraill yw'r defnydd o'r geiriau 'Dan enw pybyr offeiriad pabaidd' (ll. 542), sydd hefyd i'w weld yng ngwaith Twm o'r Nant, ac sy'n awgrym bychan mai dyma ffynhonnell uniongyrchol Huw Jones. Twm o'r Nant, *Y Farddoneg Fabilonaidd*, tt. 193–5; Evans, 'Yr Anterliwd Gymraeg', tt. 339–46; Wynne, *Gweledigaetheu y Bardd Cwsc*, tt. 32–4.

*llau. 617–18* Sonnir yma am yr arfer o erthylu babanod. Ceir rhai cyfeiriadau eraill cyffelyb yn yr anterliwtiau. Cf. y llinellau canlynol o 'Cyndrigolion y Deyrnas Hon':

> Mae rhai yn swrn gyfarwydd
> Os dô nhw i drwm Gardigrwydd
> Mae ganddynt scil i roi chwîl ir chwŷdd
> rhag gwrido o herwydd gwradwydd.

Parry, 'Cyndrigolion y Deyrnas Hon', t. 536. Gw. hefyd Twm o'r Nant, *Tri Chydymaith Dyn*, t. 248.

*ll. 620* Eglurir yn *GPC* s.v. fagddu, afagddu, mai o'r enw person Afagddu (neu 'Y Vagddu' mewn rhai fersiynau), sef llysenw mab Tegid a Cheridwen yn *Ystoria Taliesin*, y tardd y gair 'fagddu': 'oherwydd hagrwch Afagddu fe ledodd yr ystyr drwy'r ff. *y fagddu* i ddisgrifio noson anarferol o dywyll'. Gw. hefyd Patrick K. Ford (gol.), *Ystoria Taliesin* (Cardiff, 1992), tt. 65, 89.

*ll. 640* Ni châi offeiriad ddatgelu gwybodaeth o fath yn y byd i unrhyw un arall ynghylch yr hyn a drafodid gan ei braidd yn ystod y gyffes. O'r herwydd, gallai llofrudd gyfaddef ei bechod gan fod yn hyderus na ddeuai'r awdurdodau i wybod am ei euogrwydd drwy'r offeiriad. McManners, *Church and Society in Eighteenth-Century France*, t. 248.

*ll. 642* Er mai rhagfarn sy'n gyfrifol am y darlun hwn o offeiriad pabyddol yn cymryd mantais ar ddiniweidrwydd merch ifanc yn ystod sacrament y penyd, awgrymir gan astudiaethau o ffeiliau'r heddlu, a wnaed yn hygyrch i ymchwilwyr yn sgil cwymp y Bastille, fod cryn dipyn o weithgaredd o'r math hwn yn Ffrainc yr *Ancien Régime*. Ibid., tt. 291–2.

*ll. 650* Disgrifir yr offeiriad fel 'hen Pharo', hynny yw, teyrn a gelyn pobl ddewisedig Duw. Y Pharo oedd gelyn pobl Israel yn ystod eu harhosiad yn yr Aifft. Exodus, penodau 1–14.

*ll. 653* Nid yw ystyron 1 a 2 *GPC* ar gyfer 'cut' (sef cwt, sied, a cud, barcud) yn foddhaol, ac ni restrir ychwaith 'rhoddi cut' fel ymadrodd. Efallai mai ystyr 3, ?toriad, cwt (S. *cut, gash*), yw'r orau y gellir ei chynnig. Am enghreifftiau o'r llw 'pocs ar' yn anterliwtiau Ellis Roberts, gw. *GPC* s.v. pocs. Y mae'r un defnydd i'w weld yn fynych yn nramâu Shakespeare. Gw. Eric Partridge, *Shakespeare's Bawdy* (1947; 3ydd arg., London, 1968), t. 166.

*llau. 663–6* Cynhyrchwyd delweddau lled-bornograffig o fyneich a lleianod yn mwynhau pleserau'r cnawd yn Lloegr yn ystod y ddeunawfed ganrif, llawer ohonynt yn deillio o ffynonellau Ffrengig. Ceir delweddau o'r fath ymhlith daliadau'r Llyfrgell Brydeinig, ond awgrymir gan Eirwen Nicholson mai deunydd ar gyfer cynulleidfa addysgedig ydoedd hwn, yn hytrach na deunydd poblogaidd. Y mae'n bosibl, fodd bynnag, fod delweddau tebyg yn rhan o eiconograffeg wrth-Gatholig boblogaidd y ddeunawfed ganrif yn ogystal. Peter Wagner, *Eros Revived: Erotica of the Enlightenment in England and America* (London, 1988), tt. 72–82; Eirwen Nicholson, 'Eighteenth-Century Foxe: Evidence for the Impact of the *Acts and Monuments* in the "Long" Eighteenth Century', yn David Loades (gol.), *John Foxe and the English Reformation* (Aldershot, 1997), tt. 165, 170–1.

*ll. 671* H.y. 'Aed i'w grogi, y sawl a wasgaro ddimai!'; 'Boed i unrhyw un a rydd geiniog [er mwyn achub fy nain yn y purdan] fynd i'w grogi.'

*ll. 672* Gwlad y dreigiau, h.y. uffern. Cf. 'Fe'i bwriwyd hi, y ddraig fawr, yr hen sarff, a elwir Diafol a Statan', yn Datguddiad Ioan 12: 9.

*ll. 686* Anodd yw pennu union ystyr 'dul' yn y llinell hon a thrachefn yn ll. 1520. Y mae 'dul$^1$' gyda'r ystyron 'dyrnod, ergyd â chwip' a 'dul$^3$' yn golygu 'sŵn cloch' yn bosibiliadau. Tebyg mai rhyw ymadrodd llanw, cyffredin ar lafar, ydyw, ac y mae'n sicrhau cytseinedd (mewn cyfuniad ag 'i'w dalu' / 'i dalu') yn y ddwy enghraifft a geir yn y testun hwn.

*ll. 699* Defnyddir y dôn 'Tempest of War' mewn cerddi i'r milisia ac mewn un gerdd wrth-babyddol yn ystod y ddeunawfed ganrif. Cronfa Baledi s.v. Tempest of War. Ceir enghreifftiau amrywiol o'r nodiant yn llsgr. J. Lloyd Williams, AH1 / 48. Gw. yr atodiad am osodiad o'r geiriau ar un o'r tonau hynny.

*ll. 732* Yn ystod teyrnasiad Lewis XIV a Lewis XV (rhwng 1643 a 1774) dedfrydwyd rhwng 2,000 a 3,000 o Brotestaniaid i'r rhwyflongau. Cafwyd cyfnod o ddedfrydu cyson i'r llongau pan ymunodd Prydain â Rhyfel yr Olyniaeth Awstriaidd ym 1744, ac ni laciwyd ar yr arfer hyd at ddiwedd y Rhyfel Saith Mlynedd ym 1763. Ceir disgrifiad o erchyllterau'r llongau hyn mewn rhai argraffiadau o'r *Book of Martyrs*. McManners, *Church and Society in Eighteenth-Century France*, tt. 611–12, 620–2; John Foxe, *Foxe's Book of Martyrs: A History of the Lives, Sufferings, and Triumphant Deaths of the Early Christian and the Protestant Martyrs*, gol. William Byron Forbush (Peabody, 2004), tt. 71–2.

*ll. 737* 'Jeler, sieler' yw'r ffurfiau ar 'jailer' yn *GPC*, ac ni chynhwysir y sillafiad a geir yma. Er ei fod yn cyfateb yn union i'r ffurf Saesneg, ni ellir bod yn sicr mai'r ynganiad Saesneg oedd yn fyw i Huw Jones nac, yn wir, i gysodwr yr anterliwt, Ishmael Davies.

*llau. 743–6* Y mae llau yn destun ffieidd-dod a doniolwch yma.

*ll. 757* H.y. 'Dyma i chi bapur ac ysgrifen (mewn inc) drosto i gyd.'

*ll. 764* Efallai fod grym ansoddeiriol i 'anllywodraeth', yma; h.y. 'y lladron sy'n ddilywodraeth / afreolus'.

*ll. 766* Sylwer bod *GPC* yn nodi'n bendant mai eg. yw 'ing'. Yma, fodd bynnag, y mae yr un mor bendant mai fel eb. y gwelai'r awdur 'ing', gan iddo ei ragflaenu â'r ansoddair benywaidd, 'hell'.

*llau. 779–82* Yma, gellir synhwyro cymhariaeth rhwng anghyfiawnder yn erbyn gweiniaid Ffrainc a rhai Prydain. Sylwer yn arbennig ar y cyfeiriad at yr 'ystiwardiaid', sy'n gymeriadau dirmygedig yn yr anterliwtiau yn gyffredinol.

*llau. 787–8* Nid oedd llosgi wrth byst yn un o'r cosbedigaethau a roddwyd i'r Huguenots yn ystod erledigaeth yr ail ganrif ar bymtheg. Tebyg bod yr awdur yn meddwl yma am natur erledigaeth teyrnasiad Mari (1553–8) ym Mhrydain. *ODNB* s.n. Mary I (1516–1558); Haydon, *Anti-Catholicism in Eighteenth-Century England*, tt. 43–4.

*ll. 819* Fel 'Tir brwyn, gwaun' y diffinnir 'brwynog' yn *GPC* s.v. brwynog². Nodir hefyd fod 'Y Frwynog' yn gyffredin 'fel enw fferm neu enw cae'. Gw. ymhellach Archif Melville Richards ar *http://www.e-gymraeg.co.uk/enwaulleoedd/amr*.

Ceir cryn dipyn o dalfyrru a chywasgu fel sy'n arferol ar lafar yn y llw ''d a' i byth tua Brwynog'; h.y. 'Nid af i byth i gyfeiriad Brwynog'. Y mae'r llw a dyngir ar ddechrau'r pennill dilynol yn defnyddio'r un fformiwla (''d a' i byth i 'neud babi', ll. 823).

*ll. 826* Arwyddion o'r cyfoeth a'r segurdod gormodol a fedd y Brenin yw presenoldeb tybiedig '[t]e a brandi' yn ei stumog. Yn arferol, merched a gystwyir yn yr anterliwtiau a'r baledi fel ei gilydd am ymhyfrydu'n ormodol yn 'y te a'r botel frandi'. Jones, *Histori'r Geiniogwerth Synnwyr*, t. 152 (ffynhonnell y dyfyniad); Jones, 'The Interludes', t. 233; Rosser, *Y Ferch ym Myd y Faled*, tt. 200–9.

*llau. 827–8* H.y. y mae'r Brenin yn hawlio'r cnydau cyn iddynt orffen tyfu. Cyfeiriad dicllon at yr arfer o godi'r degwm yw hwn. Hyd at ddiwedd y ddeunawfed ganrif telid y dreth hon mewn cynnyrch, gan gynnwys ŷd a gwair. Fe'i hawlid gan glerigwyr Eglwys Loegr neu gan ymfeddianwyr megis tirfeddianwyr. Ceir enghreifftiau o wrthsefyll y drefn o dalu'r degwm drwy gydol y ddeunawfed ganrif yng Nghymru, ond bernir mai gwrthwynebiad ar seiliau ariannol yn hytrach na chrefyddol ydoedd yn y cyfnod hwn. David Howells, *The Rural Poor in Eighteenth-Century Wales* (Cardiff, 2000), tt. 52, 126–7.

Bodolai'r degwm yn Ffrainc yr *Ancien Régime* yn ogystal, lle y'i telid i glerigwyr, i fynachlogydd neu i ymfeddianwyr lleyg. Ar 4 Awst 1789 fe'i diddymwyd fel un o olion yr hen drefn ffiwdal a wyrdrowyd gan y Chwyldro. François Furet a Mona Ozouf (goln), *A Critical Dictionary of the French Revolution*, cyf. Arthur Goldhammer (London, 1989), tt. 110, 449; Doyle, *The Oxford History of the French Revolution*, tt. 11, 35.

*llau. 835–8* Yr oedd personiaid ac esgobion yn swyddogion yn Eglwys Loegr yn ogystal ag yn yr Eglwys Gatholig, wrth gwrs, ac y mae potensial o'r herwydd i'r feirniadaeth a roddir yma 'bigo' yn nes at adref yn ogystal. Beirniadwyd yr Eglwys a'i swyddogion drwy gydol y ddeunawfed ganrif gan sylwebwyr Cymraeg eu hiaith, rhai ohonynt, megis Evan Evans (Ieuan Fardd), yn gyflogedig ganddi. Yr oedd yr anterliwtwyr, hwythau, yn barod iawn i leisio'u barn ynghylch ei diffygion. Gw., er enghraifft, yr anfodlonrwydd a'r dicter a fynegir yn *Hanes y Capten Ffactor* ynghylch bodolaeth y degwm, diofalwch bugeiliaid yr Eglwys tuag at eu praidd, a'u hariangarwch. Awgrymir hefyd y gallai rhai o'r bugeiliaid hyn fod yn euog o odineb. Geraint H. Jenkins, *Hanes Cymru yn y Cyfnod Modern Cynnar 1530–1760* (Caerdydd, 1988), tt. 278–80; Jones, *Hanes y Capten Ffactor*, tt. 102–5.

Yn y 1790au yr oedd beirniadu'r Eglwys yn weithred ac iddi botensial radicalaidd, yn wleidyddol ac yn grefyddol. Y mae'r ffaith bod Huw Jones, Glanconwy, yn awgrymu'i feirniadaeth drwy gymhariaeth â sefyllfa'r Eglwys yn Ffrainc yn cryfhau'r posibilrwydd bod isleisiau gwleidyddol i'r hyn a ddywed.

*ll. 842* Ni ellir bod yn sicr ai adlewyrchu ynganiad cyfarwydd y mae'r '-n' ddiweddol yn 'ymostwn' ynteu ai gwall cysodi a geir yma.

*llau. 843–4* Ymdrechir yma i ddatgysylltu Ffrainc a Lloegr, gan eithrio'r olaf o'r feirniadaeth a wnaed yn llau. 819–38. Gwas i frenin Lloegr yw'r Ffŵl ac y mae wedi dod i Ffrainc i feirniadu'r ffordd Ffrengig o fyw, lle y sethrir ar y gweiniaid gan y teyrn uwch eu pennau. Pwysleisir y gred fod 'rhydd-did' (neu ryddid) ar gael yn Lloegr, lle nad yw yn Ffrainc yr *Ancien Régime*. Tybiai rhai Saeson fod Lloegr yn berchen ar gyfansoddiad hynafol a ddeilliai o'r cyfnod cyn Concwest y Normaniaid ym 1066. Yr oedd y cyfansoddiad anysgrifenedig hwn yn seiliedig ar lywodraeth gymysg yng ngofal brenin ar y cyd ag aelodau Tŷ'r Arglwyddi a Thŷ'r Cyffredin. Sicrhâi'r trefniant fod pobl Lloegr yn ddiogel rhag gorthrwm, drwy roi'r hawl iddynt wrthsefyll unrhyw fygythiad i'w rhyddid. Dangosodd Chwyldro Gogoneddus 1688–9 fod y bobl yn fodlon mynd i ryfel i amddiffyn yr hawliau hyn. H. T. Dickinson, 'The British Constitution', yn *idem* (gol.), *A Companion to Eighteenth-Century Britain* (Oxford, 2002; arg. clawr papur, 2006), tt. 3–18.

*ll. 847* Ni sonnir am ystyron ffigurol 'lasio' yn *GPC*, ond dyma sydd yn briodol yma: y mae Lewis ar fin cael ei gau'n dynn neu ei gaethiwo gan ei ddeiliaid.

*ll. 850* Awgrymir yn yr eirfa mai ffurf ar 'mab' yw 'fap' yn y llw hwn, gyda'r gytsain olaf wedi ei chaledu. Gallai'r galw am odl gyda 'cnap' yn y llinell flaenorol, ynghyd â'r dymuniad i gyflythrennu â 'fopio', fod wedi ysgogi'r newid hwn. Dylid ystyried yn ogystal y posibilrwydd mai 'pab' a olygir wrth 'fap', gyda threiglad dwbl (pab > bab > fab), ynghyd â'r calediad ar ddiwedd y gair (b > p).

*llau. 859–62* Y mae sylwadau Iesu Grist ynghylch teyrnasoedd yn ymrannu yn rhan o'i ymateb i gwestiynu'r Phariseaid wedi iddo iacháu dyn a oedd wedi'i feddiannu gan y diafol: 'Pa fodd y gall Satan fwrw allan Satan? Os bydd teyrnas yn ymrannu yn ei herbyn ei hun, ni all y deyrnas honno sefyll. Ac os bydd tŷ yn ymrannu yn ei erbyn ei hun, ni all y tŷ hwnnw fyth sefyll. Ac os yw Satan wedi codi yn ei erbyn ei hun ac ymrannu, ni all yntau sefyll; y mae ar ben arno.' Marc 3: 23–6. Gw. hefyd Mathew 12: 25 a Luc 11: 17.

*ll. 865* H.y. 'Y bydd y Ffrancwyr, diatal eu diben yn eu hesgynfa . . .'. Cyfeiriad at rwyddineb ymgais y Ffrancod i gyrraedd eu nod, sef rhyfel cartref yn erbyn y Brenin ac yna esgynfa i gyflwr o ryddid rhag gormes.

*ll. 872* 'Pa'se ti' yw geiriau agoriadol y llinell hon yn y gwreiddiol, sy'n dynodi naill ai 'Pam na fuaset ti', neu, o bosibl, 'pe buaset ti', gyda'r ystyr 'O! na fyddet ti'. Dymuna'r Cybydd felltith ar y Brenin, gan resynu na fyddai'r Ffŵl wedi'i ladd a'i flingo'n fyw.

*ll. 882* Tybed a oes arlliw o'r ystyron Saesneg canlynol i'r cfn. 'ar draws': 'by deceit or violence, in defiance of; in (moral) disorder'? *GPC* s.v. traws.

*ll. 890* Nid oes berf y gellir ei chysylltu o ran ffurf nac ystyr â 'lwyo, llwyo' yn ymddangos yn *GPC*. Tybed a allai 'lwyo' fod yn seiliedig ar 'llwy' i gyfleu taro â theclyn o'r fath?

*llau. 891–906* Gellir cymharu profiad anlwcus Morys, y cybydd, yn y fan hon â stori'r cybydd nodweddiadol yn yr anterliwtiau. Cf. Jones, *Hanes y Capten Ffactor*, tt. 127–32, pan yw Deifes, y cybydd, yn dychwelyd i'w gartref tua diwedd y ddrama i ganfod bod 'pob peth ar chwalfa'. Y cam nesaf yw ei farwolaeth, yn dilyn sgwrs â chymeriad alegoriaidd Angau, lle y mae'n methu'n glir â gwerthfawrogi bod angen iddo edifarhau am ei bechodau. Ychydig yn wahanol yw'r *dénouement* yn *Hanes Bywyd a Marwolaeth Brenin a Brenhines Ffrainc*. Disgwylir inni gydymdeimlo â Morys, yr amaethwr-gybydd, sydd wedi dioddef oherwydd ymddygiad y Brenin ac un o'i swyddogion, yn debyg i gymeriad yr Hwsmon yn Morys, *Y Rhyfel Cartrefol*, t. 127.

Gellir cymharu'r cyhuddiadau a wna Morys, y cybydd, â honiadau mewn gweithiau llenyddol eraill ynghylch ymddygiad gorthrymus dosbarthiadau mwyaf dylanwadol a phwerus y gymdeithas yn Ffrainc yr *Ancien Régime* ac yn wir ym Mhrydain. Yr oedd gallu'r aristocratiaeth i gam-drin a manteisio ar y gweiniaid yn destun dychan yn nrama enwog Beaumarchais, *Priodas Figaro*, a gafodd ei pherfformiad cyhoeddus cyntaf gan y Comédie Française ym Mharis ym 1784, ac a gyflwynwyd gerbron cynulleidfaoedd yn Wrecsam gan gwmni o Cheltenham ddim ond blwyddyn yn ddiweddarach. Cynhwysai ffaeleddau'r boneddigion yr arfer ymhlith meistri o hawlio priodferch o isel dras ar noson gyntaf ei bywyd priodasol, arfer, yn ôl awgrym Colin Jones, '[which] covered rape and raw sexual gratification'. Ffieiddir at y boneddigion am dreisio merched cyffredin gan Ellis Wynne, yntau, yng 'Ngweledigaeth Uffern': 'A da os dianc y Merched, iè, a'r Gwragedd rhag blŷs y Meistr.' Cecil Price, *The English Theatre in Wales in the Eighteenth and Early Nineteenth Centuries* (Cardiff, 1948), tt. 76–7; Wynne, *Gweledigaetheu y Bardd Cwsc*, t. 98; Thomas, *Y Bardd Cwsg a'i Gefndir*, t. 56; Jones, "The Great Nation", tt. 323, 335.

*ll. 891* Gw. *GPC* s.v. i², 2.(a) am enghreifftiau eraill o'r defnydd hwn o'r arddodiad rhediadol 'i' yn rhagflaenu ffurfiau ar y ferf 'dweud', e.e. Wynne, *Gweledigaetheu y Bardd Cwsc*, 'na orffo dywedyd yr un peth *i* ti ond unwaith'. Y mae'r ymadrodd 'dwed i mi' yn parhau i fod yn gyfarwydd iawn ar lafar. Gw. hefyd ll. 177n.

*ll. 907* Ffurf Gymraeg ar yr enw Jiwdas yw'r 'Suddas' y tyngir iddo yma, ac sy'n cyfeirio gan amlaf at Jiwdas Iscariot, y bradwr archdeipaidd. Yn ll. 1554 cyfeirir at y pabau fel rhai sydd o'r 'un swydd â Suddas', h.y. 'yr un fath o ran eu gwaith, neu'n dwyn yr un neges (fradwrus) â Jiwdas'.

*ll. 909* Y mae hanes bywyd Samson yn llawn enghreifftiau o'i gryfder a'i wrhydri: y mae'n lladd llew ifanc, yn difa deg ar hugain o ddynion, ac yn tynnu teml gyfan i lawr am ei ben ei hunan a'i elynion. Barnwyr 14: 5–6, 19; 16: 29–30. Gw. ymhellach llau. 1419–20n.

*llau. 913–14* Gw. ll. 650n.

*ll. 926* Ffurf dalfyredig ar 'enaid' yw 'ena''. Rhestrir yr ebychair 'ar f'e[naid] (i)!' yn *GPC* s.v. enaid, a nodir ei fod yn cael ei gywasgu i 'Ar fendi!' ar lafar.

*llau. 928–30* Rhaw, picfforch, caib, batog, mynawydydd a gwiaill gwau yw'r offer sydd ar gael at ddefnydd y Ffŵl i ymladd yn erbyn y Pengryniaid yn yr anterliwt *Y Rhyfel Cartrefol*. Pur debyg bod sail hanesyddol i'r darlun hwnnw. Y mae'r un peth yn wir, fwy na thebyg, yn achos yr hanesion ynghylch y bobl leol a geisiodd helpu i drechu'r Ffrancod a laniodd ger Abergwaun ym mis Chwefror 1797 ag arfau megis 'pladurie a chrymane' ynghyd â '[ph]icwarche'. Morys, *Y Rhyfel Cartrefol*, tt. 115, 217–18; Jones, *Welsh Ballads of the French Revolution*, rhif 15.

*ll. 929* Ceir dwy ystyr bosibl i 'di-doll'. Gellir ei ddiffinio fel 'rhydd oddi wrth doll, di-dreth' (y mae enghreifftiau *GPC* ar gyfer yr ystyr hon yn ymestyn o 1632 hyd 1795); neu gellir cymryd mai ffurf ar 'di-dwll', yn golygu heb dwll neu doriad, cyfan, cyflawn (enghreifftiau hyd at 1773 yn *GPC*). Ffafriwyd yr olaf yn yr eirfa. Y mae'n rhesymol yn y cyd-destun fod Morys yn chwilio am arfau cyfan, heb wendid iddynt, ar gyfer y frwydr yn erbyn Lewis.

*ll. 934* Ynghylch rhethreg rhyddid, gw. llau. 843–4n.

*ll. 935* Carol plygain gan Huw Jones, Glanconwy, ei hun yw'r unig destun arall a restrir ar fesur 'Terfyn y Dyn Byw' yn Cronfa Baledi. Gw. cerdd 4. Dengys y gân yn yr anterliwt dröedigaeth y Ffrancod oddi wrth babyddiaeth fel ffydd (penillion 1 a 2). Methwyd â chanfod ffynhonnell ar gyfer y nodiant.

*llau. 991–4* Gelwir 'Rhyddid' yn dduwies yma, fel yn Ffrainc, ac y mae'n deg casglu bod cysyniad y Ffrancod o ryddid yn rhan o ymwybyddiaeth Huw Jones. Yr oedd lle canolog i 'Ryddid' ymhlith y cerfluniau a luniwyd i ddathlu Gwyliau'r Ffederasiwn (Fêtes de la Fédération) ym Mharis. Yn y rhanbarthau byddai cerflun o ferch yn ganolog i'r dathliadau, yn ogystal: ar adegau 'Rheswm' oedd y ferch hon, dro arall byddai'n personoli 'Rhyddid'. Mona Ozouf, *Festivals and the French Revolution*, cyf. Alan Sheridan (Cambridge, Mass., 1988), tt. 97–9, 133–4.

*llau. 999–1018* Adroddir yma hanes diwrnod allweddol ym Mharis ar ddechrau'r Chwyldro, sef 14 Gorffennaf 1789. Y diwrnod hwnnw ymgasglodd torf o tua 900 o drigolion Paris (ychydig yn llai na 50,000 yr anterliwtiwr) y tu allan i garchar y Bastille, gyda'r bwriad, yn y lle cyntaf, o gael gafael ar y powdr gwn oedd yn yr adeilad. Credai'r dorf y dylai'r powdr hwn, ynghyd â'r gynnau a oedd yn y Bastille, gael eu rhoi ym meddiant llu o filisia'r ddinas. Wedi oriau o geisio trafod eu gofynion â rheolwr y carchar, pallodd amynedd y dorf, a dechreuwyd saethu gan y naill ochr a'r llall. Daeth cefnogwyr ychwanegol – aelodau o'r *gardes françaises* (y Gwarchodlu Ffrengig) a milwyr eraill a oedd wedi troi eu lliwiau – i ymuno â'r 900, ac ymosodwyd yn ddygn ar y gaer hyd tua phump o'r gloch, pan ildiodd y swyddogion y tu mewn iddi. Rhyddhawyd y saith carcharor a oedd yn y Bastille. Bu farw cynifer â 98 o'r Parisiaid yn ystod yr ymosodiad; dialwyd ar y swyddogion drwy lofruddio un ohonynt, sef Bernard-René de Launay, yn greulon ar y strydoedd. Schama, *Citizens: A Chronicle of the French Revolution*, tt. 339–44.

Sonnir yn ll. 1001 am bresenoldeb merched yn ystod y protestio. Yr oedd menywod wedi cychwyn ymhél â gwleidyddiaeth cyn cwymp y Bastille, drwy ymuno â chlybiau a chymdeithasau lle y caent leisio'u barn ynghylch digwyddiadau a datblygiadau cyfoes. Ar ddiwrnod y cwymp, buont yn estyn arfau i'r gwŷr ymladd ac yn gofalu am yr anafedig. Nid oeddynt hanner mor amlwg ar 14 Gorffennaf, fodd bynnag, ag yn ystod mis Hydref 1789, pan aethant ar orymdaith i Versailles, gan lwyddo i orfodi'r Brenin i ddychwelyd i Baris fel carcharor. Cynrychiolir digwyddiadau Hydref 1789, a rhan y menywod ynddynt, mewn darluniau cyfoes, ond nid oes lle amlwg i ferched mewn delweddau o gwymp y Bastille. Joan B. Landes, 'Representing the Body Politic: The Paradox of Gender in the Graphic Politics of the French Revolution', yn Sara E. Melzer a Leslie W. Rabine (goln), *Rebel Daughters: Women and the French Revolution* (Oxford, 1992), tt. 15–37, yn enw. tt. 18–19; Darline Gay Levy a Harriet B. Applewhite, 'Women and Militant Citizenship in Revolutionary Paris', yn ibid., tt. 83–5; Jones, *"The Great Nation"*, t. 416.

*ll. 1009* Pur gyffredin yw cyfeirio at weithredoedd 'mobiau' o bobl yn yr anterliwtiau, fel y dengys enghreifftiau *GPC* o'r gair, sy'n cynnwys, fel yr enghraifft gynharaf, ddyfyniad o anterliwt William Roberts, *Ffrewyll y Methodistiaid* ([1745]). Ceir hefyd gyfeiriad at ddefnydd o'r gair ar ddiwedd anterliwt Twm o'r Nant, *Cybydd-dod ac Oferedd*, pan yw Cybydd-dod yn disgrifio'r torfeydd a ddaeth ynghyd i 'Lecsiwn' rhyngddo ef a'i elyn Oferedd: ''Roedd yno fwy o fobs cyffredin / Nag oedd yn lecsiwn fawr Syr Watcyn'. Twm o'r Nant, *Cybydd-dod ac Oferedd*, yn Ashton (gol.), *Anterliwtiau Twm o'r Nant*, t. 113. Gw. hefyd llau. 1023–46n.

*ll. 1010* Ystyron yr *OED* s.v. pitfall sydd fwyaf priodol yma, yn arbennig 'A trap for catching birds, in which a trapdoor falls over a cavity or hollow'. Sylwer bod yr odl o fewn y pennill yn gofyn am ddiweddeb sy'n cynrychioli'r sain '-yll' (i gyd-fynd ag 'erchyll' a 'gandryll'). Byddai 'pitfull', o'i ynganu'n ffonetig, yn rhoi'r sain honno.

*llau. 1023–46* Try'r stori oddi wrth ddigwyddiadau hanesyddol yn Ffrainc at helyntion ffuglennol y Cybydd, sydd yma, fel mewn anterliwtiau eraill, yn dioddef ar draul 'mob' o ryw fath. Cf. llau. 891–906n ac 1009n.

*ll. 1027* Enw cae, bron yn sicr, yw 'Erw'r Pandy', cae gerllaw 'pandy', sef adeilad ar gyfer pannu brethyn, neu gae yn cynnwys pandy.

*llau. 1041–2* 'Mawr' yw ystyr yr ansoddair 'ffyrf', a welir yma yn y radd gyfartal, 'gan ffyrfed' < 'cyn ffyrfed'. Gellid aralleirio: 'Ni fyddai yr un ohonoch yn credu . . . bod twll mor fawr yn ei pherfedd.'

*llau. 1053–4* Yr oedd tuedd i droi lliwiau yn nodweddu ymddygiad milwyr y Brenin ym Mharis yn ystod yr wythnosau a arweiniodd at gwymp y Bastille. Ddiwedd Mehefin 1789 datganodd cwmnïau o'r *gardes françaises* na fyddent yn fodlon saethu'r torfeydd ar unrhyw gyfrif. Ddeuddydd yn ddiweddarach aeth dau aelod o'r *gardes* i'r Gymanfa Genedlaethol i ymwrthod â'u harweinydd, y Duc du Châtelet. Yr oedd lluoedd brodorol Lewis XVI yn fwyfwy cyndyn o weithredu yn erbyn y bobl, er enghraifft yn ystod ymdrechion i gael gafael ar gyflenwadau ŷd. Pan gwympodd y Bastille, daeth dros hanner cant o filwyr y Brenin i gefnogi'r bobl. Yn y cyfamser, yr oedd gan Lewis XVI gynlluniau i gasglu lluoedd ategol ynghyd ym Mharis a Versailles, llawer ohonynt yn dramorwyr. Schama, *Citizens: A Chronicle of the French Revolution*, tt. 316–22.

*llau. 1055–8* Cawsai'r teulu brenhinol eu gwarchod yn y Tuileries ym Mharis er 6 Hydref 1789. Wrth i'r Gymanfa Genedlaethol drafod beth oedd y camau nesaf i Ffrainc, gan sefydlu Cyfansoddiad Gwladol y Glerigaeth ymhlith datblygiadau eraill, deuai'r Brenin a'i wraig yn fwyfwy amheus o'u bwriadau. Gyda chymorth edmygydd i Marie Antoinette, yr Iarll Axel von Fersen, lluniwyd cynllun i ddianc o afael y Gymanfa. Ar 21 Mehefin, wedi iddi nosi, gadawodd y teulu y Tuileries, a'u bryd ar gyrraedd Montmédy ar y ffin rhwng Ffrainc a Luxembourg. Oherwydd oedi cyn cychwyn, cododd problemau ar y ffordd, ac ar 21 Mehefin adnabuwyd y Brenin gan bostfeistr tref Sainte-Ménehould. Fe'i daliwyd yn fuan wedyn, yn nhref Varennes, ac fe'i cludwyd ef a'i deulu oll yn ôl i Baris.

Er bod nifer o aristocratiaid Ffrainc wedi dewis ffoi i Brydain, nid oes sail i honiad yr anterliwtiwr mai i Loegr yr aeth Lewis XVI. Mona Ozouf, 'Varennes', yn Furet ac Ozouf (goln), *A Critical Dictionary of the French Revolution*, tt. 155–64; Doyle, *The Oxford History of the French Revolution*, tt. 122, 151.

*ll. 1062* Ac eithrio'r cyfeiriad pryfoclyd yn ll. 141, dyma'r awgrym uniongyrchol cyntaf o ffawd y Brenin, sef cael torri ei ben. Cf. llau. 1297–1304.

*ll. 1070* Darlunnir y gwrthdaro fel un rhwng y Brenin a'i 'babistiaid' ar y naill law, a'r werinlywodraeth amhabyddol ar y llall. Mewn ardaloedd lle y tyfodd gwrthwynebiad amlwg i'r Chwyldro, yn bennaf Llydaw a'r Vendée, yr oedd crefydd yn ffactor canolog. Y penderfyniad i orfodi clerigwyr i dderbyn Cyfansoddiad Gwladol y Glerigaeth oedd man cychwyn y gwrthwynebiad cryf i'r Chwyldro a deimlwyd gan bobl gyffredin yn Llydaw, lle'r ymladdwyd rhyfel gerila yn erbyn lluoedd y weriniaeth yn ysbeidiol rhwng 1791 a 1799. Yn y Vendée bu gwrthdaro rhwng milwyr y weriniaeth a byddin o bobl gyffredin a ymladdai dan faner Duw a'r Brenin (1793–6). Yr oedd rhan helaethaf y fyddin olaf wedi ymgasglu ar y ffin rhwng Poitou ac Anjou, dan enw'r 'Fyddin Gatholig a Brenhinol'. Er bod gwrthwynebiad i orfodaeth filwrol yn sbardun i'r gwrthsefyll yn yr ardal hon, dadleuir bellach fod crefydd yn ffactor pwysicach nag unrhyw ystyriaeth gymdeithasol, ac yn bwysicach hefyd na chariad y gwrthryfelwyr at y frenhiniaeth. Furet, 'Chouans' a 'Vendée', yn *idem* ac Ozouf (goln), *A Critical Dictionary of the French Revolution*, tt. 3–10, 165–75.

*llau. 1073–4* Graddol oedd y proses o ddiddymu'r frenhiniaeth a thynnu coron Lewis oddi arno. Yn ôl Cyfansoddiad 3 Medi 1791 yr oedd Ffrainc yn fonarchiaeth gyfansoddiadol, a'r grym i'w rheoli wedi'i rannu rhwng y Brenin a'r Cynulliad Deddfwriaethol. Cwtogwyd pwerau'r Brenin yn sylweddol gan y trefniant hwn. Ni pheryglwyd bodolaeth y frenhiniaeth hyd 10 Awst 1792, un o *journées* neu ddyddiau allweddol y Chwyldro. Y diwrnod hwnnw gwrthryfelodd pobl gyffredin Paris, gan ymosod ar y Tuileries, lle y cawsai'r Brenin a'i deulu eu cadw dan oruchwyliaeth. Er nad anafwyd y teulu brenhinol, dioddefodd gwarchodlu Swisaidd Lewis yn enbyd y diwrnod hwnnw – y diwrnod mwyaf gwaedlyd yn hanes y Chwyldro hyd hynny. Arweiniodd terfysg 10 Awst at bleidlais yn y Gymanfa Genedlaethol dros gael gwared o'r Brenin ac, er nad oedd y frenhiniaeth eto wedi'i diddymu yn gyfreithiol, yn wleidyddol yr oedd teyrnasiad Lewis ar ben. Jones, *The Longman Companion to the French Revolution*, tt. 21–2, 66–7; *idem*, *"The Great Nation"*, tt. 459–60; Denis Richet, 'Revolutionary *Journées*', yn Furet ac Ozouf (goln), *A Critical Dictionary of the French Revolution*, tt. 124–36; Doyle, *The Oxford History of the French Revolution*, t. 189. Cf. ll. 1120n.

*ll. 1076* Ychwanegwyd 'f' ar ddiwedd 'fy nalaf' (h.y. 'fy nala, fy nal'). Tebyg mai gofynion yr odl a lywiodd y dewis hwn, ond cf. enghraifft arall o ychwanegu 'f' yn ll. 1089.

*llau. 1078–82* Gyda chymorth cawodydd o genllysg o'r nefoedd, trechodd Josua a lluoedd Israel eu gelynion yr Amoriaid mewn brwydr yn Gibeon. Llwyddodd brenhinoedd Jerwsalem, Hebron, Jarmuth, Lachis ac Eglon i ddianc, fodd bynnag, gan lochesu mewn ogof ym Macceda. Gorchmynnodd Josua ei ddynion i'w caethiwo drwy osod meini mawr yng ngheg yr ogof, ac yna dygwyd hwy ger ei fron ac fe'u lladdodd. Crogwyd eu cyrff oddi ar goed gerllaw hyd yr hwyr. Josua 10: 7–27.

*llau. 1085–8* Gw. llau. 1055–8n ynghylch hanes dihangfa'r Brenin a'i deulu o'r Tuileries. Nid yw'n amlwg mai dyma'r stori sydd ym meddwl Huw Jones, serch hynny. Ymddengys y ddalfa hon yn debycach i ddalfa ar faes y gad.

*ll. 1089* Rhestrir 'daf' yn *GPC* fel ffurf amrywiol ar 'da', gan nodi enghreifftiau eraill o eiriau lle'r ychwanegwyd 'f' at lafariad olaf gair unsill: 'brof', 'llef' am 'bro', 'lle'. Cf. 'fy nalaf' yn ll. 1076n.

*llau. 1111–14* Rhoddir yr argraff yn yr anterliwt i ryfel cartref ddatblygu rhwng Lewis a'i gefnogwyr ar y naill law, a'r werinlywodraeth ar y llall. Yr oedd grym milwrol Lewis, fodd bynnag, yn llithro o'i afael cyn gynhared â mis Mehefin 1789. Dylid nodi, serch hynny, fod sefyllfa o ryfel cartref wedi datblygu mewn rhai ardaloedd yn Ffrainc yn ddiweddarach, yn eu plith Llydaw, y Jura, y Vendée a rhannau sylweddol o Brofens. Gw. ymhellach llau. 1053–4n a ll. 1070n.

*ll. 1120* Yn sgil digwyddiadau cythryblus a gwaedlyd ym Mharis ar 10 Awst 1792 dymchwelwyd y frenhiniaeth, a chludwyd y Brenin a'i deulu i'r Deml – caer ganoloesol ar gyrion gogledd-ddwyreiniol y ddinas. Yno, sefydlodd y Brenin a'i wraig ffordd newydd o fyw. Rhaid oedd iddynt ddioddef amarch ymddygiad eu gwarchodwyr ar adegau, ond caent gysur mewn darllen llyfrau hanes, dysgu'r plant, a threulio amser yng ngardd y Deml yn y prynhawniau ac mewn cyfarfodydd gweddi fore a nos. Nid oedd amodau'r carchariad mor greulon ac a awgrymir gan yr anterliwtiwr, felly. Doyle, *The Oxford History of the French Revolution*, t. 189; Schama, *Citizens: A Chronicle of the French Revolution*, tt. 552–4.

*ll. 1122* Ni restrir 'chweinio' yn *GPC* ond ceir yno 'chweina', gyda'r ystyr 'Chwilio am chwain; dal chwain, cael gwared ar chwain'.

*ll. 1124* Am yr enw 'caseg ddrycin', cf. ap Robert, *Ynghylch Tri Pheth*, t. 17, lle y difrïir y cerddor gan y Ffŵl wedi iddo fod yn dawnsio i gyfeiliant ei ffidil:

> Wel, wfft i'r gathan gethin,
> Fe wnaethai caseg y dryccin
> Amgenach llais ar bob ryw dro,
> Yn bowdwr y bo dy bidin.

*llau. 1133–4* Dienyddiwyd 'gelynion' y bobl ar y strydoedd drwy dorri'u pennau, ond sôn am ddienyddio systematig y dienyddiwr a wneir yn y fan hon, er nad enwir y gilotin yma nac yn unman arall yn y testun fel offeryn dienyddio'r Chwyldro (ond cf. llau. 1232–4n). Gwnaed y defnydd cyntaf ohono ar 1 Ebrill 1792, a hynny i ddienyddio lleidr pen-ffordd. Bu'r gilotin yn brysur ym Mharis, yn arbennig yn ystod y Teyrnasiad Braw: bu farw 2,639 o bobl ar y Place de la Révolution rhwng mis Mawrth 1793 a mis Awst 1794, dros eu hanner yn ystod misoedd Mehefin a Gorffennaf 1794. Fe'i defnyddiwyd y tu allan i'r brifddinas yn ogystal, ond yn Lyon, er enghraifft, yn ystod diwedd 1793 a dechrau 1794, yr oedd niferoedd y condemniedig yn rhy sylweddol i'r gilotin a bu'n rhaid defnyddio gynnau a chanonau i'w dienyddio. Doyle, *The Oxford History of the French Revolution*, tt. 183, 253–4, 275.

*llau. 1139–50* Dechreuodd ffoaduriaid y Chwyldro gyrraedd Prydain ym mis Gorffennaf 1789. Yr oedd clerigwyr yn amlwg iawn yn eu plith o ddiwedd 1791 ymlaen, pan basiwyd Cyfansoddiad Gwladol y Glerigaeth a ad-drefnai'r Eglwys yn Ffrainc y tu allan i awdurdod y pab. Ymgyrchwyd i godi arian i gynnal y clerigwyr alltud gan Jean-François de la Marche, cyn-esgob Saint Pol de Léon yn Llydaw, a'r Aelod Seneddol John Wilmot, ac ategwyd at yr arian hwn gan gasgliadau 'under the King's Letter' mewn eglwysi plwyf ac mewn capeli Ymneilltuol. Y mae'n bosibl bod y casgliad wedi cyfrannu at yr atgasedd ymhlith Ymneilltuwyr tuag at y ffoaduriaid. Yr oedd rhai o aelodau Eglwys Loegr hefyd yn hallt eu beirniadaeth o'r derbyniad a gafodd yr alltudion, a chafwyd gohebiaeth wrth-Gatholig fynych gan eglwyswyr yn y *Gentleman's Magazine* o 1794 ymlaen.

Syndod yw gweld Huw Jones yn dangos cymaint o atgasedd at y ffoaduriaid o ystyried cyn lleied ohonynt a gyrhaeddodd Gymru. Dim ond dau glerigwr alltud y cofnodir eu presenoldeb yng Nghymru yn astudiaeth Dominic Bellenger o'r ffoaduriaid. Bu'r naill yn byw ac yn gweithio yn Abertawe, a'r llall, François Anglade, o Rodez yn ne Ffrainc, yn dal swydd garddwr yn sir y Fflint rhwng 1794 a 1802. Dominic Aidan Bellenger, *The French Exiled Clergy in the British Isles after 1789: An Historical Introduction and Working List* (Bath, 1986), tt. 33–6, 143, 259, 278; *idem*, '"Fearless resting place": The Exiled French Clergy in Great Britain, 1789–1815', yn Kirsty Carpenter a Philip Mansel (goln), *The French Émigrés in Europe and the Struggle against Revolution, 1789–1814* (Basingstoke, 1999), tt. 214–29; Kirsty Carpenter, *Refugees of the French Revolution: Émigrés in London, 1789–1802* (Basingstoke, 1999).

*ll. 1142* 1828 yw dyddiad enghraifft *GPC* o'r ferf 'lygio', gyda'r ystyr 'Tynnu (rhywbeth) drwy ymdrech, llusgo neu gario (peth trwm), cydio neu afael (yn)'. Nodir defnydd ar lafar yn y gogledd yn ogystal. Ceir darlun yma o'r ffoaduriaid yn eu llusgo eu hunain dros y culfor, neu'n ymdrechu i groesi, efallai gyda pheth eiddo i'w canlyn mewn cistiau neu fagiau.

*ll. 1150* Y mae'n bosibl mai 'mynnu', gyda'r terfyniad berfenwol '-yd', yw 'mynyd'.

*llau. 1151–4* Y mae'r cyfeiriad at ryfel rhwng Ffrainc a Lloegr, ynghyd ag amryw o genhedloedd eraill nas enwir, wedi'i leoli cyn golygfa dienyddio Lewis XVI. Yng nghyswllt perthynas Lloegr a Ffrainc y mae hyn yn anacronistaidd, gan na chyhoeddodd Ffrainc ryfel yn erbyn Prydain hyd 1 Chwefror 1793, ychydig dros wythnos wedi'r dienyddio. Yr oedd y Ffrancod, fodd bynnag, eisoes yn rhyfela yn erbyn sawl gwlad arall, gan gynnwys Awstria ynghyd â'i thiriogaeth yn yr Iseldiroedd (sef Gwlad Belg), Hesse-Cassel, Württemberg a Phrwsia (oll er Ebrill 1792), a Rwsia a Piedmont (o Orffennaf 1792 ymlaen). Daeth llwyddiannau cynnar y rhyfeloedd i Ffrainc, gyda buddugoliaethau yn erbyn y Prwsiaid yn Valmy ar 20 Medi 1792 ac yn erbyn yr Iseldiroedd Awstriaidd yn Jemappes ar 6 Tachwedd 1792.

*ll. 1163* Y mae cân i'r merched yn nodwedd stoc ar yr anterliwt, i'w gweld mewn cynifer ag un ar bymtheg o anterliwtiau. Dengys y llinellau sy'n ei rhagflaenu (llau. 1155–62) ymwybyddiaeth yr anterliwtiwr o'r disgwyliad am gân o'r fath. Y mae'r neges yn nodweddiadol: peidied y merched â chael eu denu gan lanciau a'u brolio, a bydd iddynt enw da drwy'r wlad. Evans, 'Yr Anterliwt Gymraeg', 91. Gw. ymhellach 1174n. Ni lwyddwyd i leoli nodiant yr alaw 'Castell Conwy'.

*ll. 1171* Naill ai fe hepgorwyd y treiglad ar ôl 'drwy' yn 'drwy llochi', neu y mae rhagenw benywaidd unigol, 'ei', yn ddealledig yma: 'Drwy ei llochi ym mhob llun', h.y. 'drwy ei hanwylo ym mhob modd'.

*ll. 1172* 'Pob bwriad sy'n eiddo i feibion drygioni' yw ystyr 'pob calon o feibion y fall'.

*ll. 1174* Y twyll a wnaeth y sarff ar Efa yng Ngardd Eden (a thwyll Efa ar Adda wedi hynny) yw'r 'hen dwyll'. Rhaid i'r merched reoli'r ysfa i 'fwyta'r afal', mewn ystyr drosiadol. Pwysa Huw Jones ar y cysyniad gwrthffeminyddol sy'n defnyddio twyll a chwymp Efa fel cynsail i bortread negyddol o ferched.

*llau. 1180–1* Talfyriad o 'nid all' (yn safonol 'ni all') yw ''d all'. 'Ni all yr un llanc ymffrostio'n aflednais ac mewn gwenwyn drachefn neu yn y dyfodol ei fod wedi dwyn eich morwyndod, yn ôl ei fwriad ei hun.'

*llau. 1189–90* Honnir yma fod Lewis wedi'i garcharu am bedair blynedd cyn ei ddienyddio. Hyd yn oed o ddyddio cychwyn y carchariad i fis Hydref 1789, pan gludwyd y teulu brenhinol i'r Tuileries, y mae hyd honedig y carchariad yn rhy faith. Gw. ymhellach llau. 1055–8n; 1120n.

*ll. 1199* 'Lewis Capet' oedd yr enw a roddwyd ar Lewis gan faer Paris, Chambon, pan ddaeth i'w nôl i fynychu'r prawf yn ei erbyn ar fore 11 Rhagfyr 1792. Ymatebodd Lewis yn chwyrn, gan nodi mai 'Capet' oedd enw'i gyndeidiau, ond na alwyd ef erioed wrth yr enw hwnnw. Schama, *Citizens: A Chronicle of the French Revolution*, t. 557.

*llau. 1201–10* Yma, datgenir dedfryd 'rheolwyr y deyrnas' ar y Brenin. Sefydlwyd y Gymanfa Genedlaethol i gymryd lle'r Cynulliad Deddfwriaethol ym mis Medi 1792, ac fe'i gwasanaethid gan weinidogion ar faterion amrywiol. Ni chynrychiolir prawf Lewis gerbron y Gymanfa Genedlaethol ar lwyfan yr anterliwt. Y mae'n bosibl bod diffyg gwybodaeth fanwl ynghylch y prawf yn rhannol gyfrifol am y penderfyniad i beidio â llwyfannu golygfa o'r fath.

Y cyhuddiadau yn erbyn Lewis a leisir yma yw bod 'rhydid' ei bobl yn cael ei 'rwydo' ganddo, a'i fod yn peryglu diogelwch y gwan, cyhuddiadau sy'n adleisio rhethreg dyddiau cynnar y Chwyldro. Yn hanesyddol, ymddygiad Lewis wrth i'r Chwyldro fynd rhagddo, yn hytrach nag yn ystod yr *Ancien Régime*, a gafodd sylw'r erlynwyr. Nodwyd yn y gyhuddeb yn ei erbyn ar 11 Rhagfyr sut yr oedd wedi ymwrthod â galw Cynulliad y Tair Gradd (1789–91), wedi gwneud paratoadau i ddefnyddio grym arfog yn erbyn gwrthdystiadau, wedi ceisio dianc ac wedi gwneud ymdrechion twyllodrus i ailsefydlu ei awdurdod ei hun. Cychwynnwyd y prawf ei hun ar 26 Rhagfyr, ond ni wnaed y penderfyniad terfynol ynghylch tynged Lewis hyd fore 17 Ionawr 1793, pan bleidleisiwyd o blaid ei ddienyddio. Dadansoddwyd y prawf gan rai haneswyr fel gwrthdaro rhwng y 'Girondins' a'r 'Montagnards', gyda'r olaf yn daer o blaid dienyddio. Mona Ozouf, 'King's Trial', yn Furet ac Ozouf (goln), *A Critical Dictionary of the French Revolution*, tt. 95–105; Schama, *Citizens: A Chronicle of the French Revolution*, tt. 554–62.

*ll. 1217* Gofynnodd Lewis am offeiriad Gwyddelig o'r enw Edgeworth de Firmont yn gyffeswr cyn ei ddienyddio. Daeth Firmont ato i gynnig y cymun iddo am chwech o'r gloch ar fore 21 Ionawr 1793. Schama, *Citizens: A Chronicle of the French Revolution*, tt. 564, 565. Cymerwyd mai gwall gan y cysodydd oedd yr 'h' yn 'Fermoht' yn y gwreiddiol.

*llau. 1219–20* Nid ymddengys fod cynsail hanesyddol i gais Lewis yn y llinellau hyn am yr hawl i'w deulu ffoi. Yr oedd yn bryderus dros ben ynghylch eu diogelwch pan y'i dedfrydwyd i farwolaeth, ond y mae'n annhebygol y byddai wedi disgwyl iddynt gael mynd o afael eu carcharwyr. Gw. llau. 1239–42n; 1315–16n.

*ll. 1222* Gellir darllen 'ystyr' yn y llinell hon naill ai fel berfenw neu fel enw. H.y. 'Mae rhagor eto yn y llythyr y gellir rhoi ystyriaeth iddo', neu 'Mae rhagor o arwyddocâd eto i'r llythyr'.

*llau. 1223–4* Cynhaliwyd gwledd gan y Brenin Belsassar, gan ddefnyddio llestri gwerthfawr a ddygesid o'r deml i yfed ohonynt. Fel yr oedd y gwesteion yn mwynhau'r gwirodydd, 'ymddangosodd bysedd llaw dyn yn ysgrifennu ar galch y pared'. Dychrynodd Belsassar, 'ac aeth ei gymalau'n llipa a'i liniau'n grynedig'. Daniel, un a ddygwyd yn gaeth o Jwda, oedd yr unig un a allai ddehongli'r ysgrifen. Fe ddatgelodd ef fod Duw yn dwyn teyrnasiad Belsassar i ben, ei fod wedi'i ganfod yn ddiffygiol, ac y rhennid ei diroedd bellach rhwng y Mediaid a'r Persiaid. Gwireddwyd y geiriau, a lladdwyd Belsassar y noson honno. Daniel, pennod 5.

*llau. 1232–4* Ceir yma un o'r ymdrechion cyntaf i ddisgrifio'r gilotin yn yr iaith Gymraeg. 'Silff' yw ystyr 'ysgafell' (a gamargraffwyd fel 'yscafel' yn y testun gwreiddiol, ond a ddiwygiwyd yma; cf. gofynion yr odl). Silff bren (y mae angen 'coed' i'w llunio) ydyw, ac yn ll. 1262 nodir bod 'bwyell uwch ben'. Y fwyell yw'r llafn miniog a fyddai'n dod i lawr i dorri'r gwar, wedi i'r pen gael ei osod ar y silff bren. Gellir cymharu dyfeisgarwch Richard Roberts yn ei ddisgrifiad yntau o'r gilotin fel 'siaffer' yn ei faled i gofnodi marwolaeth Lewis (1793). Jones, *Welsh Ballads of the French Revolution*, rhif 3. Ymhellach ynghylch y gilotin, cf. llau. 1133–4n.

*ll. 1235* Paradwys y byddai pobl nodedig neu rinweddol yn mynd iddi ar ôl marw oedd 'Elysium' yr hen fyd. Credid ei bod wedi ei lleoli yn eithafion y ddaear, bod awel dyner yn chwythu yno bob amser, ac y gallai dynion fwynhau amodau tebyg i'r duwiau wedi cyrraedd yno. *Oxford Classical Dictionary* s.v. Elysium.

*llau. 1239–42* Er i Lewis gael ei garcharu ar wahân i'w deulu o 11 Rhagfyr 1792 ymlaen, rhoddwyd yr hawl iddo ffarwelio â hwynt. Treuliodd bron i ddwyawr yn eu cwmni ar noswyl ei ddienyddio, ond ni chafodd gyfle i'w gweld fore trannoeth fel yr addawsai iddynt. Schama, *Citizens: A Chronicle of the French Revolution*, tt. 563, 564, 565.

Sylwer ar gymeriad y cyffeswr (a elwir yn ll. 1310 wrth yr enw 'cyffesydd'). Y mae rhannau cyffeswyr i'r Brenin a'r Frenhines wedi'u cynnwys yn y *dramatis personae* ar ddechrau'r testun. Ni leferir yr un gair gan y naill na'r llall.

*ll. 1244* Ni restrir y ffurf 'coat' yn *GPC* s.v. côt, cot, ond cf. yr amrywiad 'cŵat' y dywedir ei fod 'Ar lafar yn sir Ddinb. Yn ardal y Rhos dywedir "Dyro dy gŵat amdanat".' Y mae'n debyg mai'r ynganiad hwn, neu ynganiad sy'n agos iawn ato, a gynrychiolir gan y sillafiad 'coat' yn y testun hwn, yn hytrach na'r ynganiad Saesneg.

*llau. 1247–50* Gofynnodd Lewis am gael torri ei wallt cyn iddo adael ei garchar yn hytrach nag ar y sgaffald, ond gwrthodwyd ei gais, a bu'n rhaid iddo gael ei dorri gan y dienyddiwr o flaen y dorf ar y Place de la Révolution. Gwerthwyd pecynnau bychain ohono i'r gwylwyr. Schama, *Citizens: A Chronicle of the French Revolution*, tt. 565, 566–7.

*ll. 1259* Canwyd dwy faled o'r 1760au hwyr ar y dôn 'Betty Brown', un o waith Twm o'r Nant, ynghyd â baled ddiddyddiad gan Huw Jones, Llangwm. Gwarchodwyd fersiynau o'r nodiant, dan y teitl 'Betti Brown neu Sunselia', yn llawysgrifau John Jenkins (Ifor Ceri), a cheir gosodiad o'r geiriau ar un o'r fersiynau hyn yn yr atodiad. Cronfa Baledi s.n. Beti Brown; Daniel Huws, 'Melus-Seiniau Cymru: Atodiadau', *Canu Gwerin*, 9 (1986), 47–57.

*llau. 1265–6* Y mae dymchweliad y cedyrn yn hen thema Blatonaidd. Cf. fersiwn Cymraeg Iolo Morganwg o 'Plato's address to Lycidas'. Cân yn yr iaith Roeg a gyfieithwyd i'r Saesneg ddechrau'r ddeunawfed ganrif neu yn gynharach ydoedd hon, yn ôl Iolo, ac y mae'n adleisio neges geiriau'r Brenin, yma:

> Y brenin mawr, y caeth di barch,
> Y balch a'r difalch, marw a wnânt;
> Nid oes blaenoriath yn yr arch,
> Pawb, yn un-gyflwr, bedd a gânt.

Geraint H. Jenkins, Ffion Mair Jones a David Ceri Jones (goln), *The Correspondence of Iolo Morganwg* (3 cyf., Cardiff, 2008), III, tt. 206–7, 208 n. 1.

*ll. 1267* Gw. llau. 351–4n.

*ll. 1269* Gw. ll. 650n.

*ll. 1270* Ffurf (dreigledig a thalfyredig) 3ydd person unigol, modd mynegol, amser gorffennol y ferf 'parhaf: parhau' yw 'ph'raes' ('ph'raus' yn y gwreiddiol) < parhaes. 'Parhaodd' fyddai'r ffurf ddisgwyliedig a safonol, ond yma cymerwyd elfen o ddiweddeb ffurfiau gorffennol berfau -o (e.e. troes, paratoes). Gw. Peter Wynn Thomas, *Gramadeg y Gymraeg* (Caerdydd, 1996), t. 49.

*ll. 1271* Yn rhediad y pennill rhoddir yr argraff mai Herod a boenwyd gan bla o lau. Tebyg i'r awdur gymysgu yma rhwng Herod, brenin Israel yng nghyfnod geni Crist, a'r Pharo yn y cyfnod pan geisiai Moses arwain yr Israeliaid allan o'r Aifft. Trawyd yr olaf a'i bobl gan blâu difrifol, gan gynnwys pla o lau 'ar ddyn ac anifail'. Exodus 8: 16–19.

*ll. 1272* Aneglur yw ystyr 'glŷd' y gwreiddiol yn y llinell hon. Gellid darllen 'clyd', gyda'r ystyr 'cysgod, noddfa', ond efallai mai mwy boddhaol fyddai 'glud', gyda'r ystyr ffigurol 'trybini, picil'. Y mae'r Pharo (neu Herod yn ôl Huw Jones; gw. ll. 1271n) yn graddol gael ei arwain i sefyllfa argyfyngus gan gynlluniau Duw i helpu pobl Israel.

*ll. 1273* Ynghylch diwedd Belsassar gw. llau. 1223–4n.

*ll. 1274* Nebuchadnesar oedd tad Belsassar (Daniel 5: 2). Amddifadwyd ef o'i rwysg fel brenin ac fe'i gyrrwyd i ymgartrefu ymhlith anifeiliaid am saith tymor, hyd nes iddo ddeall 'mai'r Goruchaf sy'n rheoli teyrnas dynion ac yn ei rhoi i'r sawl a fyn'. Collwyd anterliwt Gymraeg ddiddyddiad ac anhysbys ei hawduraeth ar y testun 'Nebuchadnesar'. Daniel, pennod 4; Evans, 'Yr Anterliwt Gymraeg', 90.

*ll. 1276* Gellid aralleirio 'Fe'u cipiwyd gan farn (neu lais, si neu sôn) goeg (onid gwantan oedd eu bywyd?) nes yr oeddynt yn ddiflanedig'.

*ll. 1277* Rhestrir 'serau' a 'sêrs' fel ffurfiau lluosog dwbl ar yr e.ll. 'sêr' yn *GPC*. Tebyg mai enghraifft arall o ffurf luosog ddwbl, ansafonol, yw 'serod'.

*ll. 1285* Cymerwyd mai 'gwyllyswyr' yw ffurf gysefin 'ewyllyswyr', yma, a'r treiglad yn unol â'r disgwyliad pan fo'r rhagenw 'fy' yn cael ei ddilyn gan enw'n cychwyn â'r llythyren 'g'. Noder, fodd bynnag, fod y ffurf 'ewyllyswyr' yn ymddangos yn llawn yn anerchiad agoriadol Huw Jones, a bod y collnod a roddwyd yn y testun gwreiddiol o flaen 'wyllyswyr' yn y llinell hon ('Ng 'wyllyswyr') yn dangos ymwybyddiaeth fod yr 'e' safonol ar goll yma.

*ll. 1305–6* Gw. Schama, *Citizens: A Chronicle of the French Revolution*, tt. 566–7, am ddisgrifiad cyfoeswr o ymateb buddugoliaethus y dorf i ddienyddiad Lewis.

*llau. 1308–10* Wedi dienyddio Lewis, cludwyd ei gorff i fynwent y Madeleine, a'i osod mewn arch goed, ddiaddurn. Gorchuddiwyd honno â chalch poeth a'i chladdu mewn bedd deng troedfedd o ddyfnder. Cf. disgrifiad y baledwr Richard Roberts o dynged corff y Brenin: 'Tywalltwyd arno ddŵr a chalch / Heb barch yn y byd.' Schama, *Citizens: A Chronicle of the French Revolution*, t. 568; Jones, *Welsh Ballads of the French Revolution*, rhif 3, t. 102.

*llau. 1315–16* Arddywedodd y Brenin ei ewyllys ddydd Nadolig 1792. Ynddo, gofynnai am faddeuant yr Arglwydd i'w enaid, ac am faddeuant ei wraig am yr helyntion a achoswyd iddi yn sgil ei pherthynas ag ef. Crybwyllodd ei fab, Louis Charles, yn ogystal, gan ei gynghori i anghofio'r cam a wnaed â'i dad pe deuai byth yn frenin. Schama, *Citizens: A Chronicle of the French Revolution*, t. 563.

*llau. 1331–4* Gw. llau. 228–42n.

*ll. 1341–2* Dangosir yn glir yma ddealltwriaeth yr awdur fod sawl rheolwr ar Ffrainc bellach, ac nad gwlad dan lywyddiaeth un teyrn ydyw erbyn hyn. Gw. ymhellach llau. 1201–10n.

*llau. 1351–66* Ceir yma sylwadau sy'n wirioneddol feirniadol o lywodraeth Prydain Fawr. Modd o gadw'r gweiniaid yn isel yw trethu, yn ôl Huw Jones, rhag iddynt ddilyn esiampl y Ffrancwyr a throi'r hierarchaeth gymdeithasol â'i phen i waered. Llinierir ychydig ar y feirniadaeth yn llau. 1367–72. Cf. llau. 111–20n ynghylch trethu ym Mhrydain yn y cyfnod hwn.

*ll. 1356* Ym mis Chwefror 1793 penodwyd Frederick, Dug Efrog ac Albany, yn bennaeth ar luoedd Prydeinig a oedd i groesi'r culfor i Holand a chydweithio â lluoedd Awstria i geisio goresgyn y Ffrancod yn Fflandrys. Er ei fod yn parhau i fod yn boblogaidd ymysg ei filwyr ar ddiwedd blwyddyn gyntaf yr ymgyrch, yr oedd y farn yn ei gylch gartref yn llai canmoliaethus.

Gan fod y cyfeiriad at ymgyrchoedd y Dug yn ymddangos o flaen golygfa dienyddio'r Frenhines, gellir cymryd mai misoedd cyntaf yr ymgyrch sydd gan Huw Jones dan sylw yma. Dangosir yn y testun wrthwynebiad i'r ymgyrchoedd, yn wahanol i'r hyn a welir mewn baledi cyfoes, sy'n gefnogol iddynt ac yn barod iawn i foli'r Dug. *ODNB* s.n. Frederick, Prince, duke of York and Albany (1763–1827); A. H. Burne, *The Noble Duke of York* (London, 1949), tt. 35–8, 97–8; Jones, *Welsh Ballads of the French Revolution*, rhifau 4 a 9.

*ll. 1383* Ymddengys y mesur 'Difyrrwch Gwŷr y Gogledd' yn anterliwt ap Robert, *Ynghylch Tri Pheth*, tt. 20–1, a chanodd Huw Jones garol plygain arno yn ogystal. Gw. ymhellach cerdd 3n. Y mae'r nodiant yn ymddangos ymhlith casgliadau Ifor Ceri, a cheir gosodiad o'r geiriau yn yr atodiad.

*ll. 1395* Cf. llau. 1078–82n.

*ll. 1396* Sonnir yma am Fabilon, yn hytrach na Babel fel yn gynharach, ond gan gychwyn yr enw â'r llythyren 'P' drachefn ('Pabilon', a dreiglir i 'Phabilon', fel 'Pabel' uchod). Cf. 360n.

*ll. 1398* Y mae cyfeiriadau at hyfrydwch 'llaeth a mêl' yn frith drwy'r Beibl. Cf. y disgrifiad o Wlad yr Addewid fel 'gwlad yn llifeirio o laeth a mêl' yn Exodus 3: 8.

*llau. 1401–2* Cyfeiriad at gwymp Adda ac Efa yng ngardd Eden, cwymp a arweiniodd at gyflwr caethiwus dynol ryw. Genesis, pennod 3. Gw. hefyd ll. 1174n.

*ll. 1406* H.y. 'A rho ('moes') Amen yn dragwyddol [i ni]'.

*llau. 1411–14* Gwelwyd dadfeilio dramatig ar yr *Ancien Régime* yn hwyr yn y dydd ar 4 Awst 1789. Diddymwyd hawliau'r breintiedig i hela, ac i dderbyn degymau, segur-swyddi a chyfiawnder arglwyddiaethol, ymhlith pethau eraill. Daeth y penderfyniadau hyn yn sail i Ddatganiad Hawliau Dyn a'r Dinesydd, dogfen a luniwyd ar 26 Awst y flwyddyn honno. Rhoddai'r Datganiad bwyslais ar hawliau 'naturiol' pob dyn i ryddid, eiddo, diogelwch, rhyddid rhag gorthrwm, goddefgarwch crefyddol, a'r hawl i fod yn gyfartal yng ngolwg y gyfraith. Datblygwyd y Datganiad pan luniwyd Cyfansoddiad newydd Ffrainc ar 24 Mehefin 1793. Jones, *The Longman Companion to the French Revolution*, tt. 12, 65, 70.

Byddai'r bobl gyffredin yn protestio pan godai prisiau blawd a bara yn Ffrainc y ddeunawfed ganrif. Cafwyd rhai cyfnodau o brotestio cynyddol, er enghraifft rhwng 1768 a 1778, pan fu'r cnydau'n wael mewn sawl rhan o'r wlad, a bu gwrthdystio ynghylch diffyg bara yn ystod mis Mai a mis Gorffennaf 1789, yn union cyn cwymp y Bastille. Hyd yn oed wedi'r digwyddiad hwnnw, parhaodd protestiadau ynghylch grawn. Doyle, *The Oxford History of the French Revolution*, tt. 1, 21–2, 109, 121. Ynghylch gwrthdystiadau cyffelyb ym Mhrydain, gw. llau. 1503–6n.

*llau. 1419–20* Cludwyd Samson, wedi ei rwymo, at ei elynion, y Philistiaid, gan lu niferus o wŷr Jwda. Pan ddaeth gerbron y Philistiaid, datododd Duw y rhaffau oedd am ei freichiau a daeth gên asyn i'w ddwylo. Defnyddiodd hi i ladd mil o wŷr y gelyn. Barnwyr 15: 9–16.

*llau. 1421–2* Gwrthododd Dafydd wisgo arfwisg i ymladd yn erbyn y Philistiad, Goliath ('Golia' yma). Dewisodd yn hytrach ddefnyddio ffon dafl a phum carreg lefn, ac yn enw 'Duw byddin Israel' anelodd un o'r cerrig at dalcen y cawr, a'i ladd. I Samuel 17: 38–54.

*llau. 1423–5* Gw. ll. 1356n.

*ll. 1428* Dygwyd Marie Antoinette gerbron y Tribiwnlys Chwyldroadol yn gynnar fore Llun, 14 Hydref 1793, a bu yno hyd un ar ddeg y noson honno yn clywed tystiolaeth yn ei herbyn ac yn ateb y cyhuddiadau. Dilynwyd patrwm tebyg drannoeth, ac yr oedd bron yn hanner nos pan ddaeth yr erlyniad i ben. Trafodwyd y ddedfryd yn absenoldeb Marie Antoinette, gan ei galw'n ôl i dderbyn y newyddion ei bod wedi'i chanfod yn euog o gydgynllwynio yn erbyn y weriniaeth gyda phenaethiaid gwledydd eraill, o ariannu eu hymdrechion hwy yn erbyn Ffrainc, ac o beryglu diogelwch Ffrainc drwy gyfrwng y cynllwynion hyn. Pennwyd ei bod yn teilyngu'r gosb eithaf. Fraser, *Marie Antoinette: The Journey*, tt. 512–21; Schama, *Citizens: A Chronicle of the French Revolution*, tt. 674–5.

'Meitin' a 'meityn' yw'r prif ffurfiau a nodir yn *GPC* ar 'mityn', gyda'r ystyr 'bore' neu 'munud, . . . ysbaid o amser'. Nodir mai ffurf eiriadurol, gyda'r enghraifft gyntaf o eiriadur John Davies (1632), yw 'mityn'. Teg dweud, fodd bynnag, mai dyma'r union ynganiad sy'n gyffredin ar lafar yn y gogledd heddiw, gyda'r ddeusain 'ei' yn cael ei chywasgu'n unsain ('i').

*llau. 1437–8* Yr oedd Marie Antoinette yn welw a'i chorff wedi crebachu yn ystod dyddiau olaf ei bywyd. Gwarchodwyd delwedd ohoni ar ei ffordd i'r gilotin yn llun enwog Jacques-Louis David, a luniwyd wrth iddi gael ei thynnu mewn trol agored ar hyd strydoedd Paris o'r Deml i'r Place de la Concorde. Yr oedd ei gwallt wedi'i dorri eisoes a'i dwylo wedi'u clymu y tu ôl i'w chefn. Fraser, *Marie Antoinette: The Journey*, tt. 513, 525–6; Schama, *Citizens: A Chronicle of the French Revolution*, t. 675. Gw. del. 3.

*llau. 1443–6* Yr oedd ymateb y Ffrancwyr i briod Lewis XVI, fel merch i Maria Teresa, brenhines Hwngari a phennaeth yr Ymerodraeth Lân Rufeinig, yn negyddol tu hwnt o ddyddiau cynharaf ei theyrnasiad fel brenhines Ffrainc (a gychwynnodd ym mis Mai 1774). Adwaenid hi'n gyffredin fel yr '*Autrichienne*' (sef 'y fenyw Awstriaidd' yn llythrennol, ond o'i rannu'n ddau, 'yr estrys-ast'), ac fe'i cyhuddwyd o ffaeleddau di-rif, gan gynnwys anniweirdeb a llosgach. Yr oedd yn darged hawdd i'r *libellistes* cyn gynhared â *c*.1775–6, ac erbyn y 1790au yr oedd yn destun drama bornograffig, ynghyd â sawl pamffled dychanol. Ni laciodd gafael y rhagfarnau a'r cyhuddiadau yn ei herbyn hyd ei diwedd.

Ym Mhrydain, ar y llaw arall, yr oedd yr ymateb i garcharu a dienyddio brenhines Ffrainc yn llawn cydymdeimlad a braw. Dadleuodd Linda Colley fod ymdriniaeth Edmund Burke â'i hanes wedi llywio'r farn gyhoeddus, ac ymddengys fod ymateb dicllon Hester Piozzi i ffawd Marie Antoinette – 'that hapless Queen of France' – yn dra nodweddiadol. Adlewyrchir cydymdeimlad gwraig lythrennog a breintiedig megis Piozzi mewn baled o waith Richard

Roberts, 'Ychydig o hanes brenhines Ffrainc; y modd y cafodd ei difetha, sef torri ei phen a rhwymo ei dwy fraich ar ei chefn, Hydref 17, 1793'. Colley, *Britons: Forging the Nation*, tt. 266–7, 269–70; Fraser, *Marie Antoinette: The Journey*, tt. 56, 170, 174, 467, 515, 544; Oswald G. Knapp (gol.), *The Intimate Letters of Piozzi and Pennington* (London, 1914; 2il arg., Stroud, 2005), tt. 84, 104; Jones, *Welsh Ballads of the French Revolution*, rhif 7.

Ni ddengys Huw Jones ymwybyddiaeth o'r ystod hwn o ymatebion. Yn hytrach, y mae'n syrthio'n ôl ar y rhagfarn gyffredin mai'r wraig yw gwraidd pechod dyn, er cyfnod Adda ac Efa. Satan yw'r 'ddraig' yn ll. 1445. Cf. llau. 1174n ac 1401–2n.

*llau. 1449–50* Dilynir y bygythiad hwn yn yr anterliwt gan gyfeiriad mwy pendant at farwolaeth plant Lewis a Marie Antoinette yn ll. 1492. Carcharwyd Louis Charles (y Dolffin, yna'r Brenin Louis XVII; 1785–95) a Marie-Thérèse Charlotte (1778–1851) gyda'r pâr brenhinol yn y Deml. Bu farw'r mab o'r ddarfodedigaeth ar 8 Mehefin 1795. Rhyddhawyd ei chwaer hŷn ym mis Rhagfyr 1795, gan ei chyfnewid am garcharorion Ffrengig yn Awstria. Evelyne Lever, *Marie Antoinette: The Last Queen of France*, cyf. Catherine Temerson (New York, 2000); Fraser, *Marie Antoinette: The Journey*, tt. 531–2.

*llau. 1466–8* Ffurf ffug ar y gair 'Iddew, -on' yw 'Iuddewon' y testun. Fe'i lluniwyd gan William Salesbury mewn ymdrech i adlewyrchu'r ffurf Ladin, 'Judaeus'. *GPC* s.v. Iddew. Y mae'r anterliwtwyr yn ddigon parod i ddefnyddio enwau'r Iddewon mewn cyd-destun sarhaus. Cf. y modd y mae'r Cybydd Deifes a Gwerli ei wraig yn *Hanes y Capten Ffactor* yn galw'r naill a'r llall yn 'hen Iddew calongaled' a 'hen Iddewes'. Jones, *Hanes y Capten Ffactor*, tt. 90, 91.

*ll. 1470* Plwyf Llanfwrog, sir Ddinbych.

*llau. 1471–82* Goresgynnwyd Holand (neu'r Taleithiau Unedig) gan Ffrainc ym mis Chwefror 1793, ac ymhellach ym 1794–5. Y mae'n bur bosibl mai cyfeirio at berthynas Ffrainc â'r Iseldiroedd Awstriaidd (sef Gwlad Belg) a wneir wrth sôn am 'Rwystro rhai 'n nhir yr Awstraid'. Daeth y Ffrancwyr yno yn ystod 1793–4 a thrachefn ym 1794–5. Jones, *The Longman Companion to the French Revolution*, tt. 130, 135.

Yn y lle cyntaf, credai'r cynghreiriaid nad oedd llawer o obaith i weriniaeth ifanc Ffrainc mewn rhyfel yn erbyn eu grymoedd unedig hwynt. Erbyn misoedd cyntaf 1794, fodd bynnag, yr oedd rhai o wrthwynebwyr Prifweinidog Lloegr, William Pitt, yn dadlau yn erbyn traha'r rhai a wrthodai lunio cytundeb heddwch â Ffrainc. Wedi rhestru llwyddiannau a buddugoliaethau'r weriniaeth, nododd Charles James Fox: 'Chwi a ddylech gan hynny wybod . . . nad oes dim fath beth a gorchfygu Ffraingc. Myfi welais y dydd y gorfu arnom gymmodi a'r Americaniaid ar ol eu hir ddiystyri, ac o bosibl y gwelaf y dydd y bydd yn dda gennym gael heddwch a'r Ffrangcod.' *Cylch-grawn Cynmraeg*, IV (1794), 282; Doyle, *The Oxford History of the French Revolution*, t. 198.

*ll. 1477* 'Darfuant' fyddai'r ffurf safonol ar 'darfunt' ('darfynt' yn y gwreiddiol). Gellid ei ystyried fel cywasgiad o 'darfu iddynt' neu o 'darfuant' ei hun.

*llau. 1483–6* Prifodl y pennill hwn yw '-eu'. Gallesid dewis '-au' yn ogystal, gan roi 'diau / lwyddai / gorau', ac efallai y byddai hynny'n fwy boddhaol i'n clustiau ni heddiw. Noder, fodd bynnag, fod y ddiweddeb '-eu' i'w gweld mewn enghreifftiau o 'diau' a 'gorau' y tu hwnt i'r testun hwn, a bod y testun hefyd yn cynnwys enghreifftiau eraill o'r ddiweddeb '-eu' ar gyfer ffurfiau berfol 3ydd person (e.e. 'dyleu' a 'daetheu', llau. 1377, 1480). *GPC* s.v. diau; gorau.

*ll. 1497* Gellid ystyried ''Dae' ar ddechrau'r llinell hon fel talfyriad naill ai o 'ped âi / ped aethai' neu o 'pedfae' (= 'petai'). Ffafriwyd yr olaf yn yr eirfa.

*llau. 1503–6* Tirfeddianwyr a marsiandwyr yw'r 'chwiwladron' a gyhuddir yma o werthu ŷd i'r Ffrancwyr er bod galw amdano ym Mhrydain ei hun. Bu cynnydd sydyn ym mhris ŷd rhwng 1793 a 1801, ac yn arbennig felly rhwng 1794 a 1796, yn sgil dau gynhaeaf gwael. Yr oedd cred gyffredinol mai'r fasnach allforio neu duedd ffermwyr i gadw'u gafael ar eu cyflenwad ŷd yn y gobaith o gael gwell pris amdano yn ddiweddarach oedd yn gyfrifol am hyn. Bu terfysgoedd ŷd yn sir Gaernarfon, yn Aberystwyth, yn Arberth yn sir Benfro, yng Nghaerfyrddin ac ym Mhen-y-bont ar Ogwr ym Morgannwg yn ystod 1795. Yng ngogledd-ddwyrain Cymru bu protestio yn Ninbych yn erbyn gorfodaeth filwrol ym mis Ebrill 1795, ac aeth y tyrfaoedd yn eu blaenau i Ruddlan i ddadlwytho ŷd a oedd yn barod i'w allforio. Ymddengys nad allforio i gyfandir Ewrop neu i America a wneid yn ystod blynyddoedd y rhyfel, fodd bynnag, ond yn hytrach i Loegr. Ar Fferi Conwy, eto ym 1795, bu gwrthdystwyr yn rhwystro llongau yn cynnwys grawn o'r ardal rhag cario'u llwythi i Lerpwl. W. Lloyd Davies, 'The Riot at Denbigh in 1795', *BBGC*, IV, rhan I (1927), 61–73; D. J. V. Jones, 'The Corn Riots in Wales, 1793–1801', *CHC*, 2, rhif 4 (1965), 323–50; idem, *Before Rebecca: Popular Protests in Wales, 1793–1835* (London, 1973), tt. 15–17, 20–2, 29; Lord, *Hugh Hughes: Arlunydd Gwlad*, t. 10; ac *ex inf.* John Barrell.

Ceir baledi o waith Ellis Roberts a Huw Jones, Llangwm, o gyfnod y Rhyfel Saith Mlynedd (1756–63) sy'n ymateb i'r un cyhuddiad (gw. Rhagymadrodd). Nid yw protest ynghylch allforio ŷd yn faes dieithr yn yr anterliwtiau, ychwaith. Yn Jones, *Hanes y Capten Ffactor*, t. 73, twyllir y Cybydd Deifes gan y Ffŵl i gredu bod 'act i wŷr yr yde / Na wertho neb ddim gartre'. Rhaid iddynt, yn hytrach, werthu eu cynnyrch i lenwi byrddau 'hylltod o longe Ffrainc a Sbaen / [A ddaw] I fyny hyd flaen yr afonydd'.

*ll. 1505* 'Caria' yw ystyr 'ceriff' – ffurf 3ydd person unigol, modd mynegol, amser presennol y ferf 'cariaf: cario'. 'Fe'i ceriff chwiwladron o yma'n hy'; h.y. 'Fe gaiff ei gludo yma'n haerllug gan ladron mân bethau'.

*llau. 1519–22* Buasai'r Pab yn wrthwynebydd cyson i'r Chwyldro o'i ddyddiau cynharaf, pan gollodd yr hawl i 'geiniog Pedr' gan y Ffrancwyr ym mis Awst 1789. Erbyn diwedd y flwyddyn yr oedd ei ddeiliaid yn Avignon a'r Comtat Venaissin am gael ymuno â'r Ffrainc newydd. Sonnir am densiynau rhwng y Pab a'i ddeiliaid yn yr Eidal yng ngholofn newyddion y *Cylch-grawn Cynmraeg*, dyddiedig 28 Ionawr 1794. Honnir i'r bobl godi yn erbyn y Pab mewn protest yn erbyn ei ymgais i'w trethu i gynnal rhyfel yn erbyn Ffrainc. Fe'u gwasgarwyd gan filwyr a chymerwyd rhai yn garcharorion, ond nodir 'fod llawer iawn o bobl y wlad trwy Itali, yn dechreu cael eu goleuo i weled twyll y grefydd babaid[d]'. Daeth y bygythiad mwyaf i Pius VI, fodd bynnag, pan ymosodwyd ar y Gwladwriaethau Pabaidd yn nyddiau cynnar 1798. Cymerwyd Rhufain gan filwyr y werinlywodraeth, a charcharwyd y Pab hyd nes y bu farw yn Valence yn Ffrainc ym mis Awst 1799. Ni ellir bod yn gwbl sicr nad y digwyddiad olaf hwn yw'r cefndir i honiadau'r anterliwt, ond noder nad yw'r manylion yn cyfateb yn union: sôn am ymosodiad ar y Pab gan yr Eidalwyr (ll. 1521) yn hytrach na chan fyddin Ffrainc a wna'r ddrama. O ystyried rhethreg y *Cylch-grawn Cynmraeg*, a'i honiadau cynnar ynghylch distryw y pab ('caiff Rhufain ei dadymchwelyd fel na byddo Pab mwyach', medd adroddiad 28 Ionawr 1794), y mae'n fwy tebygol mai dychymyg yr anterliwtiwr, wedi'i gyflyru gan straeon megis yr un a ddyfynnwyd o'r *Cylch-grawn* (28 Ionawr 1794), oedd ar waith yma, ac na ddylid chwilio ymhellach am sail hanesyddol i'r rhan hon o'r chwarae. *Cylch-grawn Cynmraeg*, IV (1794), 287; Doyle, *The Oxford History of the French Revolution*, tt. 136, 139, 338.

*ll. 1536* Nid yw ystyron *GPC* s.v. tinaf, tiniaf²: tin(i)o, yn llwyr argyhoeddi yn y cyd-destun hwn ('Cais dinio!'). Tybed ai cyfeiriad at y pen-ôl, a'r weithred o'i daro neu ei ddwyn i'r llawr a geir yma?

*llau. 1537–8* Adlewyrchir y casineb tuag at y Pab yn y modd y mae gwahoddiad i'r gynulleidfa ymuno yn yr ymosodiad arno.

*llau. 1547–8* Ym mhennod 13 o Lyfr Datguddiad Ioan disgrifir dau fwystfil, y cyntaf yn codi allan o'r môr a'r ail o'r ddaear. Dilynodd meddylwyr y Diwygiad

Protestannaidd eu rhagflaenwyr, gan ddehongli'r bwystfil cyntaf fel yr Ymerodraeth Rufeinig a'r ail fel y pab a'i ymerodraeth Gatholig yntau. Yn ôl Thomas Hobbes, y babyddiaeth oedd '[the] ghost of the deceased Roman Empire sitting crowned on the grave thereof'. Datguddiad, pennod 13; Christopher Hill, *Antichrist in Seventeenth-Century England* (Oxford, 1971; arg. diwygiedig, London, 1990), tt. 1–7. Cf. hefyd y cyfeiriad at 'Anghenfil' yn ll. 1551.

*llau. 1563–70* Y mae'r apologia yn elfen stoc ar ddiwedd anterliwtiau. Er i anterliwtwyr cynharach hawlio sylw eu cynulleidfaoedd am gyfnodau honedig faith ('tros dair awr' yn ôl 'Cronicl y Cymry'), y mae Huw Jones yn pryderu am ei ddiffyg gallu i gyflwyno stori'r Chwyldro'n llawn o fewn terfynau amynedd a chanolbwyntiad y dorf. Dadleuodd Kate Roberts fod yr anterliwtiau 'yn feichus o hir', ac y mae'n bosibl bod awduron mwy diweddar megis Huw Jones yn fwy ymwybodol nag erioed o'r gystadleuaeth am sylw ei gynulleidfa ac yn ymdrechu'n galetach o'r herwydd i beidio â chreu testun rhy faith. Kate Roberts, '*Anterliwtiau Twm o'r Nant: Pedair Colofn Gwladwriaeth, a Cybydd-dod ac Oferedd.* Golygwyd gan G. M. Ashton' (adolygiad), *Lleufer: Cylchgrawn Cymdeithas Addysg y Gweithwyr yng Nghymru*, 20, rhif 4 (1964), 179; [Owen], 'Cronicl y Cymry', tt. 383, 442–3, 444.

*ll. 1565* Noder mai 1899 yw dyddiad yr enghraifft gyntaf o 'ciwt' yn *GPC*, sydd hefyd yn nodi defnydd cyffredin ar lafar.

*ll. 1569* Tynnu wyneb, gwneud ystumiau dirmygus, yw ystyr '[g]wneud gên'.

*ll. 1570* Annisgwyl yw'r treiglad yn 'y ganwr o Lanconwy'. Tybed a oes arlliw o'r gair 'goganwr' ('Beiwr, absennwr, difenwr; dychanwr', *GPC* s.v. goganwr) y tu cefn i'r gair?

*ll. 1575* Daeth yr alaw 'God Save the King' neu 'Duw Gadwo'r Brenin' i fri ymhlith cefnogwyr y Stiwardiaid, olynwyr Siarl I, a alltudiwyd o Brydain yng nghyfnod y Chwyldro Gogoneddus. Yn sgil glaniad yr Ymhonydd Charles Edward Stuart ar dir Prydain ym 1745, fodd bynnag, fe'i mabwysiadwyd gan gefnogwyr y brenin Hanoferaidd, Siôr II. Daeth yn gynyddol boblogaidd yn nau ddegawd olaf y ddeunawfed ganrif, ac erbyn dechrau'r bedwaredd ganrif ar bymtheg fe'i hystyrid fel anthem genedlaethol Prydain gan ddeiliaid teyrngar Siôr III, er i radicaliaid hefyd wneud defnydd ohoni at ddibenion dychanol ac eironig. Colley, *Britons: Forging the Nation*, tt. 46–7, 224, 357; Michael T. Davis, '"An Evening of Pleasure Rather Than Business": Songs, Subversion and Radical Sub-Culture in the 1790s', *Journal for the Study of British Cultures*, 12, rhif 2 (2005), 115–26.

Y mae mydr y fersiwn o 'Duw Gadwo'r Brenin' a welir yma yn cyfateb i'r mydr a ddisgrifir gan Hugh Hughes (Tegai) fel 'Duw Gadwo'r Brenin (Ffordd Gwynedd)' yn *Gramadeg Barddoniaeth* (1862), a cheir yn yr atodiad osodiad o'r geiriau ar yr alaw 'Duw Gadwo'r Frenhines', o gasgliad J. D. Jones, *Caniadau Bethlehem* (Rhuthun, 1857), t. 16. Addaswyd yr amseriad er mwyn i'r geiriau gydweddu â'r dôn yn foddhaol. Y mae'r alaw yn debyg i anthem Prydain, ac yn wahanol i'r dôn a ddisgrifir fel 'Duw Gadwo'r Brenin yr hen ffordd', sef yr alaw a ddefnyddiodd Huw Jones ar gyfer canu cerdd 2. Atgyfnerthir y gefnogaeth i'r Brenin yng ngeiriad ll. 1599, fel sy'n gyffredin ym mhenillion olaf baledi'r cyfnod, ac nid oes lle i amau defnydd eironig o'r dôn, yma.

*llau. 1603–6* Tebyg mai ychwanegiad yn y fersiwn argraffedig o'r anterliwt yw'r pennill hwn, sy'n ymdebygu i weddi ac yn adleisio teyrngarwch yr awdur i'r Brenin. Cf. ll. 1575n.

## *Tonau'r Anterliwt: Nodyn*

Y mae'r gosodiadau sy'n dilyn o'r alawon a enwir yn yr anterliwt yn seiliedig ar amryw o ffynonellau cerddorol, yn eu plith gasgliadau llawysgrif megis rhai John Jenkins (Ifor Ceri) a J. Lloyd Williams, ynghyd â chasgliadau argraffedig o waith Edward Jones (Bardd y Brenin) a Nicholas Bennett. Gwnaed defnydd yn ogystal o waith mwy diweddar a gyhoeddwyd yn *CCAGC* a *Canu Gwerin*. Ceir gwybodaeth ynghylch yr alawon yn y nodiadau i'r testunau ac enwir y ffynhonnell gerddorol o dan bob gosodiad. Cymerwyd y rhyddid i addasu rhai elfennau ar yr alawon yn y ffynonellau hyn er mwyn eu gwneud yn gwbl briodol ar gyfer y geiriau a osodir. Y mae'r newidiadau a wneir yn cynnwys ychwanegu marciau ailadrodd, defnyddio gorffwysau lle yr oedd y geiriau'n gofyn am hynny, a newid amseriad barau yn achlysurol er mwyn adlewyrchu'n fwy ffyddlon union anghenion y geiriau. Nodwyd achosion lle y mae angen i ganwr yr alawon asio sillafau o fewn un nodyn (e.e. 'eu' ac 'i' yn '[gan]eu i [Dduw]' gyda'r arwydd ⌢ rhwng y ddwy elfen. Ni newidiwyd traw nodau, ac nid ymyrrwyd yn ddiangen â rhythmau'r alawon gwreiddiol. Noder na lwyddwyd i ganfod ffynhonnell gerddorol ar gyfer pob un o'r alawon a enwir yn y testunau.

    Y mae'r un egwyddorion i'w gweld ar waith yn y gosodiadau o gerddi a baledi Huw Jones, ar tt. 186–9.

## Tri Chant o Bunnau
llau. 499–538

D: = Dic
M: = Morys

Ffynhonnell: Edward Jones, *The Bardic Museum* (London, 1802), t. 62.

## Tempest of War
llau. 699–722

Ffynhonnell: LlGC, llsgr. J. Lloyd Williams, AH 1/48.

## Betty Brown
llau. 1259–90

*Ffynhonnell*: llsgr. LlGC 1940Aii ('Per-seiniau Cymru'), ffolio 65ᵛ.

## Difyrrwch Gwŷr y Gogledd

llau. 1383–1406

Ffynhonnell: llsgr. LlGC 1940Aii ('Per-seiniau Cymru'), ffolios 78ᵛ–9ʳ.

## God Save the King
llau. 1575–1602

Ffynhonnell: 'Duw Gadwo'r Frenhines', yn J. D. Jones, *Caniadau Bethlehem* (Rhuthun, 1857), t. 16.

# Baledi a Cherddi Huw Jones, Glanconwy

*Baledi argraffedig*

1. *'[Cerdd] yn achos y rhyfel presennol'*
   *Tôn: 'Charity Meistress'*

Ow! 'n brodyr, Ynys Brydain,
Sy druain draw, yn brudd mewn braw;
Wrth ymladd yn y meysydd
Mae'n ufudd lawer naw.
Mae hyn yn chwedl garw, 5
Byd chwerw a chur i amryw wŷr,
Sy'n ymladd yn y meysydd
Beunydd oll yn bur.
O ddeutu Ffrainc ffyrnica'
Mae rhyfel yma, henwa' hyn; 10
Mae gwae ar gnawd, gwn, aml frawd
Wrth weld y sawd mor syn.
Does yno neb yn chwareu,
Ond trin y gynneu, moddeu mawr,
A'r cleddyf sydd yn rhwygo'n rhydd, 15
Annedwydd yw yn awr.

Yno mae'r llabuddio
A'r llarpio llym – nid gartref 'ddŷm,
Ond yno o flaen gelynion
Sydd gryfion iawn eu grym. 20
Nid gartref yn y cornel
Mae rhyfel rhydd – on'd sŵn y sydd!
Yng nghanol dyffryn alon
Mae'r dynion ar bob dydd.

Yno mae rhyfela 25
Mewn och, a lladdfa mawr a llid!
Yr Arglwydd pur a gadwo'n gwŷr
Yn gywir oll i gyd.
Nid gartref ger y byrddau
Wrth fwyta prydau yn eu pryd 30
Mae rhyfel hwn, ond yno, gwn,
Ac arno bwn y byd.

Nid gartref mewn tafarnau
Mae'r gynnau i gael i dreio'r drael
Ond yn y meysydd gwaedlyd, 35
Oer ffunud, yn ddi-ffael.
Mae aml fydolddoethyn
Neu ffwlcyn ffôl yn ddrwg ei rôl
Gan sôn o egni'i galon
Am ddynion sy'n y ddôl! 40
Mae rheini'n beio arnyn'
Ar hyd y flwyddyn mor ddi-flas,
Heb arnynt gur ond gwawdio'n sur
Y milwyr sy'n y ma's.
'Dae rheini'n mynd eu hunain 45
Yno, druain, ymbell dro
Fe fydde rhai â'u sŵn yn llai
Sy'n edliw'r bai na bo.

Hawdd i chwi siarad, gartreu,
Ryw chwedleu chwith, rifedi'r gwlith; 50
Ni wyddoch chwi na minnau
Mo'r plaeau sy'n eu plith!
Hawdd gennych sôn mewn cornel
Am ryfel, rai, gan ddeud mewn tai,
'Does undyn dan y Brenin 55
O'r fyddin yn ddi-fai.'
Bydolddoethion aflan
Yw rheini'n gyfan, wantan wŷr!
Nid yma mae rhai'n gweiddi gwae,
Ond yn y cae mae cur. 60

Ped fae'r holl hen chwedleuwyr
Gyda'r milwyr yn y ma's
Fe dorrai lol pob gwantan siol –
Ni fydde'r frol mor fras.

Cymwysach i chwi, bobol,                                65
Ymorol, mi wn, drwy rhyfel hwn,
Weddïo dros rai'n ddyfal
Sy am gynnal cledde a gwn.
Dyna y rhai sy'n myned
Trwy gred a grym i rhyfel llym;                         70
Nid eiff yr hen chwedleuwr,
Er maint ei ddwndwr, ddim.
Nid gartreu mae rhyfelwyr
Ond gyda'r milwyr yn y maes;
Ac yno'n ffri, rwy'n dweud i chwi,                      75
Mae medi llwyni'n llaes.
Yno mae'r ergydio
A'r cledde'n rhwygo, blingo'i blant;
Mewn mwg a thân mae dynion glân
Yn cwynfan lawer cant.                                  80

Wrth ymladd efo'r Ffrancod
Mae trallod trwm rhwng powdr plwm;
Mae rhai mewn byd ofnadwy
Wrth dramwy ar ôl y drwm.
A'r clerau sydd yn clirio                               85
Gan byncio'n bêr drwy'r fyddin ffêr
I gadw'n gry' bob calon
O'n dynion tirion têr.
Bed fae heb sŵn y drymau
Efo'r clerau yno'n cloi                                 90
Bob bonllef hyll, y gwŷr mewn dull
A gymrai ffull i ffoi.
Sŵn muwsig sy'n y meysydd
Yn rhoi distawrwydd i bob dyn
Rhag sŵn rhai cla' sy'n gweiddi 'Ha!'                   95
Yn gyfa' bod ag un.

Mae yno rai, mi glywsoch,
Mewn och a nych, rhai gwael, rhai gwych,
A rhai 'r ôl colli'r hoedel
Mewn rhyfel aeth i'r rhych;                     100
A rhai gadd dorri aelodau
'N un darnau dwys, sydd heb orffwys,
Ond crio ac wylo'n galed
Ym min y geued gŵys.
Rhai'n feirw, rhai'n friwedig,                  105
Sy'n gymysgedig yn y gwaed;
Sawl fu ger bron i'r lladdfa hon,
Mawr gŵynion yno a gaed.
Hawdd gennym sôn heb feddwl
Y bod rhyw ddwbwl drwbwl draw;                  110
Fe altre'n bloedd ped faent ar goedd
Yn lluoedd ger ein llaw.

Ond hyn sydd newydd garw,
Blin dwrw du i fame a fu
Yn magu â llaeth eu bronnau                     115
Yn ddiau lanciau lu,
Ac iddyn' fod mewn rhyfel –
Mae'n uchel nâd pob mam a thad
Wrth gofio eu hannwyl feibion
Oedd wiwlon yn y wlad.                          120
A rhai sy am geraint heini
Yn flin eu stori mewn ystŵr,
A'r lleill am wŷr yn cario cur
Is awyr oll yn siŵr;
Waeth iddyn' roddi ffárwel                      125
I rai sy â rhyfel yn eu rhan,
Ond dweud mewn rhôl
Os doent yn ôl, cawn 'morol yn y man.

Ein Llywydd hollalluog
Sydd gefnog Ŵr drwy'r sail yn siŵr;             130
Y Fe sy'n rhoi rhyfeloedd
Ar diroedd maith a dŵr.

Oherwydd baich o bechod
Mae'r trallod trud i boeni'r byd,
A dyna'r achos weithan 135
Yr ŷm ni'n cwynfan cyd.
Sawl fyddo'n pechu'n atgas
Caent odde' lleas, dias Duw;
Fe laddodd blaid, wrth angen rhaid,
O'r Israeliad ryw. 140
Gweddïad pawb yn ddiwyd
Trwy bur feddylfryd yn ei ddydd;
Daw Duw'n y man â help i'r gwan
Yrŵan er na rydd.

Os cawn ni Dduw i'n hochor 145
Drwy'r môr a'r ma's ar hyn o sias,
Ni ddichon un o'r Ffrancod
Roi inni gernod gas.
Ni ddichon uffern gethin,
Hen fyddin faith, mo'n curo chwaith 150
Os cawn ni Dduw i'n hystlys
I'n tywys yn ein taith.
Ac eto Duw sy'n gwybod
Pwy fwya' ei bechod sy'n y byd;
Gweddïwn ni rhag digwydd cri 155
I brofi ar ryw bryd.
Yr Arglwydd a'n deffrotho
Ac a'n puro bod y pen
I fod yn bur i Siôr a'i wŷr
Fel milwyr oll, Amen. 160


*Ffynhonnell*: Baledi Cymru ar-lein (Cwp LlGC); JHD 627bii

*Teitl y ddogfen*: Dwy Gerdd Newydd. Yn gyntaf, Carol plygain ar Difyrwch Gwyr y Gogledd. Yn ail, Yn achos y Rhyfel presennol [y gerdd gyntaf gan Dafydd Thomas]

*Manylion argraffu*: d.ll., d.d.

*Darlleniadau'r testun gwreiddiol*: 66. miwn; 127 dyweud

2. '[Cerdd] yn rhoi hanes brwydr a fu rhwng Lloegr a Hisbaen,
y 14 o Chwefror 1797, a'r modd y gorchfygwyd yr
Ysbaeniaid gan Syr John Jervis, Admiral Lloegr'
Tôn: 'Duw Cadw'r Brenin'

Llawenwn oll unwaith trwy burffydd yn berffaith,
   Mae odiaeth deg araith ar goedd:
'N mis Chwefror yn ddieu bu brwydr rhwng llongeu –
   Cewch glywed mai chwareu gwych oedd.
Cychwynne'r Ysbaeniaid tu'g at y Ffrainconiaid 5
   Fel diawlaid a bleiddiaid rhag blaen,
Ar feddwl cysylltu i gael ein gorchfygu,
   A'u llid oedd yn cynnu fel caen.
Un Admiral Serfus, pan glywodd yn hysbys,
   Ae'n ddirus a hwylus o'u hôl; 10
Ymhen tridiau, hefyd, sef ar ddydd Mawrth Ynyd,
   Fe wele'r wâr enbyd ddi-rôl.

Yn erbyn gwŷr Prydain, sef gan Ysbaen filain,
   Roedd saith llong ar hugain yn rhes;
Gan Loegr bach wisgi roedd pymtheg llong wedi, 15
   A hynny o gyfri 'ma ges.
Fe ddwede'r Ysbaeniaid, 'Wel, dacw'r Brutaniaid,
   Trueiniaid fel defaid ar don!'
Troi'n ôl yn llawn balchder i'r frwydr ar feder
   Lladd nifer bach Lloeger yn llon. 20
Llawenant o'r achos, nis gallant mo'r aros
   I ddyfod yn agos i ni;
Ond dywedyd, 'Hai, taniwn, a'r sothach a saethwn,
   Hen gorgwn, ni a'u lladdwn fel lli!'

A'n hadmiral ninneu a fforddiodd ei longau 25
   Cyn dechreu rhoi'r gynneu ar 'u gwaith,
Gan ddwedyd fal yma, 'Mae inni ryfela
   Yn erbyn y dyrfa sy ar daith!'
[R]oedd llongau mawr erchyll Ysbaen 'r ôl ymgynnull
   Yn edrych fel cestyll o'u co'; 30
Ond llongau bach Lloegr, pan ddaethant ar gyfer,
   A'u rhoddodd mewn trymder bob tro.

Ymladde'n gwŷr tyner dros bum awr a hanner
   Er nifer iselder yn siŵr,
Nes gweld Ysbaen ddynion [?ar] dop y môr eigion    35
   Fel hen lamidyddion yn dŵr.

Pan wele Sbaen erwin eu llongeu mor gregyn,
   Gwybuont mai cethin eu cost.
Dywedant yn unblaid, 'Nid ydyw'r Brutaniaid
   Yn ddefaid, ond diawlaid blin tost!'    40
Rhedasant tu' chartreu a'r tân 'n eu tinau,
   A'u *ll*ongau, oer foddau, [a]r feth;
Aeth cantoedd trwy drallod o'u dynion i'r g[w]aelod
   Yn fwyd i'r hen bysg[od] am [?be]th.
Eu hadmiral ffyrnig a'i long fawr gythreulig,    45
   Oedd ysig, fethedig ei thop;
Bu gorfod i'w longe ei llusgo hi â rhaffe
   Am gartre', myfyrie'r hen fop.

Fe gymre'n gwŷr ninneu toc beder o'u llongau
   Ar wyneb y tonnau drwy'r tân;    50
Dau cant, trigain union ac un oedd yn feirwon
   O'u dynion, rhwng mowrion a mân.
Tri chant dau a deugain o fri-wŷr yn ochain
   Ar y pedar llong filen ar fôr;
Pwy ŵyr pa faint hefyd a gollodd eu bywyd    55
   O'r lleill ddarfu symud rhag Siôr.
Os ar ddydd Mawrth Ynyd y daeth y llu gwaedlyd
   Lladronllyd i'n symud yn syth,
Nhw gafodd grempogau o blwm a thân golau
   A sai yn eu boliau dros byth.    60

Fe gadd yr Ysbaenaidd, do, gan y Brutanaidd,
   Bryd ffiaidd, wawr blymaidd, o'r blaen;
Elisabeth hyfryd a'i rhoddodd o hefyd
   Pan drechodd weis bowlyd Ysbaen.
Os darfunt ymprydio er yr egwyl honno,    65
   Roedd yn amser cael cinio mewn cell,
Ac felly 'r tro yma 'r ôl cymryd eu rhedfa
   Hwy gowsont eu gwala'n ddau gwell.

Saith ddeg a thri union o'n gwŷr a lladdason'
   Yn y frwydr hell, greulon o graith;                   70
Dau gant, medd hanesion, ac ugain brifason'
   O'n dynion, weis union, a saith.

Ond cofiwn ni'n ddiau mai nid nerth ein harfau
   A rwygodd eu llongau mewn llid,
Ond llaw Duw galluog, Pen Brenin trugarog,              75
   A'u gwnaeth nhw mor garpiog i gyd.
Mawr, mawr yw amynedd Duw Tad a'i drugaredd
   Sy'n cadw'n glân annedd i ni!
Haeddasom ers amser wrth gwrt y cyfiawnder
   Droi Lloegr i brudd-der o'i bri.                       80
Philistiaid anraslon a aeth i dŷ Dagon
   'R ôl caffael i Samson fawr sen;
Rhag ofn ein dibennu, na wnawn ni mo hynny,
   A Duw ddelo i'n maethu ni, Amen.

*Ffynhonnell*: Bangor 8(4); JHD 417i

*Teitl y ddogfen*: *Dwy o Gerddi Newydd Yn gyntaf Yn rhoi hanes Brwydr, a fu rhwng Lloegr â Hisbaen; y 14 o Chwefror 1797 a'r modd y gorchfygwyd yr Ysbaeniaid gan Sir John Jervis Admiral Lloegr. A genir ar Duw Cadw'r Brenhin. Yn ail Carol Plygain, ar Derfyn y Dyn byw*

*Manylion argraffu*: Ishmael Davies, Trefriw, [1797]

*Darlleniadau'r testun gwreiddiol*: 17 Ysbainiaid

## 3. 'Carol Plygain'
### Tôn: 'Difyrrwch Gwŷr y Gogledd'

'N ôl 'r arfer, dyner daith, wneud canu, wiwg[u] waith,
Ar doriad dydd er moli'r Arglwydd maith,
Na 'dryched neb yn drist wrth byncio croeso Cr[ist],
Ond canu o wraidd y galon, sanctaidd gist.
Os gwnawn ragrithio pyncio pell                              5
O'n bodd, yn wir ni byddwn well;
Be' dâl rhyw wael benillion? Y galon ydyw'r gell.
Gwnâi Moses rwydd ei gân ddi-roch
I godi mawl 'r ôl gado'r moch,
Pan ddaeth i dir heddychlon, wr cyfion, o'r Môr Coch.        10

Hosanna, mwyna' mawl, i'r Duwdod, hynod hawl,
Ein Meddyg maith fu'n difa gwaith y diawl.
O, Feddyg diddig da yn rhwydd a drugarha,
E wnaeth ei ran o'n plegid dan y pla!
Tra bu ar y ddaear liwgar las                                15
Dioddefe 'i demtio a'i guro'n gas
A marw dros ein camwedd – O, rhyfedd, ryfedd ras!
Pam na wnawn wylo a gwyro ein gwawr
Yn gyfan oll wrth gofio'n awr
Am waed yr Arglwydd Iesu oedd yn diferu'n fawr?              20

O, gariad Ceidwad cu, iawn Frawd o'r nefol fru,
Emanuel, dan boene fel y bu!
Nêr Seilo, gryno graig, neu wreiddiol Had y wraig –
Daeth o'r nef wen i ddrygu pen y ddraig.
Mae'r ne'n agored i ni gyd                                   25
A'r gelyn dwys yn rhwym wrth did,
A chariad mawr tragywydd ein Llywydd heb ddim llid.
Wel, pwy yn awr a sai yn ôl
Mewn gwall o raib, ar golli'r ôl?
Gwn nad y pererinion, ond ffals forwynion ffôl.              30

O, deimlad ym mhob dyn cyn twyllo heno'i hun! –
Mae'r farn i fod yn barod i bob un;
Mae'r einioes mor ddi-rym – er braw hi ddaw yn ddim,
Ac angau sydd yn gigydd, llofrudd llym.

Ow, trown yn awr, tra bôm ni'n iach,  35
Oll o wŷn swrth mewn lliain sach!
Pam 'r awn i'r llyn sy'n berwi i boeni'r enaid bach?
Bu Frenin Seion farw'n syth
I'n dwyn o'r gwaelod, nychdod nyth,
A ninnau mor ddiofal yng ngafa'l Belial byth.  40

Och, g'wilydd, aflwydd yw, di-glod ein bod yn byw,
Wrth bechu'n ffraeth ddydd iechydwriaeth Duw!
Yn awr yw'n amser ni, sy'n gymeradwy ri' –
'Wiw galw'n ôl o graith tragwyddol gri.
Pan dorro oedran truan trwy  45
I fain-dŷ'r clai, ni fendir clwy;
Medd angel Duw'r uchelder na fydd dim amser mwy.
Wel, pwy sy'n efre, bryche briw?
Cheiff ond y gwenith fendith fyw;
Cynhaeaf mawr sy'n dyfod, sef teg gyfarfod Duw.  50

Bydd trallod, cryndod cry', drwy'r hagar ddaear ddu
Pan ddaw i lawr ryw Frenin mawr o fry.
Yr Iesu dwysgu ddaw, a'i wyntyll yn ei law;
Fe chwyth yr us a'r manus drygus draw.
Fydd fawr o gnawdol chwyddol chwant  55
Gan y colledig blysig blant,
Wrth weld y diwrnod hwnnw yr ulw, berw bant!
O, heddiw i Seion cydnesewch,
Os doir i'r mynydd, cynnydd cewch!
Er mwyn eneidiau gwirion, O, ddynion, pam na ddewch?  60

Rhag uffern, gethern gad, sy'n glir am lyncu'n gwlad,
O, Frenin ne', dod yn ein lle wellhad!
Gair byth yn syth a sai yn fwy hir na'r tir na'r tai –
Rhag cleisiau clwy na fyddwn mwy ar fai;
Tragywydd hir, ni ddiweddha,  65
Tra byddo byth na chwyth na chwa,
Dros byth bydd taledigaeth i'r diffaith ac i'r da.
O bryd i bryd daw'r byd i ben,
Mae oed ein Prynwr fu ar y pren
Yn ddaunaw cant ond tair blwydd, cym' Arglwydd ni oll, Amen.  70

*Ffynhonnell*: Bangor 14 (19); ceir copi o'r un argraffiad â'i gyflwr ychydig yn llai perffaith yn Bangor 8 (8); JHD 415i

*Teitl y ddogfen*: *Dwy o Gerddi Newydd Yn gyntaf Carol Plygain ar y mesur a elwir, Difyrrwch Gwŷr y Gogledd. Yn ail I ddeisyf ar y Goruchaf Dduw roddi Bendith a llwyddiant, i Filwyr Brydain Fawr yn yr amgylchiadau presennol, gan fod ein Gelynion a'u hymgyrch i Dirio i mewn; Ynghyd ag ychydig o gysur i'w perchenogion* [yr ail gerdd gan John Williams]

*Manylion argraffu*: Ismael Dafydd, Trefriw, [1797], tros Robert Prichard

*Darlleniadau'r testun gwreiddiol*: 21 nefol fry; 23 Nef; 53 wyntill

## 4. 'Carol Plygain'
### Tôn: 'Terfyn y Dyn Byw'

Cydganwn oll ogoniant a moliant i Dduw mawr,
Rhown hirglod fyth i'n Harglwydd, Pen-llywydd nef a llawr;
Yng ngwyliau'r glân angylion gwnaed ffyddlon gyson gân
Wrth draethu'r da newyddion i fowrion ac i fân.
Mae'r newydd eto'n addas i bawb sy am deyrnas Duw     5
Fod Aer y nefoedd loyw i'n codi o feirw i fyw,
Hoff annwyl Ymddiffynnwr, Gwaredwr dynol-ryw.
Ar gyfer heddiw'n gofus dae'r moddus Arglwydd maith
I achub hilbridd Ebron, sef dynion, dylion daith –
Rhown ninneu i Grist yn bendant ogoniant yn y gwaith.     10

Tra gwrol oedd trugaredd a rhinwedd yr Oen rhad
Pan ddae Fe, 'n Frenin Seilo, i'n dyddio ni, a'i Dad;
Dros Adda, hen droseddwr, ein gwerthwr, noethwr ni,
Dioddefodd yn Ei ieuenctid oer ofid Calfari.
Fe roddodd rhwng y lladron o'i galon wirion waed,     15
Oen hylwydd, cadd Ei hoelio nes rhwygo a dryllio'i draed,
Dibrisio'r Arglwydd cyfion yn union yno a wnaed.
Ein bendigedig Awdwr a'n Prynwr, Carwr cu,
A'n code i wlad uchelder o ddyfnder uffern ddu,
Wel, pwy na phlyge'i ddeulin i Frenin mawr o fry?     20

Och, hefyd, pwy na chofia'r Mesïa, pura' pwyll,
Pan gare Fe'n heneidie hyd angau mor ddi-dwyll!
Yn faban bach o'i febin hyd at Ei derfyn dwys,
Cadd lawer hynt dymhestlog, afrowiog bigog bwys.
Bu'n cario'r groes Ei hunan fel dynan ar Ei daith     25
Nes mynd yn rhy flinedig – dioddefe'r Meddyg maith;
Er cimaint poen a gafodd, ni chwynodd yno chwaith.
Gallase gario'r moroedd, mynyddoedd mawr yn un,
Ond trymach baich o lawer oedd dwyster gamwedd dyn,
Ac effaith hwn pan gariodd, dihoenodd Crist 'i hun.     30

Ein pechod, hynod henw, oedd chwerw garw gur –
I'r cofus Arglwydd cyfion rhoes hoelion dwysion dur.
Ein pechod ni a'i gwasgodd pan griodd ar y groes
Mor daer ar Dduw gorucha', mewn c'leta', lyma' loes.

Ein pechod ni pan lefodd a holltodd diroedd dwys, 35
Yr haul-wen fawr a d'w'lle wrth ddiodde' poene pwys
Oherwydd ing gystuddiol Oen grasol ar y grwys.
Er ateb i'r 'Sgrythureu gollynge'i waed yn llyn
I wneuthur â ni gymod dros bechod, sorod syn,
A phwy na chanai'n bendant ogoniant Iesu gwyn? 40

Ond cofiwn ninneu eto am beidio â gwawdio'r Gŵr
Fu'n gwneuthur mawr drugaredd mor sanctaidd inni'n siŵr;
Os darfu i Grist ein prynu a'n tynnu i fyny'n faith –
Ond nid i fyw mewn pechod – gwnawn ganfod gwaelod gwaith.
Nid ydyw Crist yn Feddyg ond i'r drylliedig llwm 45
Fo wedi gweld ei waeledd a'i agwedd, trosedd trwm;
A hwnnw gaiff o'i gariad ddatodiad cloead clwm.
Ni cheiff Herodiaid mono er chwilio, trystio, troi,
Am iddynt fod mor uchel am ryfel yn ymroi –
Mae Crist y Brenin Seilo, hoff eto, fyth yn ffoi. 50

Wel, fel y Mab Afradlon yr awron yn ddi-roch
Awn at y Tad goruchel, drwy 'madel bawb â'r moch;
Ni gawn ein derbyn gantho a'n llwyddo i gyd yn llon,
Ond cyfri'n cyfiawnderau yn fratiau ger ei fron.
Mae'r angau bach yn dyfod â'i ddyrnod, syndod syth, 55
Dilynwn ffordd y Ceidwad â chariad tra fo chwyth,
Rhag mynd i'r llyn sy'n berwi i boeni'r enaid byth.
Os awn i uffern ulw bydd hynny'n arw i ni,
I roddi'r eneidiau gwirion tylodion, greulon gri,
A chymaint gwadd i'r nefol dragwyddol freiniol fri. 60

Mae'r oedran mewn parodrwydd wyth ganmlwydd deng mlwydd daw,
Wyth ddeuddeg adeg ydi, a chwedi nodi naw;
Wyth deunaw chwe naw chwaneg, tair wiwdeg iawndeg yw,
Chwe chant a phedwar uga'n, yw diddan oed Mab Duw.
Ar fyr cawn weld Ei wyneb yn Ei ddisgleirdeb glân, 65
Yn barnu'r byw a'r meirw yng nghanol twrw'r tân –
Sef pawb o feibion dynion, yn fowrion ac yn fân.
'R Ysgrythur sydd yn disgwyl y perwyl hwn i'r pen:
Cawn weld y byd yn datod drwy syndod mawr a sen,
Ond Duw dderbynio r 'neidiau 'mhob moddau fyth, Amen. 70

*Ffynhonnell*: Bangor 8(4); JHD 417ii

*Teitl y ddogfen*: gw. cerdd 2.

*Manylion argraffu*: Ishmael Davies, Trefriw, d.d.

*Darlleniadau'r testun* 11 Tragwrol; 21 Messia; 23 febyn; 38 'Scrythyreu; 47 ddadtodiad cloiad; 50 Seilio

## 5. Englyn

Duw ein cred, tyrd gwareda, – Duw Iesu,
    Dy weision drwg yma;
  Duw nid pell tyrd i'n gwella,
  Dydi'n glir yw Duw da'n gwlad.

*Ffynhonnell*: Bangor 8(4); JHD 417 yn dilyn cerddi 2 a 4

*Teitl y ddogfen*: gw. cerdd 2.

*Manylion argraffu*: Ishmael Davies, Trefriw, d.d.

## Cerddi llawysgrif

### 6. 'Carol Plygain'
### Tôn: 'Hir Oes Dyn'

Canmoled, caned côr, trwy'r meysydd, mynydd, môr,
I'n Harglwydd, ddedwydd Iôr, gan agor cyngor cu.
Angylion gwynion gwiw yn ddoeth a ganeu i Dduw
Pan aned Crist yn Nuw, rhag dilyw, distryw du.
Cydganwn ninnau'n gu a llawen hefo'r llu,                    5
Gan orfoleddu'n lân mewn ffyddlon gyson gân.
O fawr i fân, ni gowson dduwdod
Yn y dyndod – Duw hynod diwahân.
A'r sawl a gân o serch i fywiol Had y ferch,
Rhoed annerch heddiw ar dwyn fel diddig fiwsig fwyn        10
Uwch llen y llwyn; a rhown yn gynta'
'Haleliwia' i'r Alffa, Omega mwyn.

Wrth ganu i'r Iesu gwyn, da imi henwi hyn
O'i drallod, sorod syn, wrth gychwyn ar y gwai[th]:
Ym Methlem, Arglwydd m[?awr] a welwyd gyda'r waw[r]       15
Mewn tre', a'i le ar lawr – Och, [--------] dirfawr daith!
O, llygraidd oedd y lle i blentyn, Impyn ne',
Ym Methlem dre', a Mair mewn beudy, gwely gwair!
A gwir y Gair i'n dwyn i'r hyfryd
Fywiol fywyd, o benyd uffern bair.                          20
Fe dyfai Grist yn deg, yn Brynwr heb ddim breg,
Mor landeg yn Ei liw, tiriondeb wyneb gwiw;
Yn ddyn, yn Dduw, Pôr a Cheidwad,
Pur Iachawdwr, a Barnwr meirw a byw.

Ein Brenin glân o bryd, traws boenodd tros y byd           25
Tan bechod, trallod drud, o hyd o'i grud i'w groes.
Ein duwiol Arglwydd da, byd sur o gur y ga'
Hyd friwiau, cleisiau cla', Calfaria, lyma' loes.
Ac yno'r Iesu gwyn a hoeliwyd wedi hyn,
Ond gwrthun oedd y gwaith – rhoi'r Cyfion, union iaith,    30
I'w faeddu'n faith, a'i waed yn ddagrau
Tros eneidiau, fel ffrydie, llyniau llaith.

A chrog eneiniog Nêr a burodd oll yn bêr –
Cyfiawnder, erwin farn, a sathrwyd yno'n sarn
Er cyd y carn; Ei waed a flotiodd  35
Lyfrau'r 'Madrodd – fe'u duodd oll bob darn.

Fe dybie llawer dyn am Iesu, lwysgu lun,
Na roese barch i'r un, 'r ôl dygn derfyn du;
Ond eto o'i fedd y daeth, at Seion union aeth –
Tangnefedd iddi wnaeth trwy'r helaeth gyfraith gu.  40
O, gariad, wiwrad wedd, ein Priod, hynod hedd!
Mor buredd, mawr Ei boen, gwnaeth gymod, hynod hoen,
Rhag uffern ffroen; gogoneddus
Gwiw gynyddodd, gwir enwodd wraig yr Oen.
Wel, glynwn yn ein gwlad mewn ffydd o hir goffâd  45
A chariad, tra bo chwyth, yn Seion, union nyth;
Hi sai*f* yn syth gael bod yn ffyddlon
Blant Duw cyfion, ac etifeddion fyth.

Ceiff Seion, graig lon gre', weld pryd Anwylyd ne'
A gwynfyd gydag E – mewn siwrne mae'n nesáu;  50
Cerbydau, cloeau clyd, o gariad Duw i gyd
I'w nôl i'w foddol fyd – bydd hefyd i'w boddhau.
Angylion, gweision gwiw, ac arfau, doniau Duw,
Uchelryw cyfryw cu, i'w harwain eto'n hy,
A llon y llu i blas cyfamod  55
Lle mae'i Phriod a'i Duwdod yn Ei dŷ.
Edrychwn ninnau drwy nod deunaw cant ond dw[y],
Sy am bur safadwy ben yr Eglwys wiwlwys wen;
Yn awr dan h[o]n mae derbyn grasol
Frenin nefol, ond ymorol bawb, Amen.  60


*Ffynhonnell*: llsgr. LlGC 11999B, tt. 80–3

*Darlleniadau'r testun gwreiddiol*: 12 Haleluiah, Alpha; 47 sai; 49 graiglon

## 7. *Englyn ymyl dalen*

Disodlydd gelfydd ei gân – wele gerdd
    O lên gwych ei hamcan;
  Hanes teulu, gloywlu glân
  Hynod, ein hil ein hunan.

*Ffynhonnell*: llsgr. Cwrtmawr 141C, copi arnodedig o *Gorchestion Beirdd Cymru*, t. 267.

*Darlleniadau'r testun*: 2 lengwych

# Nodiadau ar y Baledi a'r Cerddi

## 1. '[Cerdd] yn achos y rhyfel presennol'

*Manylion cyhoeddi*: Nid enwir cyhoeddwr y faled hon. Ni cheir arni hi, nag unrhyw un arall o faledi Huw Jones, ddyddiad cyhoeddi, ychwaith, ond o ystyried tystiolaeth fewnol y testunau (llawer ohonynt yn garolau plygain sy'n cynnwys mydryddiad o ddyddiad eu cyfansoddi) gellir eu dyddio oll, ac eithrio cerdd 7, yn bur sicr i'r 1790au. Y gwrthdaro rhwng Prydain a Ffrainc a gododd yn sgil dienyddio Lewis XVI yw'r rhyfel yn Ffrainc y sonnir amdano yn llau. 9–10 ac yng ngweddill y gerdd hon.

*Tôn*: Alaw o darddiad Seisnig yw 'Charity Meistress', a adwaenir yng Nghymru wrth enwau eraill yn ogystal, yn eu plith 'Eluseni Meistres' a 'Gwledd Angharad'. 'Gerard's Mistress' oedd teitl y dôn Saesneg wreiddiol, a deilliai o ganol yr ail ganrif ar bymtheg. Yr oedd 'Charity Meistress' yn alaw hynod boblogaidd ymhlith y baledwyr a'r anterliwtwyr Cymraeg, a gâi eu denu ati, awgrymodd Phyllis Kinney, gan 'the very challenge of . . . unusual metrical [form]'. Cofnodir defnydd ohoni (dan ei hamrywiol deitlau) mewn tua thrigain o faledi o'r ddeunawfed ganrif. Daw'r nodiant darllenadwy cynharaf o un o lawysgrifau John Jenkins (Ifor Ceri), ond yr oedd yr alaw yn hysbys i Richard Morris, sy'n ei henwi mewn rhestr o donau dyddiedig 1717, ac fe'i cynhwyswyd mewn tabl nodiant yn llawysgrif y ffidlwr John Thomas (1752). Cronfa Baledi; dienw, 'An Old Carol: Eluseni Meistres (Charity Mistress) or Cwch Abermenai (The Abermenai Boat)', *CCAGC*, II, rhan 1 (1914), 62; dienw, 'Gwledd Angharad. Tune 2', ibid., rhan 4 (1925), 228–9; T. H. Parry-Williams (gol.), *Llawysgrif Richard Morris o Gerddi, &c. [B.M. Add. MS. 14,992]* (Caerdydd, 1931), t. 105; Phyllis Kinney, 'The Tunes of the Welsh Christmas Carols (I)', *Canu Gwerin*, 11 (1988), 43–4. Gw. yr atodiad am osodiad o bennill cyntaf y faled hon ar yr alaw.

*ll. 18* 'Yr ydym' yw ystyr ''ddŷm'.

*ll. 23* Ni lwyddwyd i ganfod enw priod addas ar gyfer 'alon' yn y llinell hon. Gellir cynnig mai ffurf luosog ar 'gâl' (gelyn, gwrthwynebwr neu elyniaeth, cas, angerdd, llid, glewder, ehofndra) ydyw. Y mae'r treiglad yn annisgwyl, fodd bynnag. *GPC* s.v. gâl.

*ll. 34* 'I roi cynnig ar y llwybr, yr hynt, y trywydd' yw ystyr 'i dreio'r drael'. Gellir caniatáu darllen 'traul' am 'trael', yn ogystal, i roi'r ystyr cost, ymdrech, trafferth, dinistr, colled, nychdod. *GPC* s.v. traul.

*ll. 38* 'Yn ddilywodraeth, yn aflywodraethus' yw ystyr 'yn ddrwg ei rôl', os cymerir mai ffurf dreigledig ar 'rheol' yw 'rôl'. *GPC* s.v. rheol.

*llau. 66–7* Gellid darllen 'weddïo' yn ll. 67 fel dilyniant i 'ymorol' yn y llinell flaenorol, gan gymryd bod 'ymorol' yn ferf anghyflawn yn yr achos hwn. H.y. 'Gwell fyddai i chi ymdrechu i weddïo . . .'. Os darllenir y llinellau fel hyn rhaid cymryd i'r arddodiad 'i' gael ei hepgor o flaen 'weddïo'.

*llau. 75–6* 'Yno (yn y maes), yn eofn, y gellir cynaeafu cwmni o elynion' – h.y. torri byddin y gelyn i lawr a hynny'n 'llaes', h.y. 'yn rhydd' .

*ll. 85* Nid 'clerau' ond 'cleroedd' a roddir fel ffurf luosog ar 'clêr' yn *GPC*. Y darlun a gyflwynir yw un o'r 'clerau' yn neidio dros gyrff y meirw a'r anafedig ar faes y gad, gan barhau i ganu eu hofferynnau ar yr un pryd.

*ll. 104* Rhestrir yn *GPC* s.v. ceuedd, y cyfuniad 'ceuedd y gŵys', gyda'r ystyr ceudod y rhych a droir gan yr aradr ('hollow of the furrow'), yn ffigurol am y bedd.

*llau. 109–12* Cyffredin o gyfnod y Rhyfel Saith Mlynedd ymlaen yw gweld beirdd y baledi yn ceisio ennill cefnogaeth i ryfel (ac i sefydliadau megis y milisia) drwy dynnu sylw'u cynulleidfaoedd at y ffaith y gallai'r gelyn lanio ar dir Prydain ac ymosod yn uniongyrchol arnynt hwy a'u teuluoedd pe na bai milwyr dewr yn barod i amddiffyn breintiau a rhyddid y Prydeinwyr. Gw. Ffion Mair Jones, '"A'r Ffeiffs a'r Drums yn roario": Y Baledwyr Cymraeg, y Milisia a'r Gwirfoddolwyr', *Canu Gwerin*, 34 (2011), 18–42.

*llau. 113–16* Y mae gofid y mamau, a'r boen a ddaw o weld y llanciau y buont yn eu magu ar laeth eu bronnau, yn cael ei grybwyll yma fel mewn sawl cerdd ar destun rhyfel yn y cyfnod. Gw., er enghraifft, Ffion Mair Jones, *Welsh Ballads of the French Revolution 1793–1815* (Cardiff, 2012), rhif 32.

2. '*[Cerdd] yn rhoi hanes brwydr a fu rhwng Lloegr a Hisbaen, y 14 o Chwefror 1797, a'r modd y gorchfygwyd yr Ysbaeniaid gan Syr John Jervis, Admiral Lloegr*'

*Manylion cyhoeddi*: Argraffwyd y faled hon yn yr un pamffledyn baledi â cherdd 4. Ishmael Davies (1758–1818) oedd yr argraffydd. Yr oedd ef yn fab i Dafydd Jones (Dewi Fardd) a sefydlodd argraffwasg yn Nhan-yr-yw, Trefriw, ym 1776. Etifeddodd Ishmael y busnes pan fu farw ei dad ym 1785, a symudwyd yr argraffty tua'r amser hwn i'w gartref ei hun, sef Bryn Pyll, a safai i'r gogledd o Drefriw. Gw. ymhellach Rhagymadrodd, nodiadau 53, 54.

*Tôn*: Yn wahanol i'r gerdd ar 'Duw Gadwo'r Brenin' a welir yn anterliwt Huw Jones (gw. ll. 1575n), rhaid canu'r geiriau hyn ar fersiwn 'yr hen ffordd' o'r alaw, mewn amseriad triphlyg. D. Roy Saer, 'Carol y Cymro ac Anthem y Sais', *Welsh Music*, VII, rhif 9/10 (1985), 6–19; Phyllis Kinney, 'The Tunes of the Welsh Christmas Carols (II)', *Canu Gwerin*, 12 (1989), 7–8. Yn yr atodiad ceir gosodiad o'r geiriau ar yr alaw a welir yn y ffynhonnell olaf.

Edrydd y faled hanes brwydr a ymladdwyd ar y môr yn ardal Penrhyn St Vincent, yn ne-ddwyrain Portiwgal, rhwng llyngesoedd Prydain a Sbaen. Er bod Sbaen yn un o gynghreirwyr Prydain yn erbyn Ffrainc ym mlynyddoedd cynnar rhyfeloedd y 1790au, yr oedd wedi cyhoeddi rhyfel arni erbyn mis Hydref 1796. Ar 14 Chwefror 1797 daeth llyngesoedd Sbaen a Phrydain benben â'i gilydd ac, er gwaethaf y ffaith bod niferoedd uwch o longau yn eu meddiant, trechwyd y Sbaenwyr gan lynges Prydain. Cyrhaeddodd y newyddion am y fuddugoliaeth Brydain ar 3 Mawrth. *ODNB s.n.* John Jervis, earl of St Vincent (1735–1823).

*ll. 9* John Jervis (1735–1823) yw 'Admiral Serfus' y faled. Ef oedd arweinydd y llynges Brydeinig ar achlysur buddugoliaeth Penrhyn St Vincent. Bu'n aelod o'r llynges er 1749 ac yr oedd yn bur gyfarwydd â Môr y Canoldir gan iddo gymryd rhan yng ngwaredigaethau Gibraltar yn y 1780au cynnar, a chael ei benodi i arwain y llynges yno o 1795 ymlaen. Fe'i gwobrwywyd â'r teitl 'Iarll St Vincent' yn ogystal â medal gan Siôr III am ei ran ym muddugoliaeth St Vincent. Ibid.

*ll. 11* Yn nes ymlaen yn y faled y mae Huw Jones yn chwarae â'r ffaith bod 14 Chwefror 1797 yn Ddydd Mawrth Ynyd neu Ddydd Mawrth Crempog, gan ddisgrifio'r bwledi a'r tân a anelwyd at y Sbaenwyr fel '[c]rempogau' (llau. 57–60).

*llau. 13–16* Nodir yn fanwl yma niferoedd llongau'r ddwy lynges: saith ar hugain yn llynges Sbaen a phymtheg yn un Prydain. Y mae'r ffigurau'n gwbl gywir yn ôl adroddiadau cyfoes o'r frwydr, ac fe awgrymir gan y geiriau 'A hynny o gyfri 'ma ges' (ll. 16) fod Huw Jones wedi bod yn darllen adroddiad papur newydd ynghylch y frwydr. Gw. ymhellach *ODNB s.n.* John Jervis, earl of St Vincent (1735–1823); Jones, *Welsh Ballads of the French Revolution*, t. 49.

*ll. 34* H.y. 'er iddynt gael sawl darostyngiad, yn sicr', lle y mae 'nifer' yn cael yr ystyr 'swm, maint, rhifedi'.

*ll. 48* Ni cheir enghraifft o'r ystyr Saesneg 'fop' (coegyn, ysgogyn) hyd 1849 yn *GPC*. Y tebygrwydd, felly, yw mai treiglad o 'mop' a geir yma, gydag ystyr ffigurol a difrïol.

*llau. 51–4* Nodir yma niferoedd colledion Sbaen (261) a nifer y Sbaenwyr a glwyfwyd (342). Y mae'r ffigurau'n cyfateb yn union i'r hyn a welir yn un o'r adroddiadau cynharaf o hanes y frwydr i gyrraedd Prydain, sef llythyr at yr awdurdodau gartref gan Jervis ei hunan, dyddiedig 16 Chwefror 1797. Fe'i cyhoeddwyd yn y *London Chronicle*, rhif 5894 (2–4 Mawrth 1797), 215.

*ll. 53* Gellir egluro 'bri-wŷr' fel 'dynion ac iddynt fri, urddas, awdurdod, parch', ac y mae'n ddarlleniad cwbl dderbyniol yn y cyd-destun. Efallai y gellid ystyried yn ogystal 'briw-wŷr', gyda'r ystyr 'dynion sy'n dryllio neu falurio'. Sylwer, serch hynny, fod dwy enghraifft *GPC* o'r olaf yn gynnar, y naill o'r bymthegfed ganrif a'r llall yn deillio o *Dictionarium Duplex* John Davies, Mallwyd (1632). Tybed a ellid caniatáu'r ystyr 'dynion briwedig, dynion wedi'u hanafu' i 'friw-wŷr' yn ogystal? Byddai'r ystyr honno'n gweddu'n ardderchog i'r cyd-destun, gan fod y Sbaenwyr erbyn y rhan hon o'r naratif wedi'u goresgyn yn llwyr gan y Prydeinwyr.

*ll. 61–4* Annisgwyl braidd yw gweld y bardd yn cyfeirio at yr Ysbaeniaid a'r Brutaniaid gyda'r ansoddeiriau 'Ysbaenaidd' a 'Brutanaidd'. Disgrifir yma ddigwyddiad arwyddocaol arall yn hanes perthynas Prydain a Sbaen, sef Armada 1588. Mewn ymateb i rai o bolisïau tramor Elisabeth I ac i'w chefnogaeth i'r herwlongwr Francis Drake, penderfynodd Philip II o Sbaen anfon llynges tua Phrydain, gyda'r bwriad o ymosod arni. Methiant fu'r ymdrech, fodd bynnag, a dychwelodd y Sbaenwyr adref gyda cholledion sylweddol, wedi deufis cythryblus ar y môr. John Roger Scott Whiting, *The Spanish Armada* (1988; arg. newydd, Stroud, 2004).

*llau. 69–72* Ychydig yn annisgwyl yw'r treiglad yn 'saith *ddeg*' a'r diffyg treiglad yn 'a lladdason'', ac ni ellir bod yn sicr p'un ai gwallau cysodi ynteu adlewyrchiadau dilys o'r iaith lafar ydynt. Yma eto gwelir yr awdur yn cyflwyno ffeithiau manwl ynghylch y frwydr, sy'n cyfateb, drachefn, i adroddiad Jervis o golledion ac anafiadau ei lu (meirw 73; anafedig 227). *London Chronicle*, rhif 5894 (2–4 Mawrth 1797), 215. 'A frifasont', 'y gwnaethant eu brifo' yw ystyr 'brifason''.

*llau. 81–2* Meddai Samson ar nerth anhygoel, a'i gwnâi'n ddraenen yn ystlys ei elynion, y Philistiaid. Pan syrthiodd mewn cariad â Delila, un o blith y gelynion hynny, fodd bynnag, peryglwyd ei gynneddf arbennig. Fe'i twyllwyd ganddi i ddatguddio gwir ffynhonnell ei gryfder, sef y ffaith nas eilliwyd erioed. Bradychodd Delila ef drwy alw am ddyn i ddod i'w eillio pan oedd yn cysgu. Gwanychodd Samson o'r herwydd, ac fe'i daliwyd gan y Philistiaid, a dynnodd ei lygaid o'i ben a'i garcharu. Rhoddasant ddiolch i'w duw, Dagon, am eu buddugoliaeth drosto. Barnwyr 16: 4–23.

## 3. 'Carol Plygain' ar 'Difyrrwch Gwŷr y Gogledd'

*Manylion cyhoeddi*: Ishmael Davies oedd y cyhoeddwr drachefn. Gweler cerdd 2. Robert Prichard oedd y gwerthwr. Cysylltir ei enw ef â gwasg Trefriw mewn sawl pamffledyn baledi. Nodwyd y dyddiad 1793 mewn inc ar gopi Bangor 8 (8), ond nid yw'n ymddangos ar Bangor 14 (18). Y mae'n amlwg yn wallus o ystyried bod mydryddiad o ddyddiad cyfansoddi'r gerdd, sef 1797, i'w weld yn llau. 69–70. Cronfa Baledi *s.n.* Robert Prichard.

*Tôn*: Er na chyrhaeddodd yr alaw 'Difyrrwch Gwŷr y Gogledd' wir boblogrwydd hyd tua 1800, fe'i defnyddiwyd gan faledwyr eraill yn y 1780au a'r 1790au. Ymddengys mai carolau plygain yw baledi Owen Roberts ar y mesur, ac y mae yma arwydd o'r duedd gan y beirdd i ddefnyddio'r un mesurau dro ar ôl tro ar gyfer carolau o'r fath, nodwedd y tynnir sylw ati gan S. Elaine Williams mewn ysgrif ynghylch y canu plygain. Canlyniad yr ailgylchu cyson ar yr 'un cwlwm o donau', medd Williams, oedd bod nifer o amrywiadau yn datblygu yn nodiant y tonau hynny. Dengys ymchwil gan Phyllis Kinney fod 'Difyrrwch Gwŷr y Gogledd', hithau, wedi canghennu'n sawl fersiwn gwahanol, yn amrywio o ran mydr, alawon a hyd yn oed enw. Y mae un o'r enwau hyn, 'Carol y Swper', yn profi cysylltiad yr alaw â'r plygain: tebyg i'r enw ddatblygu gan mai hon fyddai'r garol olaf i gael ei chanu cyn y swper ar ddiwedd gwasanaeth y plygain. Cronfa Baledi *s.n.* Owen Roberts; dienw, 'Cydganed Dynoliaeth (Let Mankind Unite)', *CCAGC*, III, rhan 3 (1937), 115–16; S. Elaine Williams, 'Rhai Sylwadau ar Gefndir Hanesyddol y Garol Plygain', *Welsh Music*, 8, rhif 3 (1986), 13–15;

Kinney, 'The Tunes of the Welsh Christmas Carols (I)', 41–3. Gw. yr atodiad am osodiad o'r pennill cyntaf ar yr alaw.

*llau. 1–2* Ceir yma gyfeiriad clir at yr arfer o ganu'r plygain 'ar doriad dydd'. Byddai plygeiniau'n cael eu cynnal rhwng diwrnod Nadolig ac ail wythnos mis Ionawr. Er bod y traddodiad yn parhau heddiw, y mae'r arfer o ganu yn y bore bach bellach wedi'i ddisodli, a phlygeiniau erbyn hyn yn cael eu cynnal fin nos. Williams, 'Rhai Sylwadau ar Gefndir Hanesyddol y Garol Plygain', 13; Arfon Gwilym, 'Traddodiad y Blygain', yn Heledd Maldwyn Jones (gol.), *Blas ar Fwynder Maldwyn* (Llanrwst, 2003), tt. 41–7.

*llau. 8–10* Gwelir cân Moses a'r Israeliaid wedi i'r Eifftiaid gael eu boddi yn y Môr Coch yn Exodus 15: 1–18.

*ll. 21* Sylwer mai 'nefol fry' yw darlleniad gwreiddiol 'nefol fru'. Dewiswyd darllen 'fry' fel sillafiad amgen o 'bru', 'croth, ffynhonnell'.

*llau. 23–4* Anfoddhaol yw 'nef' ar ddechrau ll. 23 yn y fersiwn gwreiddiol, a diwygiwyd ef yma i 'nêr', gyda'r ystyr 'arglwydd, pennaeth'. Seilo (neu Shiloh) yw un o'r cysegrfannau lle y deuai deuddeng llwyth yr Israeliaid ynghyd i addoli Duw Israel wedi iddynt gyrraedd gwlad Canaan. Had y wraig (sef Efa) yw dynolryw; Crist, yr ail Adda, yw'r had 'gwreiddiol' (cf. cerdd 6, ll. 9n). Satan yw'r 'ddraig' a drechwyd gan Iesu. *The Cambridge Companion to the Bible*, gol. Bruce Chilton, Howard Clark Kee, Amy-Jill Levine ac eraill (Cambridge, 1997; 2il arg., 2008), t. 250.

*ll. 30* Yn nameg Iesu ynghylch y pum merch gall a'r pum merch ffôl, collodd y rhai ffôl y cyfle i gyfarch y priodfab a chael mynd i mewn i'r wledd briodas gydag ef, gan nad oeddynt wedi paratoi yn ddigonol ymlaen llaw drwy brynu digon o olew i gadw'u lampau ynghyn. Wedi iddynt lenwi eu lampau a dychwelyd i dŷ'r priodfab gwrthododd yntau agor y drws iddynt, a rhybuddir gwrandawyr y stori: 'Byddwch wyliadwrus gan hynny, oherwydd ni wyddoch na'r dydd na'r awr.' Mathew 25: 1–13.

*ll. 36* Cf. Salmau 35: 13:

> A minnau, pan oeddent hwy yn glaf,
> oeddwn yn gwisgo sachliain,
> yn ymddarostwng mewn ympryd,
> yn plygu pen mewn gweddi.

*ll. 38* Iesu yw Brenin Seion, yma.

*ll. 40* Yn y Beibl Hebraeg defnyddir y term 'Belial' i ddynodi pobl ddrygionus neu ddiwerth, ond mewn llenyddiaeth fwy diweddar, gan gynnwys y Testament Newydd, y mae'n enw arall ar Satan. *Oxford Companion to the Bible*, gol. Bruce M. Metzger a Michael D. Coogan (Oxford, 1993), *s.n.* Belial.

*ll. 47* Yn Datguddiad Ioan 10: 6 y mae angel a welodd yr adroddwr 'yn sefyll ar y môr ac ar y tir' yn dyrchafu ei law tua'r nef, ac yn datgan, 'Ni bydd oedi mwy'. Y mae geiriad yr hen gyfieithiad ('. . . na byddai amser mwyach') yn adlewyrchu'n agosach eiriau Huw Jones yn y llinellau hyn. Felly hefyd Feibl Saesneg y Brenin Iago, 'that there should be time no longer'.

*llau. 48–50* Y mae delweddaeth y 'cynhaeaf' yn gyfoethog iawn yn y Beibl. Gw., er enghraifft, ddameg yr efrau ymysg yr ŷd yn Mathew, pennod 13, a'r eglurhad ohoni yn adnodau 37–40: 'Dywedodd yntau, "Yr un sy'n hau'r had da yw Mab y Dyn. Y maes yw'r byd. Yr had da yw meibion y deyrnas; yr efrau yw meibion yr Un drwg, a'r gelyn a'u heuodd yw'r diafol; y cynhaeaf yw diwedd y byd, a'r medelwyr yw'r angylion. Yn union fel y cesglir yr efrau a'u llosgi yn y tân, felly y bydd yn niwedd y byd".'

*llau. 53–4* Cf. 'Y mae ei wyntyll yn barod yn ei law, a bydd yn nithio'n lân yr hyn a ddyrnwyd, ac yn casglu ei rawn i'r ysgubor. Ond am yr us, bydd yn llosgi hwnnw â thân anniffoddadwy.' Mathew 3: 12. Gw. hefyd Luc 3: 17; a cf. Salmau 1: 4, 'Nid felly y bydd y drygionus, / ond fel us yn cael ei yrru gan wynt.'

*ll. 61* Ceir dau enw mewn cyfosodiad yma ('cethern' a 'cad'). Gellid aralleirio 'brwydr plant y fall', 'helynt criw o rai drwg'. Ceir awgrym bychan yn y llinell hon a'r llinell ddilynol (ll. 62) o ymdeimlad o bechod cenedlaethol, fel sy'n gyffredin mewn baledi lle y trafodir y sefyllfa wleidyddol gyffredinol yn y cyfnod hwn ac mewn cyfnodau eraill. Gw. Jones, *Welsh Ballads of the French Revolution*, tt. 16, 21.

*llau. 69–70* Mydryddir y dyddiad, sef 1800 ond 3 – 1797. Ffurf 2il berson unigol, modd gorchmynnol, y ferf 'cymryd' yw 'cym'' < 'cymer'.

## 4. 'Carol Plygain' ar 'Terfyn y Dyn Byw'

*Manylion cyhoeddi*: Cyhoeddwyd y garol gan Ishmael Davies ar y cyd â'r gerdd ynghylch buddugoliaeth Jervis (cerdd 2). Fel yn ei ddwy garol plygain arall (cerddi 3 a 6), mydryddodd Huw Jones y dyddiad ym mhennill olaf y gerdd hon, gan roi inni'r flwyddyn 1796 (gw. ymhellach llau. 61–4n isod). Er i'r garol gael ei chyfansoddi o flaen hanes Jervis, felly, ildiodd ei safle i'r gerdd arall, ar sail newydd-deb cyffrous honno, y mae'n debyg. Ynghylch yr argraffydd, gw. cerdd 2.

*Tôn*: Ni lwyddwyd i ddarganfod nodiant yr alaw 'Terfyn y Dyn Byw'.

*ll. 9* Pobl Dduw a olygir wrth 'hilbridd Ebron'. Sicrhawyd cysylltiad yr Israeliaid â Hebron yng Nghanaan gan Abraham, wedi marwolaeth ei wraig, Sara. Genesis, pennod 23.

*ll. 12* Gellid aralleirio 'Pan ddeuai Ef (ac yntau'n Frenin Seilo) a'i Dad i'n barnu ni'.

*llau. 14–17* Nodir yn Mathew 27: 38, 44, ac yn Marc 15: 27, 32, i ddau leidr gael eu croeshoelio yr un pryd â Iesu, y naill o boptu iddo, a'u bod ill dau, fel y rhai a gerddai heibio, yn cablu a gwawdio Iesu. Cyfeiriad at y 'cablu' hwn yw 'dibrisio' yn ll. 17. Cf. 'gwawdio' yn ll. 41, sy'n dwyn y syniad o ddibrisio'r Iesu i gyswllt cyfoes, yn hytrach na'i adael yn rhan o stori yn y gorffennol pell.

*ll. 27* Nid yw'r ffurf 'cimaint' ymhlith y rhai a restrir yn *GPC* fel amrywiadau ar cymaint, cymain (cymyn, cymynt, cymin, cymint, cimin, cimint, cimyn), ond y mae'n cynnwys elfennau o fwy nag un ohonynt, a phenderfynwyd ei chynnwys fel ag y mae yn y golygiad. Gwelir hi yn ogystal yn yr anterliwt, ll. 1349.

*llau. 28–9* Cf. geiriau'r Iesu wrth ei ddisgyblion ynghylch ffydd: '. . . os bydd gennych ffydd, heb amau dim . . . hyd yn oed os dywedwch wrth y mynydd hwn, "Coder di a bwrier di i'r môr", hynny a fydd.' Mathew 21: 21. Efallai fod tynnu yma hefyd ar y traddodiad clasurol ynghylch Atlas, a allai gario'r pileri uchel a wahanai'r ddaear a'r nefoedd oddi wrth ei gilydd, neu ddal pwysau'r nefoedd i gyd yn ôl traddodiadau yn yr *Odyssey* ac yng ngwaith Hesiod. *Oxford Classical Dictionary*, gol. Simon Hornblower ac Antony Spawforth (3ydd arg., Oxford, 2003), *s.n.* Atlas.

*ll. 36* 'A dywyllai' yw ystyr 'a d'w'lle'. Adroddir yn Mathew 27: 45 sut y 'daeth tywyllwch dros yr holl wlad' o ganol dydd hyd dri o'r gloch y prynhawn y diwrnod y croeshoeliwyd Iesu. Gw. hefyd Marc 15: 33; a Luc 23: 44–5.

*ll. 37* Yn ôl *GPC*, enw gwrywaidd yw 'ing' ond y mae'r ansoddair sy'n ei ddilyn yma ('cystuddiol') yn fenywaidd. Cf. *Hanes Bywyd a Marwolaeth Brenin a Brenhines Ffrainc*, ll. 766n.

*llau. 51–2* Cyfeiriad at ddameg 'Y Mab Afradlon', a adroddir yn Luc 15: 11–32. Pan ddarfu cyfalaf y mab ffôl, aeth 'yn weithiwr cyflog i un o ddinasyddion y wlad, ac anfonodd hwnnw ef i'w gaeau i ofalu am y moch. Buasai'n falch o wneud pryd o'r plisg yr oedd y moch yn eu bwyta; ond nid oedd neb yn cynnig dim iddo.' Dyna pryd y penderfynodd y mab droi am adref i ofyn am faddeuant ei dad.

*llau. 61–4* Mae dull Huw Jones o fydryddu'r dyddiad yn gymhleth iawn yma. O roi ynghyd y rhifau 810, 8 × 12 + 9, 8 × 18, 9 × 6 + 3, a 680, ceir y cyfanswm 1796, sef blwyddyn cyfansoddi'r gân. Tebyg iddi gael ei chanu ddiwedd y flwyddyn, yn ystod cyfnod y Nadolig, a'i chyhoeddi ychydig fisoedd yn ddiweddarach, yn sgil brwydr St Vincent, sef testun y faled arall o waith yr awdur sy'n ymddangos yn y pamffled hwn.

*ll. 70* "neidiau" = 'eneidiau'.

## 5. Englyn

*Manylion cyhoeddi*: Dilyn yr englyn hwn gerddi 2 a 4.

Ceir cynganeddion llusg yn llau. 1 a 3, cynghanedd groes yn rhychwantu'r gair cyrch a rhan gyntaf yr ail linell, a chynghanedd groes drachefn yn ll. 4. Sylwer ar y diffyg yn y llinell olaf, lle y methir â chynnal y brifodl '-a'.

## 6. 'Carol Plygain' ar 'Hir Oes Dyn'

*Ffynhonnell a dyddiad cyfansoddi*: Llsgr. LlGC 11999B yw ffynhonnell y gerdd hon, llawysgrif sy'n bennaf yn llaw John Parry (1770–1820) o Laneilian-yn-Rhos, sir Ddinbych, ac sy'n cynnwys llawer o gerddi, ar y mesurau rhydd gan mwyaf, o waith Parry ei hunan. *Bywg. s.n.* John Parry (1770–1820); Daniel Huws, 'A Repertory of Welsh Manuscripts and Scribes' (i'w gyhoeddi). Dibynnir unwaith eto ar fydryddiad y dyddiad yn y pennill olaf (gw. ll. 57n) i ganfod blwyddyn cyfansoddi'r gerdd, sef 1798.

*Tôn*: Cynhwysir gosodiad o'r geiriau ar yr alaw 'Hir Oes i Ddyn' o gasgliad Nicholas Bennett, *Alawon fy Ngwlad: The Lays of My Land* (London, [1896]), t. 161.

*ll. 3* 'ganeu' = 'ganai'. Cf. 'daetheu' yn *Hanes Bywyd a Marwolaeth Brenin a Brenhines Ffrainc*, ll. 1480.

*ll. 9* Mair, y wyryf, yw'r 'ferch' yma, ac Iesu yw ei had. Cf. cerdd 3, llau. 23–4n.

*ll. 12* '"Myfi yw Alffa ac Omega," medd yr Arglwydd Dduw.' Datguddiad Ioan 1: 8.

*llau. 13–14* Cyfeiriad at y gynulleidfa yw 'sorod syn' yn ll. 14. Gellid aralleirio: 'Wrth i mi ganu i'r Iesu bendigaid, y mae'n dda o beth i mi enwi cymaint â hyn o'i ddioddefaint wrth gychwyn arni, chi wehilion o bobl ddisynnwyr neu frawychedig.'

*llau. 21–4* Enwir yma rai o swyddogaethau Crist: Ef yw'r Prynwr (yr un a brynodd ddynol-ryw â'i waed ar y groes); y mae'n arddangos paradocs dyndod a duwdod (cf. llau. 7–8); y mae'n geidwad dynol-ryw; yn iachawdwr (a oedd yn berchen ar y ddawn i wella cleifion yn ystod ei gyfnod ar y ddaear); ac yn olaf, yn farnwr ar y meirw pan ddaw Dydd y Farn.

*ll. 25* Y mae 'traws' a 'poeni' bron yn ffurfio berf gyfansawdd yma. Gellid awgrymu'r ystyr 'poenodd gyda nerth, yn nerthol'.

*ll. 33* 'A phurodd croes yr Un a eneiniwyd gan Dduw (sef Iesu) bawb yn beraidd.'

*ll. 36* Gweler *GPC* s.v. ymadrodd, lle y nodir mai 'gweithred, ymddygiad' yw'r ystyr yn y Beibl, ac y cynhwysir fel enghreifftiau 'llyfr ymadroddion Salomon' (1588), a 'Llyfr ymadroddion [: = Neu, gweithredoedd] Tobit' (1620). Nid yw'r geiriau 'llyfr ymadroddion' i'w gweld yn y Beibl Cymraeg Newydd.

*ll. 39* Am Seion, gw. cerdd 3, ll. 38n.

*llau. 41–3* Y mae'r llinellau hyn yn frith o sangiadau, ac anodd yw dilyn prif rediad y dweud. Gellid rhoi blaenoriaeth i'r elfennau a ganlyn: 'O, gariad ein priod (sef Iesu)! Gwnaeth gymod i'n gwarchod rhag mynedfa uffern.' Ynghylch y ddelweddaeth briodasol, gw. ymhellach ll. 44n.

*ll. 42* Rhaid darllen 'puredd' fel ffurf lafar ar yr ansoddair 'puraidd', yn hytrach nag fel yr enw gwrywaidd 'puredd'.

*ll. 44* Sonnir yn Llythyr Paul at yr Effesiaid yn y Testament Newydd am yr Eglwys fel gwraig Crist. Yn llyfr Datguddiad Ioan, dangosir dathliadau buddugoliaethus ar ddiwrnod priodas yr Oen, er na ddywedir yn glir pwy yw ei briodferch. O ystyried pwyslais y pennill olaf (llau. 49–56) ar Seion, efallai y gellir cymryd mai hi, 'dinas Duw', yw priod yr Oen, yma. Effesiaid 5: 23, 25; Datguddiad Ioan 19: 7–9.

*llau. 45–8* Ceir awgrym yma o gyd-destun gwleidyddol cyfnod cyfansoddi'r garol. Pwysleisir pwysigrwydd ffyddlondeb i Dduw gyda'r awgrym mai dyna rydd ddiogelwch i'r 'wlad' mewn cyfnod o ryfel.

*ll. 57* Mydryddir y dyddiad, sef 1798.

## 7. *Englyn ymyl dalen*

*Ffynhonnell*: Perthynai'r copi arnodedig o *Gorchestion Beirdd Cymru* (llsgr. Cwrtmawr 141C), lle'r ysgrifennwyd yr englyn hwn, i Jacob Jones, Mynydd Paris ac Amlwch, ac i'w fab Joseph Jones ar ei ôl. Y mae'r englyn yn ymddangos yn llaw Joseph Jones ar t. 267 gyda phriodoliad i 'Hugh Jones Glan Conwy' yn ei ddilyn. Ysgrifennwyd ef drachefn ar t. 266, heb y priodoliad, a cheir y paladr a dau air o'r esgyll ar t. 268 yn ogystal.

Y mae cyd-destun yr englyn yn aneglur. Efallai fod Huw Jones yma'n cyflwyno cerdd feithach (o waith un sydd, efallai, yn ei 'ddisodli' ef ei hunan fel bardd) ar destun hil a hanes y Cymry.

## Charity Meistress (cerdd 1)

*Ffynhonnell*: dienw, 'Gwledd Angharad. Tune 2', *CCAGC*, II, rhan 4 (1925), 228–9.

# Duw Gadwo'r Brenin (cerdd 2)

*Ffynhonnell*: Phyllis Kinney, 'The Tunes of the Welsh Christmas Carols (II)', *Canu Gwerin*, 12 (1989), 7.

## Difyrrwch Gwŷr y Gogledd (cerdd 3)

*Ffynhonnell*: llsgr. LlGC 1940Aii ('Per-seiniau Cymru'), ffolios 78ᵛ–9ʳ.

## Hir Oes Dyn (cerdd 6)

Ffynhonnell: Nicholas Bennett, *Alawon fy Ngwlad : The Lays of my Land* (London, [1896]), t. 161.

## *Geirfa: Nodyn Esboniadol*

Cyfeiria'r eirfa sy'n dilyn at destun *Hanes Bywyd a Marwolaeth Brenin a Brenhines Ffrainc* ac at gerddi Huw Jones, Glanconwy. Rhestrwyd adferfau, ansoddeiriau, enwau, geirynnau a rhagenwolion o dan eu ffurfiau cysefin ac unigol (gyda rhai eithriadau yn unig), a rhoddwyd ffurfiau berfol o dan ffurf y person cyntaf unigol wedi'i ddilyn gan y berfenw. Ni ddarparwyd croesgyfeiriadau na diffiniadau ar gyfer ffurfiau treigledig, ffurfiau talfyredig, ffurfiau lluosog a ffurfiau berfol amrywiol oni farnwyd bod cyfiawnhad arbennig dros wneud hynny.

Rhestrir ffurfiau ansafonol y testunau naill ai:

(i) ar y cyd â'r ffurfiau cydnabyddedig: dyma'r drefn fel rheol yn achos talfyriadau, e.e. **diystyrwr, di'styrwr**, ac mewn achosion lle y gwelir ffurfiau ansafonol neu lai arferedig ochr yn ochr â'r ffurfiau safonol yn y testunau, e.e. **embyd, enbyd / hoedel, hoedl**;

neu:

(ii) heb y ffurfiau safonol, gan nodi'u tarddiad neu eu gwreiddyn; e.e. **gwydyn** *a.* < *gwydn*.

Trefnwyd yr wybodaeth o fewn y cofnodion fel a ganlyn:

1. Ffurf gysefin mewn llythrennau tywyll.

2. Disgrifiad o'r rhan ymadrodd; unrhyw wybodaeth bellach ynghylch ffurf gysefin y gair neu'r gair y mae'n tarddu ohono, e.e. *godde'* < *goddef*; cyfeiriad at ffurfiau lluosog neu amrywiol raddau'r ansoddair os ydynt yn berthnasol. Rhoddwyd yr wybodaeth hon oll mewn ffont italig.

3. Diffiniad o ystyr y gair. Y mae'r diffiniadau yn dibynnu'n helaeth iawn ar *GPC*. Gwnaed ymdrech i ddewis ystyron sy'n egluro neu'n cynnig aralleiriadau pwrpasol ar gyfer geiriau'r testunau. Mewn achosion lle nad yw'r geiriau'n ymddangos yn *GPC*, lluniwyd diffiniad yn seiliedig ar gyd-destun y defnydd yn y testunau. Pan fo ansicrwydd sylweddol ynghylch ystyr gair, fe'i nodwyd naill ai yn yr union ffurf y mae'n ymddangos yn y testun (e.e. **alon**) neu yn ei ffurf gysefin dybiedig (e.e. **ceued**, 'geued' yn y testun), gan gyfeirio'r darllenydd yn uniongyrchol at nodyn perthnasol.

4. Rhif y llinell neu linellau lle'r ymddengys y gair. Cyfeirir at rifau llinellau'r anterliwt yn gyntaf, ac yna at y cerddi. Yn achos yr anterliwt cyfeiriwyd at rif llinell y testun sy'n cael ei ddatgan ar y llwyfan. Os yw'r gair yn ymddangos fel rhan o'r cyfarwyddyd llwyfan, dewiswyd rhif y llinell y mae'r cyfarwyddyd yn fwyaf perthnasol iddo, ac fe'i rhoddwyd mewn ffont italig. Ceir ychydig gyfeiriadau yn yr eirfa at rannau agoriadol y testun yn ogystal (y teitl llawn; anerchiad rhyddieithol yr awdur at ei ddarllenydd; a'r *dramatis personae* a ddisgrifir fel 'Trefniad o'r chwaryddiaeth'). Defnyddir y byrfoddau ★*anerchiad*, ★*teitl*, ★*trefniad* mewn ffont italig i gyfeirio at yr elfennau hyn (gw. ar waelod y rhestr o fyrfoddau isod). Yn achos y cerddi, rhoddwyd rhif y gerdd, wedi'i ddilyn gan atalnod llawn a rhif llinell (e.e. 2.4 = cerdd 2, llinell 4). Nid ailadroddir rhif y gerdd pan gyfeirir at fwy nag un llinell ohoni (e.e. 2.9, 25, 45).

5. Os oes sylw pellach i'w wneud am unrhyw air, ychwanegwyd '+n' ar ddiwedd rhif y llinell lle'r ymddengys, i gyfeirio'r darllenydd at nodyn perthnasol ymhlith y nodiadau i'r anterliwt a'r cerddi.

*Byrfoddau*

| | | |
|---|---|---|
| *a.* | = | ansoddair |
| *a.bfl.* | = | ansoddair berfol |
| *adf.* | = | adferf |
| *adfl.* | = | adferfol |
| *amhff.* | = | amherffaith |
| *amhrs.* | = | amhersonol |
| *amr.* | = | amrywiad |
| *ardd.* | = | arddodiad, arddodiaid |
| *b.* | = | benywaidd |
| *ba.* | = | berf anghyflawn |
| *bach.* | = | bachigyn |
| *be.* | = | berfenw |

| | | |
|---|---|---|
| *bf.* | = | berf |
| *bfl.* | = | berfol |
| *bg.* | = | berf gyflawn |
| *bg.a.* | = | berf gyflawn ac anghyflawn |
| *cfn.* | = | cyfuniad |
| *cys.* | = | cysylltair |
| *difr.* | = | difriol |
| *eb.* | = | enw benywaidd |
| *eb.g.* | = | enw benywaidd a gwrywaidd |
| *ebd.* | = | ebychiad |
| *eg.* | = | enw gwrywaidd |
| *eg.b.* | = | enw gwrywaidd a benywaidd |
| *e.ll.* | = | enw lluosog |
| *e.prs.* | = | enw person |
| *e.tf.* | = | enw torfol |
| *ffig.* | = | ffigurol |
| *ffurf fen.* | = | ffurf fenywaidd |
| *g.* | = | gwrywaidd |
| *gn.* | = | geiryn |
| *grch.* | = | gorchmynnol |
| *grff.* | = | gorffennol |
| *gw.* | = | gweler |
| *ll.* | = | lluosog |
| *myn.* | = | mynegol |
| *pres.* | = | presennol |
| *prs.* | = | person, personol |
| S. | = | Saesneg |
| *tf.* | = | torfol |
| *tros.* | = | trosiadol |
| *un.* | = | unigol |
| *ymad.* | = | ymadrodd |
| *ymad. bfl.* | = | ymadrodd berfol |
| *yn enw.* | = | yn enwedig |
| < | = | ffurf ar, neu yn tarddu o |
| +n | = | gweler nodyn i'r llinell hon yn adran y nodiadau i'r testunau |
| ★*anerchiad* | = | anerchiad agoriadol rhyddieithol yr awdur at ei ddarllenwyr (yn cychwyn 'Fy nghydwladwyr') |
| ★*teitl* | = | teitl llawn (diweddaredig) yr argraffiad gwreiddiol, sef *Gwedd o Chwareyddiaeth, sef Hanes Bywyd a Marwolaeth Brenin a Brenhines Ffrainc ac amryw eraill o'u deiliaid.* |

| | | |
|---|---|---|
| | | *Hefyd, darluniad o grefydd Babaidd a'r modd y darostyngwyd y Pabyddion yn y tymestl diweddar, a wnawd gan Huw Jones, Glanconwy* |
| ★*trefniad* | = | 'Trefniad o'r chwaryddiaeth rhwng tri' (*dramatis personae* yr awdur o'r argraffiad gwreiddiol) |

# *Geirfa*

**abal, abl** *a., gyda grym adfl.* digon 105, 272, 1296
**actiaf: actio** *bg.a.* gweithredu, cyflawni 1150
**admiral** *eg.* llyngesydd 2.9, 25, 45
**aelod, aelodau, 'lodau** *eg.b., ll.* aelodau, 'lodau rhan neu organ o'r corff, coes, esgair 170, 407, 460, 781, 1103, 1534; 1.101
**aer** *eg.* etifedd 4.6
**aethnen** *eb.* math o boplysen sy'n nodedig am ei dail crynedig 444
**aflan** *a.* amhûr, anniwair 1.57
**aflwydd** *eg.* anffawd, anlwc, trueni, adfyd 3.41
**afrowiog, afrywiog** *a.* gwael, dirywiedig, gwrthnysig, sarrug, angharedig, tost, llym 2, 894; 4.24
**agwedd** *eb.g.* gwedd, ffurf, cyflwr, ansawdd 4.46
**anghenus** *a.* tlawd 1256
**anghywrain** *a.* anghelfydd, anfedrus, anwybodus, di-lun, aflêr 951
**ainc** *eg.* blys, gwanc, trachwant, awydd 306, 1279
**alon** *gw.* 1.23n
**altraf: altro** *bg.a.* newid 184; 1.111
**amhurol** *a.* amhûr, llygredig 65
**anarab** *a.* anhyfryd, annhirion, heb fod yn fwyn 1387
**andras** *eg.* drwg, direidi, melltith, diawl, y gŵr drwg, cnaf 1551
**andwyaf: andwyo** *bg.a.* difetha, dinistrio, difwyno 1550
**aneiri** *eg. fel a.* dirifedi, difesur 787
**anfeidrol** *a.* difesur, dirfawr, aruthr 292, 912
**anhunedd** *eg.* diffyg cwsg, pryder, gofid, anesmwythyd 1190, 1481
**anhwyliaf: anhwylio** *bg.a.* clafychu, gwaelu 778
**anllywodraeth** *eb.* afreolaeth, anhrefn 764+n
**annedwydd** *a.* anhapus, truenus, anlwcus 12, 81, 414, 710, 938, 999; 1.16
**annedd** *eb.g.* trigfan 717, 721; 2.78

**anniddan** *a.* digysur, digalon, truenus 706
**annwyd, anwydau, 'nwydau** *eb.*, *ll. anwydau, 'nwydau* anian, natur, cynneddf 167
**anraslon** *a.* maleisus, drwg, diras 2.81
**antur** *eb.g.* beiddgarwch, perygl, enbydrwydd, ymdrech, ymgais 1330
**arab** *a.* hyfryd, mwyn, tirion 327
**araith** *eb.g.* traethiad, hanes, cân, prydyddiaeth 42; 2.2
**arbed** *ba.* achub, cadw, gwared, gochel, ymgadw rhag, esgeuluso 1119
**archaf: erchi** *bg.a.* ceisio, gofyn, deisyf, erfyn, gweddïo, gorchymyn, hawlio 727, 844
**ardio** *gw.* gardiaf: gardio
**armi** *eb.g.* byddin, llu 1023
**arswydol** *a.* ofnadwy, dychrynllyd 82
**arwyddocâf: arwyddocáu** *ba.* dynodi, arwyddo, symboleiddio, mynegi, dangos, amlygu, datguddio 232
**awdwr** *eg.* crëwr, creawdwr 4.18
**awron** *eb. fel adf. yn dilyn y fannod* yn awr, rŵan 1047; 4.51

**baeddaf: baeddu** *bg.a., amr. ar maeddaf: maeddu* curo, taro, pwnio, malurio, dryllio, cam-drin, trechu, gorchfygu 801, 1146, 1376, 1465, 1494; 6.31
**baich** *eg.* llwyth, pwysau, ac yn *ffig.* cyfrifoldeb, gofid 1.133; 4.29
**balog** *eb.* agoriad ar flaen trywsus neu yn rhan uchaf pais neu sgert 20, 418
**bas** *a.* diddyfnder, gwael, salw, arwynebol 974, 1385
**be** *cys.* < *pe* a bwrw y, os 450, 1416
**bed fae** *gw.* ped fae
**befo** *yn yr ymad.* **waeth befo** *cywasgiad o heb efo* nid oes ots am, beth bynnag am 1418, 1485
**berw** *eg. ac fel a.* cynnwrf, cythrwfl, terfysg, dadwrdd, baldordd; yn berwi, poeth, cythryblus 976; 3.57
**berwig** *eb.* gwallt gosod 388
**blas** *eg.* sawr, naws, yn *ffig.* 1181+n
**blingaf: blingo** *ba.* tynnu croen ymaith, ysbeilio, ac yn *ffig.* 798, 872; 1.78
**blin** *a.* gofidus, trallodus, poenus, tryblus, drwg, annymunol, croes, piwis 225, 1187, 1604; 1.114, 122; 2.40
**blinfyd** *eg.* adfyd, cystudd, gorthrymder 977
**b'lionen** *gw.* pilionen, p'lionen
**bloedd** *eb.* gwaedd, cri, nad 1580; 1.111
**blotiaf: blotio** *ba.* dileu, difodi, duo 6.35
**blysig** *a.* chwantus, glwth, anllad 3.56
**bod ag un** *rhagenwolyn, cywasgiad o heb ado un* heb eithriad, pob un, pawb 785; 1.96

**bod y pen** bob un 1.158
**bod y tipyn** bob yn ychydig, bob yn dipyn 812, 1248
**bodd** *eg.* ewyllys, bodlonrwydd; *yn yr ymad.* **o'n bodd** yn wirfoddol, o'n hewyllys ein hunain 3.6
**boddiaf: boddio** *bg.a.* bodloni, diwallu, rhyngu bodd, plesio, rhoi boddhad *anerchiad*, 304, 838, 1574
**bolyn** *eg., bach. o bol* bol bychan 474+n
**bonllef** *eb.* bloedd uchel, gwaedd, cri 1.91
**bontin** *eb.* boch tin, tin, pen-ôl 448, 1126
**bost** *eb.* ymffrost, brol, bocsach, twrw 1263
**bostiaf: bostio** *bg.a.* ymffrostio, brolio, ymglodfori, canu ei glod ei hun 1495, 1547
**bowlyd** *a.* < *bawlyd* budr, brwnt, ffiaidd, gwael 2.64
**braenaf: braenu** *bg.a.* pydru, llygru, madru 874, 913, 1015, 1322
**braidd** *adf. ac fel a.* bron, ymron, o fewn ychydig 282+n, 399, 747
**bras** *a.* cras, croch, cwrs, aflednais, anweddus 1180+n; 1.64
**brat, bratiau, bratie** *eg., ll.* -*iau*, -*ie* cadach, cerpyn, *yn ffig.* 529; 4.54
**brefaf: brefu** *bg.* rhuo, gwneud sŵn dolefus cwynfanllyd, crefu 2, 894
**breg** *eg.* dichell, ystryw, twyll, gwall, bai, diffyg, nam 1561; 6.21
**breiniol** *a.* urddasol, bonheddig, brenhinol, o safle uchel 4.60
**bri** *eg.* anrhydedd, parch, urddas, awdurdod, pwysigrwydd 2.80; 4.60
**brig** *eg. tf. yn ffig.* am hiliogaeth neu ragoriaeth 942
**briw** *eg. fel a.* drylliedig, toredig, archolledig, clwyfedig, dolurus 3.48
**briwedig** *a.bfl.* clwyfedig, archolledig, drylliedig, dolurus 776; 1.105
**bri-ŵr, bri-wŷr** *eg., ll. bri-wŷr* gŵr o fri, gŵr uchel ei barch 2.53+n
**brol** *eg.b.* bost, ymffrost 1.64
**bru** *eg.* croth, *yn ffig.* am darddiad, ffynhonnell 3.21+n
**brwnt, bront, bryntion** *a., ffurf fen. bront, ll. bryntion* budr, bawaidd, ffiaidd, cas, sarrug, croes 269, 942
**brych, bryche** *eg., ll. bryche* < *brychau* ysmotyn, anaf, bai, gwall 3.48
**buddeu** *eb.* < *buddai* corddwr, llestr neu beiriant at gorddi ymenyn 1034, 1035
**bwlch, bylchau** *eg., ll. bylchau* adwy, hafn, ceunant 378
**bwlet** *eb.* dernyn crwn o blwm a saethir o ddryll, pelen 1040
**bwth** *eg.* caban, llety, cwt, twlc 620
**bydolddoethyn, bydolddoethion** *eg., bach. o'r a. a'r eg. bydol-ddoeth, ll.* -*ion* doeth i drin y byd, cyfrwys, dichellgar *anerchiad*, 103; 1.37, 57
**byr** *a., yn yr ymad.* **ar fyr** cyn bo hir, yn fuan 4.65
**byrbwyll** *a. fel eg.* diffyg pwyll, rhyfyg, anfeddylgarwch, diffyg amynedd, ffromder 1119
**byrdwn** *eg.* prif bwnc, baich, neges neu sylwedd (araith) 793
**bywiol** *a.* byw, llawn bywyd, ysbrydol, nwyfus 6.9, 20

**cad** *eb.* brwydr, rhyfel, helynt, byddin, llu, mintai, haid 3.61

**cadd** *3 prs. un. grff. modd myn. y ferf caf: cael* cafodd 240, 337, 898, 1128, 1284, 1324, 1349; 1.101; 2.61; 4.16, 24

**caen** *eb.* < S. *cane* corsen 2.8

**caeth, caith** *a. ac fel eg.b.* caethiwus, cyfyng, tyn, llym; caethiwed, cyflwr caeth 166, 1589

**cangen** *eb.* yn *ffig.* am eneth, merch ifanc 443

**cainc** *eb.g.* isadran o gymdeithas, pwnc o ddysgeidiaeth, cân, cerdd, alaw 311, 329

**cal** *eb.* pidyn, gwialen, aelod dirgel gwryw 48

**caled, c'leta'** *a., gradd eithaf c'leta'* < *caletaf* yn *ffig.*, garw, creulon, trwm, tost 69, 75, 90, 1223, 1300, 1404; 1.103; 4.34

**calon** *eb.* mynwes, bron, meddwl, bwriad 272, 463, 628, 633, 639, 648, 903, 1156, 1172+n, 1239, 1252, 1492; 1.39, 87; 3.4, 7; 4.15

**calynaf: calyn** dilyn 62, 82, 1202

**cam, ceimion** *a., ll. ceimion, ac fel eg.* drwg, beius, anghywir, gwallus, cyfeiliornus, ffug, coeg, gau, anwir, anghyfiawn, twyllodrus, annheilwng; bai, anghyfiawnder, niwed 290, 919, 970, 1349, 1370

**camaf: camu** *bg.a.* plygu, gwyro, crymu 22, 1442

**camwedd** *eg.b.* drygioni, pechod, bai, trosedd, drwgweithred 729, 904; 3.17; 4.29

**caniad** *eg.b.* cân, cerdd, pennill 1166, 1573

**cantel** *eg.b.* cylch, min, ymyl 270

**cantoedd** *e.ll., ffurf luosog ar yr eg. cant* cannoedd 2.43

**canwr** *eg.* cantwr, cerddor 1570+n

**car** *eg.* yr hyn y rhoir pethau ynddo i'w cadw neu i sefyll, e.e. car bara, car bwyd, car cig, car caws 386

**câr, ceraint** *eg., ll. ceraint* perthynas, aelod o'r un tylwyth, cefnder 1.121

**carcharus** *a.* caethiwus, gorthrymus 935

**carn** *eb.g.* ateg, cefnogaeth, sail, awdurdod 6.35

**carpiog** *a.* rhacsiog, toredig, rhwygedig, anhrefnus 2.76

**carwr** *eg.* câr, perthynas, cyfaill, anwylyd 4.18

**cas** *eg. ac fel a.* chwerwder, gwenwyn, llid, gelyniaeth, atgasrwydd; gwrthun, ffiaidd, angharedig, brwnt 970, 1180, 1385; 1.148; 3.16

**caseg ddrycin** *eb.* aderyn megis cnocell werdd neu socan eira 1124+n

**cast** *eg.* tric, ystryw, tro cyfrwys 1529

**cawell** *eg.* basged, panier 509, 1232

**ced** *eb.g.* bendith, lles 1403

**cedor** *eb.g.* blew'r aelodau dirgel 266, 490, 494

**cedyrn** *e.ll. o'r a. cadarn* gwŷr galluog, gwŷr grymus, rhyfelwyr 1266+n, 1275

**cefnog** *a.* calonnog, gwrol, cadarn 1.130

**ceiniocâf: ceinioca** *bg.* cardota ceiniogau, hel neu gasglu mân symiau o arian, hel ceiniogau Pedr 1144

**ceiniogyn** *bach. g. o'r eb. ceiniog* darn o arian bath, yn *ffig.* am swm bychan o arian, y dim lleiaf o arian 1430

**celain, cela'n** *eb.* corff marw; *ac yn yr ymad.* **lladd yn gelain** lladd rhywun yn gyfan, yn llwyr, yn syth 478, 635, 1526

**celfydd** *a.* medrus, cywrain, galluog 7.1

**celi** *eg.* nefoedd; Arglwydd, Duw, yr Hollalluog 242

**cell** *eb.* lle bychan caeedig, e.e. mewn carchar, yn *ffig.* am ystorfa, encilfa 2.66; 3.7

**cenel** *eg.* tŷ neu gwt i gi 16, 518

**cenhedlaeth** *eb.* cenedl, hiliogaeth, tylwyth 1151

**cennad** *eb.g.* caniatâd, cydsyniad, rhyddid, trwydded 56, 310, 755, 1199

**cernod** *eb.g.* ergyd, bonclust 1.148

**certh** *a.* iawn, gwir, sicr aruthr, rhyfeddol, ofnadwy 314, 521, 704

**ceryn** *bach. un. o'r e.ll. cêr* yn *ffig.* ac yn ddirmygus am berson diwerth, hen declyn, person anhydrin 91

**cetel** *eg.b.* tegell, padell, math o grochan bychan 512

**cethern** *eb.* ciwed, criw o rai drwg, llu o gythreuliaid, plant y fall 3.61

**cethin** *a.* cas, gwyllt, milain, ffyrnig, erchyll, hyll, hagr 77, 112, 166, 276, 499, 1051, 1113, 1123; 1.149; 2.38

**ceudod** *eg.b.* bol, cylla, crombil, gwasg, meddwl, calon, mynwes 829, 1438

**ceued** *gw.* 1.104n

**ceulen** *eb.* < *ceulan* min afon, ymyl, dibyn, ac yn *ffig.* 622

**cilwg** *eg.* digasedd, casineb, drwgewyllys 326

**cimaint** < *cymaint* o'r un maint neu fesur â, mor lluosog, cynifer 1349; 4.27

**cist** *eg.* coffr, blwch, yn *ffig.* am le diogel 3.4

**ciwt** *a.* clyfar, siarp, cyfrwys; medrus, celfydd 1565+n

**cla'** *a.* < *claf* afiach, sâl, gwael, anafus, toredig 960; 1.95; 6.28

**clais, cleisiau** *eg., ll. cleisiau* clwyf, briw, rhigol, rhych 1592; 3.64; 6.28

**cleb, clep** *eb.* baldordd, clebar, gwag-siarad, hel straeon 7+n, 377

**cledde, cleddyf** *eb.* cledd 271, 840, 884, 1094; 1.15, 68, 78

**clên** *a.* hyfryd, hawddgar, cyflawn, llwyr 697, 1145, 1465

**clêr, clerau** *eb. tf.* beirdd, cerddorion 1.85+n, 90

**c'leta'** *gw.* caled, c'leta'

**clir** *a.* llwyr, pur, diamwys 713; 3.61; 5.4

**cliriaf: clirio** *bg.a.* neidio dros rywbeth heb ei gyffwrdd 1.85+n

**clo, cloeau** *eg., ll. -eau* bollt, atalfa, rhwystr, anhawster, cadernid, rhagoriaeth 1592; 6.51

**cloaf: cloi** *bg.a.* cau allan 169; 1.90

**cloch, clych, clychau** *eb., ll. clych, clychau* yn *ffig.* am un sy'n cyhoeddi ar led ac am leisio uchel a haerllug, crochfloeddio; gwobr, camp 59, 465, 1256

**clod** *eg.b.* bri, enwogrwydd, canmoliaeth, moliant, enw da, anrhydedd, credyd 534, 713, 1177, 1182, 1482, 1600

**cloead** *eg.* y weithred o gloi, diwedd, diweddglo 4.47

**clos** *eg.* trywsus 1028, 1032

**closiaf: closio** *bg.a.* nesáu, tynnu tuag at 1525

**clufer** *a.* < *clyfar, clyfer, clefer* galluog, medrus, dawnus, rhadlon, hynaws, teg 492

**clùl** *eg.b.* dadwrdd, baldordd, swnian, cecraeth 685

**clun, clyniau** *eb., ll. clyniau* rhan uchaf morddwyd dyn neu anifail, bontin, weithiau am y goes i gyd 1528

**clwciaf: clwcian** *bg.* clochdar, clegar, cwyno 772

**clwm** *eg. fel a.* wedi ei glymu neu'i rwymo, tyn 4.47

**clwy** *eg.* briw, dolur, anaf, niwed, haint, salwch 3.46, 64

**clwyd** *eb.* lle i orffwys, gwely 421

**clyd** *a.* cysgodol, diddos, cysurus, cefnog 6.51

**clymgar** *a.* cryno, wedi'i weu at ei gilydd yn glòs 106

**clymiant** *eg.* < *clymiad, cylymiad* rhwymiad, asiad, uniad, cysylltiad; mesur, cainc, alaw, tôn 534, 697

**cnap** *eg.* clap, talp, darn, tamaid 773, 849

**cnawdol** *a.* yn perthyn i'r corff, bydol, anniwair, trachwantus, bras 3.55

**cnuchiaf: cnuchio** *ba.* ymgydio â, ymrain 22

**coat** *eb.* côt, dilledyn a wisgir dros ddillad eraill 1244+n, 1246

**cod** *eb.* cwd, ysgrepan, sach, poced, pwrs, ac *yn dros.* 381, 665, 702

**côd** 2 *brs. un. modd grch. y ferf codaf: codi* cwyd, coda 805

**codog** *a.* a chod(au) iddo, llogellog, cyfoethog, pyrsog, cefnog, mawreddog, haerllug 820

**coedd** *yn yr ymad.* **ar goedd** ar gyhoedd, yn gyhoeddus, yn agored, wedi'i gyhoeddi 461; 1.111; 2.2

**cofus** *a.* a gofir, cofiadwy, meddylgar, pwyllog, doeth 4.8, 32

**coffâd** *eg.* atgofiad, galwad i gof, coffadwriaeth 6.45

**cogel** *eg.b.* < *cogail* ffon, pastwn, ffon i droelli gwlân amdani i'w nyddu â llaw 512

**cogiaf: cogio** *bg.a.* twyllo 206

**colledig** *a.bfl.* ar ddisberod, damnedig, wedi colli 3.56

**compeini** *eg.* cwmpeini, cwmni, cymdeithas, tyrfa, bagad, llu 1559

**consént** *eg.* cydsyniad, caniatâd 95

**considraf: considro** *bg.a.* ystyried, meddwl, myfyrio ar 603

**cont** *eb.* dirgelwch gwraig 270

**cordwd** *eg.* tomen o goed tân 754

**corffyn** *eb.* corff bychan neu wael, corff marw 472+n

**corgi, corgwn** *eg.* *ll.* -*gwn* ci bychan, ci di-dras, yn *ffig.* am berson sarrug ac afrywiog 2.24

**coror** *gw.* goror

**corun** *eg.* copa'r pen, pen 122, 1171

**cowgan** *eg.b.* < *cawgen* dysgl fechan, powlen 511

**cowled** *eb.* < *cowlaid, coflaid* llond cofl, baich 463

**crach** *e.ll. fel a.* crachlyd, yn *ffig.* coeg, gwael, bychan, corraidd 835

**crafiad** *eg.* rhigol, rhych 202, 949

**crandrwydd** *eg.* gwychder, harddwch, harddwisgiad, smartrwydd 1105

**cred** *eb.* ffydd, llw, cywirdeb, ffyddlondeb, cymeriad 1403; 1.70; 5.1

**cri** *eg.b. ac a.* llef, gwaedd, cwyn, wylofain; amrwd, ffres, ir, newydd; *yn y cfn.* **bara cri** bara heb furum, bara croyw 649, 988; 1.155; 3.44; 4.59

**croenen** *eb.* croen tenau, tonnen, haenen denau, pilen 825

**crog** *eb.* croes Crist 6.33

**cron** *a., ffurf fen. ar crwn* cyfan, llawn, cryno, cydnerth 869, 1578

**croyw** *a.* eglur, plaen 219, 354

**crwys** *eb.* croes 4.37

**cryno** *a.* cyflawn, gwych, buddiol 3.23

**cu** *a.* annwyl, cariadus, hoff, gwerthfawr, a berchir yn fawr 1395; 4.18; 6.2, 5, 40, 54

**cur** *eg.b.* poen, dolur, ing, gofid, pryder, trawiad, ergyd, curfa, ymladdfa, brwydr 1.43, 60, 123; 4.31; 6.27

**cut** *gw.* 653n

**cweiriaf: cweirio** *bg.a.* ceryddu, trin yn greulon, baeddu, curo; ar lafar yn y gogledd yn yr ystyr 'curo, rhoi cosfa i' 982

**cwffiaf: cwffio** *bg.a.* ymladd, paffio, dyrnu, taro, curo 1498

**cwic** *a.* cyflym, rhwydd 1313

**cwlwm, clymau** *eg., ll. clymau* yn *ffig.* am rwymyn, hual, llyffethair 69, 75, 521, 960

**cwr, cyrrau** *eg., ll. cyrrau* ymyl, terfyn, ffin; *yn yr ymad.* **o'n / o'u cyrrau** yn drefnus, y naill ar ôl y llall, yn systematig 927, 967, 1132, 1357, 1502

**cwrlid** *eg.* gorchudd uchaf gwely, cwilt, gorchudd, mantell 517

**cwrs** *eg.* cryn swm, cryn dipyn 32, 645, 659, 1498

**cwympiaf: cwympio** *bg.a.* cwympo, syrthio, disgyn, syrthio i demtasiwn neu i gyflwr euog 1401

**cwyn, cwynion** *eb.g., ll.* -*ion* galar, gofid 1.108

**cwynfanaf: cwynfan** *bg.a.* cwyno, griddfan, ochneidio *1187*; 1.80, 136

**cwys** *eb.* tir a droir drosodd gan aradr, rhych a wneir gan aradr, yn *ffig.* am y bedd 523; 1.104+n

**cybolaf: cyboli** *ba.* ymhél â, ymyrryd â, anhrefnuso, drysu, gwneud llanastr 168

**cyd** *gradd gyfartal yr a. hir* < *cyhyd, cyhŷd* mor hir 794; 1.136; 6.35

**cydafel** *eg.* ffŵl, ynfytyn, hurtyn 267+n

**cydfarnaf: cydfarnu** *bg.a.* barnu ynghyd 738

**cydnesâf: cydnesáu** *bg.a.* dod yn agos gyda'i gilydd 3.58

**cyfamod** *eg.* cytundeb rhwng pleidiau, cynghrair, ymrwymiad 6.55

**cyfan, cyfa'** *a., yn yr ymad.* **yn gyfan / yn gyfa'** yn llwyr, yn llawn 286, 454, 505, 702, 1019, 1474; 1.58, 96; 3.19

**cyfiawnder, cyfiawnderau** *eg., ll.* -*au* iawnder, hawl, cymhwyster 554, 1378, 1417; 2.79; 4.54; 6.34

**cyfion** *a. ac fel eg.* cyfiawn, teg, diduedd, cywir, iawn; person cyfiawn 224, 964, 1234; 3.10; 4.17, 32; 6.30, 48

**cyfryw** *a.* o'r un math, tebyg, cyffelyb 6.54

**cyffeswr** *eg.* offeiriad sy'n gwrando cyffesion ac yn rhoi gollyngdod *1239*+n, 1253, *1439*, *1462*

**cyffesydd** *eg.* offeiriad sy'n gwrando cyffesion ac yn rhoi gollyngdod *1310*

**cynghoriad** *eg.* cyngor, anogaeth 1166

**cyhoedd** *a.* agored, amlwg i bawb, hysbys, hynod, cyhoeddus; *yn yr ymad.* **ar gyhoedd** ar goedd, yn gyhoeddus, yn agored, wedi'i gyhoeddi 311, 1266

**cym'** *2 brs. un. modd grch. y ferf cymeraf: cymryd* cymer 3.70

**cymeradwy** *a.bfl.* derbyniol, teilwng, boddhaol 3.43

**cymeriad** *eg.* derbyniad, cydnabyddiaeth, parch, geirda, enw da 536, 647

**cymin'** *a. ac fel eg.* < *cymaint* o'r un maint neu fesur â, mor fawr 904

**cymod** *eg.* adferiad heddwch rhwng Duw a dyn, heddwch, cytundeb, iawn 602, 675, 714, 729; 4.39; 6.42

**cymwys, cymwysach** *a., gradd gymharol* -*ach* priodol, gweddus, cyfiawn, teg, union, cywir 1395; 1.65

**cymysgedig** *a.bfl.* wedi ei gymysgu, diwahaniaeth, plith draphlith 1.106

**cynnwr** *eg.b.* < *cynnwrf* terfysg, cyffro, aflonyddwch, rhuthr, yn *ffig.* am ymosodiad neu gyrch rhyfel 1022, 1199

**cynnydd** *eg.* twf, llwydd, ffyniant, bendith, elw, goruchafiaeth, teyrnasiad 303, 712; 3.59

**cynod** *ll. dwbl ci* cŵn 366+n, 518

**cynyddaf: cynyddu** *bg.a.* tyfu, lluosogi, ffynnu, llwyddo, goresgyn 6.44

**cyrchaf: cyrchu** *bg.a.* mynd tua, hwylio at, dynesu at, cyfeirio (camre) at, arwain i gyfeiriad (rhywbeth) 1230

**cyson** *a.* rheolaidd, dianwadal, cydseiniol, persain, cywir, ffyddlon 4.3; 6.6

**cystudd** *eg.* dioddefaint, gofid, gorthrymder, caledi, afiechyd 710, 937, 1346

**cystuddiol** *a.* trallodus, helbulus, yn peri gofid 4.37

**cysylltaf: cysylltu** *bg.a.* uno, ymgyfarfod (mewn brwydr) 2.7
**cysylltedig** *a.bfl.* wedi ei gysylltu, cysylltiol, ynghlwm wrth, unedig 1342
**cythraul, cythr'ul** *eg.* y Diafol, Satan, diawl 655, 704
**cythreulig** *a.* wedi'i feddiannu gan gythraul, dieflig, diawledig 227, 387, 775; 2.45
**cythryfwl** *eg.* cynnwrf, terfysg, aflonyddwch 1352
**cywrain** *a.* celfydd, medrus, doeth, call, cyfrwys, ystrywgar 157, 307, 548, 557, 1003, 1288, 1523

**chwa** *eb.g.* awel, gwynt 3.66
**chwalaf: chwalu** *bg.a.* gwasgaru, taenu 485+n, 670, 671
**chwaneg** *a.* ychwanegol, mwy 118, 1222; 4.63
**chwanegaf: chwanegu** *bg.a.* cynyddu, ehangu, chwyddo 1344
**chwannog** *a.* awyddus, eiddgar, awchus, blysig, tueddol (i) 18
**chwap** *adf.* buan, ar unwaith, yn y fan 774
**chwdlyd** *a.* < *chwydlyd* yn codi cyfog, cyfoglyd, ffiaidd, atgas 851
**chwedi** *adf. ac fel ardd.* wedyn, ar ôl hyn(ny), yn ogystal; ar ôl 195; 4.62
**chwedleuwr, chwedleuwyr** *eg., ll.* -*wyr* siaradwr, clebryn, adroddwr chwedlau 1.61, 1.71
**chweiniaf: chweinio** *bg.* magu chwain, dal chwain 1122+n
**chwith** *a.* trwsgl, anffodus, anghywir, beius 1.50
**chwithig** *a.* trwsgl, trwstan, anghywir 238
**chwiwleidr, chwiwladron** *eg., ll.* -*ladron* un sy'n lladrata mân bethau, lleidryn, chwilennwr 1144, 1505
**chwyaden, chwyad** *eb., ll. chwyad* hwyaid, chwîd 470+n
**chwydaf: chwdu** *bg.a.* < *chwydu* cyfogi, taflu i fyny 230
**chwyddol** *a.* yn chwyddo, yn ymchwyddo 3.55
**chwyth** *eg.* anadl, bywyd, einioes; *yn yr ymad.* **tra bo / byddo / fo chwyth** tra pery bywyd, tra pery anadl, tra bo bywyd, tra byddaf, ayyb 319; 3.66; 4.56; 6.46

**dae** *3 prs. un. amhff. modd myn. y ferf deuaf, dof: dyfod, dod* deuai, dôi 4.8, 12
**'dae** *ymad. bfl.* ped fae, pe bai, petai 1497+n; 1.45
**daf** *a.* da 1089+n
**dalen** *eb.* deilen pren neu blanhigyn 497+n
**darn, darnau** *eg.b., ll.* -*au* tamaid, rhan, *yn ffig.* am berson diffygiol 426, 789, 1489; 1.102; 6.36
**darniaf: darnio** *ba.* torri neu rwygo'n ddarnau, dryllio, diaelodi, distrywio, ac *yn ffig.* am rwygo cymdeithas, gwlad, eglwys 910
**datodaf: datod** *bg.a.* terfynu, *yn ffig.* am farw 4.69
**datodiad** *eg.* datglymiad, chwaliad 4.47

**dawn, doniau, donie** *eg.b.*, *ll. doniau, donie* bendith, budd, ffafr, gwobr, rhodd 718; 6.53

**dedwydd** *a.* gwynfydedig, bendigaid, doeth 1595; 6.2

**deputi** *eg.* < *debiti*, *S. deputy* dirprwy, cynrychiolydd (swyddogol) 549

**deudu** < *deutu, yn yr ymad.* **o'r ddeudu** o amgylch, ar y ddwy ochr 1018

**deulin** *eg.* y ddau lin 247; 4.20

**diachos** *a.* heb reswm, heb fai, heb gyhuddiad 495

**dias** *eg.* cosb, dial 1.138

**diatreg** *a.* sydyn, di-oed, cyflym, ebrwydd 259

**diau, dieu** *a.* sicr, diamau, diymwad 1483; 1.116; 2.3, 73

**dibennaf: dibennu** *bg.a.* diweddu, terfynu, darfod, dwyn i ben, torri pen (ymaith) 1082, 1307, 1322; 2.83

**dibrinder** *eg.* cyflwr o ddigonedd 826

**dibris** *a.* diofal, heb falio dim, esgeulus, di-hid; diwerth, gwael, dibwys, dirmygedig, dibarch 783, 1296, 1455, 1581

**dibrisiaf: dibrisio** *ba.* amharchu, dirmygu 4.17+n

**dichell, dichellion** *eb.g.*, *ll.* -*ion* ystryw, cyfrwyster, hoced, cynllwyn 150, 1231, 1381

**dichonaf: dichon** *bg.a.* gallu, medru, tycio 150; 1.147, 149

**di-chwith** *a.* deheuig, hyfedr, hwylus, ebrwydd, cyflym, diymdroi, arferol 1175

**did** *gw.* tid, tidau

**di-doll** *a.* < *di-dwll* heb dwll neu doriad, cyfan, cyflawn 929+n

**didwrdd** *a.* heb sŵn (mawr), heb dwrw, heb gynnwrf, yn dawel 1018

**di-dwyll** *a.* diffuant, gonest, cywir, trwyadl 4.22

**diddan** *a.* dymunol, hyfryd, cysurlon 4.64

**diddidoliad** *a.* diwahân, cyfan 1069

**diddig** *a.* bodlon, rhadlon, hynaws 3.13; 6.10

**di-feth** *a.* di-ffael, di-ball 111

**di-flas** *a.* annifyr, annymunol, ffiaidd, disynnwyr 1.42

**difuchedd** *a.* anfoesol, anfucheddol 761

**difyr** *a.* diddan, llawen, siriol 1238

**di-ffael** *a.* di-feth, sicr 217; 1.36

**diffaith** *a. ac fel eg.* diffrwyth, drwg (iawn), ysgeler, aflan, atgas; y drwg, yr ysgeler, y gwael 1589; 3.67

**di-ffoi** *a.* heb ddianc, heb encilio 393+n

**di-gêl** *a.* amlwg, cyhoedd, gwybyddus 1457

**di-glod** *a.* heb fri, heb anrhydedd 3.41

**di-graith** *eb.* heb graith, perffaith 1287

**diguchiog** *a.* heb fod yn sarrug yr olwg 1414

**di-gudd** *a.* heb ei gelu, yn amlwg, yn olau 711

**digynnwr** *a.* < *digynnwrf* heb gyffro, heb aflonyddwch 332
**dihangol** *a.* diogel, a waredwyd, iach a dianaf, rhydd neu glir 588
**dihoenaf: dihoeni** *bg.a. fel ba.* difwyno, gwanychu 4.30
**diliaf: dilio** *bg.a.* < *duliaf: dulio* curo, taro, cystwyo, pwnio, pwyo, curo (traed) 848
**dinag** *a.* heb wadu, sicr, diymwad, taer 1059
**dioferedd** *a.* heb wagedd, heb ffoledd, heb wiriondeb 1470
**direswm** *a.* afresymol, heb fedru ymresymu 76
**dirfawr** *a.* mawr iawn, enfawr, anferth, aruthrol, difesur 60, 318, 1214; 6.16
**di-roch** *a. ac fel adf.* heb rochian, heb ru, heb ochenaid, heb riddfan 3.8; 4.51
**di-rôl** *a.* afreolus, aflywodraethus, anhrefnus 2.12
**dirus** *a.* heb betruster, hy, eofn 2.10
**di-rym** *a.* heb nerth, yn wantan 3.33
**disodlydd** *eg.* un sy'n disodli, yn cymryd lle un arall (yn annheg) 7.1
**diswcwr** *a* diymgeledd, diloches, dinoddfa 1447
**di-wad, diwad** *a.* heb nacâd 468, 1129
**diwahân** *a.* na ellir ei rannu, cyfan, yn perthyn i bawb, cyffredin 6.8
**diwyd** *a.* dyfal, gweithgar, dygn, cywir, didwyll, ffyddlon 108, 1258, 1466; 1.141
**diymwared, di'mwarad** *eg.b.* heb waredigaeth, heb ryddhad, heb ddihangfa, heb amddiffyn, heb ddianc, heb ryddhau, heb ymgeleddu 918, 1260
**diystyrwr, di'styrwr** *eg.* dirmygwr, dibrisiwr, bychanwr, gwaradwyddwr 1200
**doir** *ffurf amhrs. pres. myn. y ferf dof: dod* deuir 3.59
**dowciaf: dowcio** *bg.a.* trochi, bwrw dan ddŵr, rhoi gwlychfa (i) 438
**draig, dreigiau** *eb.g., ll. dreigiau* Satan, y Diafol 253, 672+n, 948, 1445+n; 3.24
**dreng** *a.* afrywiog, garw, taeogaidd 769
**drewaf: drewi** *bg.a.* arogli'n gas, pydru 748, 1502
**drud** *a.* gwrol, dewr, beiddgar, cryf, rhyfygus, ynfyd, ffôl, costus, garw, creulon, poenus, gofidus 1576, 1583; 6.26
**drwm, drymau** *eg.b., ll. drymau* tabwrdd, offeryn a gurir â ffyn i gynhyrchu sain 1.84, 89
**drygaf: drygu** *bg.a.* peri drwg i, niweidio, andwyo 3.24
**drygiog** *a.* drwg, drygionus, ysgeler, niweidiol 1467
**drygus** *a.* aflesol, niweidiol 3.54
**drylliedig** *a.bfl. fel eg.* wedi ei ddryllio, toredig, edifeiriol 4.45
**drymau** *gw.* drwm, drymau
**dul** *eg.* dyrnod, ergyd â chwip; sŵn cloch 686+n, 1520
**dull** *eg.b.* ffurf, gwedd, trefn, modd, arfer, cwrs, rhes, llu trefnus 85, 184; 1.91
**durol** *a.* caled fel dur, cadarn, dilys, gwir iawn 234

**duwiolaidd** *a.* duwiol, gweddus o dduwiol, rhith–dduwiol, ffug-sanctaidd 541
**duwioldrem** *eb.* gwedd sanctaidd, gwedd ddwyfol 965
**Duwsul** *eg.* dydd Sul 584
**dwbwl** *a.* cymaint ddwywaith, dyblyg, deublyg 1.110
**dwl, dylion** *a. fel e.ll.* rhai dwl, penbyliaid 4.9
**d'w'lle** *gw.* tywyllaf: tywyllu
**dwndwr** *eg.* sŵn, twrw, stŵr 1448, 1452; 1.72
**dwys, dwysion** *a., ll. -ion* difrifol, sobr, taer, gofidus, llym, tost, pwysfawr, trwm, sylweddol, helaeth 1330; 1.102; 3.26; 4.23, 32, 35
**dwysgain** *a.* angerddol a gwych, pwysfawr a rhagorol 33
**dwysgu** *a.* pwysfawr ac uchel ei barch, taer a hoff, angerddol a chariadus 296; 3.53
**dwyster** *eg.* difrifwch, pwys, trymder 4.29
**dyddiaf: dyddio** *bg.a.* dyddhau, gwawrio, goleuo, torri dadl, cyfryngu 4.12
**dyddiwr** *eg.* cyfryngwr, canolwr, cymodwr 715
**dyfal** *a.* diwyd, dygn, di-baid, cyson, dwys, taer 1.67
**dygn** *a.* hynod boenus, tost 6.38
**dynan** *eg.b.* dyn bach, corrach, person dinod, truan 579, 1546; 4.25
**dyrys** *a.* gwyllt, garw, blin, anhydrin, afreolus 403

**ebrwydd** *a.* buan, cyflym, sydyn, di-oed, parod 84, 1304, 1422, 1432
**edwinaf: edwino, 'dwino** *bg.a.* gwywo, dihoeni, nychu 1278
**efre** *e.tf. a ll.* < *efrau* chwyn a dyf ymysg ŷd, ac yn *ffig.* 3.48
**egoraf: egor** *ba.* agor, datguddio 447, 961, 1028, 1434
**egr, eger** *a.* diamynedd, chwyrn, ffyrnig, gwyllt, awchus, chwannog, brwd, egnïol, digywilydd, haerllug 896, 1055, 1140, 1430
**egwan** *a.* gwan, dinerth, di-rym, anwadal 88, 565, 974
**eigion** *eg.b.* dyfnfor, yn *ffig.* am waelod, dyfnder 2.35
**eirin** *e.ll., yn dros. yn yr enw lle Cwm Eirin* ceilliau 867
**embyd, enbyd** *a.* peryglus, arswydus, garw, llym, niweidiol, dinistriol 984, 1208, 1218, 1577, 1583; 2.12
**enaid, ena', eneidiau, 'neidiau, 'neidie** *eg.b., ll. eneidiau, 'neidiau, 'neidie* rhan ysbrydol dyn, bywyd, einioes 562, 718, 947, 926+n, 999, 1254; 3.37, 60; 4.22, 57, 59, 70; 6.32, 60
**eneiniog** *a.* un eneiniedig (sef Crist), y Meseia 6.33
**enillgar, 'nillgar** *a.* yn dwyn elw, proffidiol, buddfawr, manteisiol, deniadol 1137
**enterliwt, entrliwt** *eb.* anterliwt 53, 1566
**enynnaf: ennyn, enynnu, 'nynnu** *bg.a.* cythruddo, llidio, cythruddo gan lid neu ddicter, gwylltio, colli tymer, disgleirio, ysu 522
**es** *prs. 1 grff. modd myn. y ferf af: mynd* euthum 1027

**ewin, 'winedd** *eg.b., ll.* *'winedd* < *ewinedd* yn *ffig.* am rym, crafanc, gafael perchennog, llaw'r meddiannwr 906

**fagddu** *eb.* tywyllwch hollol, düwch eithaf, yn *ffig.* am uffern 620+n
**fal** < *fel* megis 290; 2.27
**faly** *gw.* 25n
**febin** *gw.* mebin
**ferdid** *eb.* dedfryd, barn, dyfarniad 1508
**foed** *a.* gwag, ofer, dirym, di-werth, diflanedig 1276+n
**fop** *gw.* mop
**fulan, fulain** *eg.* < *filain, filen* cnaf, dihiryn 827, 1094

**ffael** *eg.b.* pall, meth, methiant, diffyg, bai, amryfusedd 221, 889
**ffaeliaf: ffaelio** *bg.a.* methu, pallu 207, 752, 1500
**ffagwd** *eg.* rhywun diffaith, creadur di-fudd, cnaf, dihiryn 251+n
**ffals** *a.* celwyddog, twyllodrus, ffug, anffyddlon 3.30
**ffast** *a.* sicr, cadarn, cyflym, clau 1530
**ffel** *a.* call, synhwyrol, gochelgar, deallus 1169, 1384
**ffêr** *a.* cadarn, cryf, dewr, gwych 1.86
**ffigys** *e.ll.* rhyw beth(au) di-werth, dirmygus, tegan, yn *ffig.* am y ceilliau 251+n
**ffordd** *eb., yn yr ymad.* **i ffordd** i ffwrdd, ymaith 57, 643, 883, 1308
**fforddiaf: fforddio** *bg.a.* cyfarwyddo, cerdded o gwmpas 2.25
**ffortyn** *eb.* siawns, hap, lwc, tynged, ffawd 1187
**ffowliaf: ffowlio** *bg.a.* ysbeilio 1026
**ffraeth** *a.* parod ei dafod, huawdl, parablus, tafodrydd, hy, digywilydd, brathog, siarp, llym, parod, buan, nwyfus 699, 877; 3.42
**ffraethlon** *a.* huawdl, rhugl, hael, parod, aeddfed, toreithiog 1173
**Ffrainconiaid** *e.ll.* trigolion Ffrainconia, Ffrancwyr 2.5
**ffreier, ffreiers** *eg., ll.* *-s* aelod o urdd grefyddol fynachaidd, brawd, mynach crwydrol 209
**ffrewyll** *eb.g.* fflangell, chwip 772
**ffri** *a.* rhydd, hael, hynaws, rhwydd, parod, eofn, hy, dilyffethair, di-rwystr 699, 721, 1133, 1173; 1.75
**ffrilyn** *eg., bach. o ffril* dyn di-werth 877
**ffriw** *eb.* gwedd, golwg, ymddangosiad 307, 325
**ffroen** *eg.* twll, mynedfa, agoriad 6.43+n
**ffrost** *eb.* bost, ymffrost, brol, rhodres, rhwysg 330, 1263
**ffrwst** *eg.* rhuthr, ffwdan, brys 312
**ffrwt** *adf.* ar unwaith, yn fuan 433
**ffrwynaf: ffrwyno** *ba.* atal, llestair, cyfyngu, ac yn *ffig.* 1280

**ffull** *eg.* brys, cyflymder, ffrwst, ffwdan, ynfydrwydd 1.92
**ffunud** *eg.* modd, dull, gwedd 1.36
**ffwdanffol, ffwdan ffôl** *a.* angall mewn cynnwrf, annoeth mewn cyffro 1095, 1541
**ffwt** *gw.* 481n
**ffyrf, ffyrfed** *a., gradd gyfartal -ed* mawr, praff, sylweddol 1042+n
**ffyrling** *eb.* darn o arian a'i werth yn hanner dimai, chwarter ceiniog neu ddwy hatling 1110

**gar, garrau** *eb.g., ll. garrau* coes, clun 1032
**gard, gardiau** *eg., ll. -iau* crib wlân, crib neu frws caled a ddefnyddir i drin gwlân 408+n
**gardiaf: gardio** *ba.* trin neu gribo gwlân â chrib wlân 411
**garsiwn** *eg.b.* ciwed, gwehilion 100
**garw, garwach, garwa', garwaf** *a., gradd gymharol -ach, gradd eithaf -a', -af* sarrug, creulon, caled, llym, ofnadwy 79, 120, 122, 167, 939, 975, 1020, 1259, 1314; 1.5, 113; 4.31, 58
**gau addoliaeth** *eb.* delw-addoliad 1325, 1333, 1336
**gau grefydd** *eb.* crefydd anghyson â Christnogaeth, crefydd ffals, heresi 1511
**geirda** *eg.* gair da, clod, canmoliaeth, enw da, cymeriad, bri, parch 1179
**gem** *eb.g.* maen gwerthfawr, yn *ffig.* am anwylyd 1182
**gêr, gêrs** *eb.g., ll. -s* offer gwaith, celfi, taclau, petheuach 468, 506
**geraint** *gw.* câr, ceraint
**gerwin** *a.* garw, llym, creulon, caled, ofnadwy, erchyll 935, 975, 1423; 2.37; 6.34
**gini** *eg.b.* un swllt ar hugain 1162
**glandeg** *a.* teg, hardd 555; 6.22
**glas** *a.* iraidd, dulas, gwelw, marwol, angheuol 3.15
**gloyw, gloywon** *a., ll. -on* disglair, llachar, yn disgleirio, clir, golau, glân, eglur; *yn yr ymad.* **arian gloywon** arian disglair, arian parod, darnau arian 492, 532, 567, 598, 705; 4.6
**gloywedd** *a.* < *gloywaidd* disglair, clir, golau 361, 725, 1175
**gloywlu** *eg.* tyrfa neu gwmni glân, golau 7.4
**glud** *gw.* 1272n
**glwysgu** *a.* hyfryd a gwerthfawr, tirion a chariadus 6.37
**godinebaf: godinebu** *bg.* gwneud godineb, puteinio 593
**goddefaf: godde'** *bg.a., be. godde'* < *goddef* dioddef, teimlo poen, dygymod â 1.138
**gogelaf: goglyd** *bg.a.* cipio, troi draw 1276+n
**gogr** *eg.* rhidyll, hidl 511

**golau, gole, goleu** *eg. ac fel a.* goleuni; clir, amlwg, plaen, eglur 272, 326, 462, 814, 866, 1000, 1526; 2.59

**gorchgudd** *eg.* peth sy'n cuddio neu'n celu, darn o ddefnydd tenau i orchuddio'r pen a'r wyneb, ac yn *ffig.* 289+n

**goror** *eg.b.* ffin, terfyn, ardal, bro, cwr 1605

**gorsedd fainc** *eb.* gorsedd, teyrngadair 66

**goruchel** *a.* uchel iawn, uchaf, goruchaf, pennaf, dwyfol 4.52

**gosteg** *eb.g.* distawrwydd, tawelwch, gwrandawiad, galwad am dawelwch 363, 723

**gradd** *eb.g.* gris, stepen, esgynfa, dosbarth, ystad, urddas, teilyngdod, haeddiant 865+n, 980, 1149, 1473, 1525

**graen** *eg.b., yn yr ymad.* **siarad yn erbyn y graen** siarad yn groes i'r graen, yn erbyn tueddfryd 133

**gras** *eg.b.* rhad, ffafr, ewyllys da, bod mewn cymod â Duw 707, 714, 972, 1386, 1389; 3.17

**grasol** *a.* graslon, tirion, trugarog 233; 4.37; 6.59

**gris** *eb.g.* gradd mewn esgynfa, stepen, staer 719

**gronyn** *eg.* mymryn, tipyn 6

**gwad** *eg.* honiad i'r gwrythwyneb, nacâd, negyddiad, gwrthddywediad 1165

**gwadd**[1] *eb.* twrch daear 453+n, 897, 1097

**gwadd**[2] *eg.* < *gwahodd* gwahoddiad, galwad 4.60

**gwael** *a. ac fel eg.* salw, truenus, dirmygus, iselradd, anfonheddig, tlawd; person truenus neu iselradd 703; 1.98; 3.7

**gwaeledd** *eg.* gwendid, salwedd, trueni, iselder gradd 4.46

**gwaelod** *eg.* rhan isaf, bôn, gwreiddyn, dyfnderau eithaf 3.39; 4.44

**gwagedd** *eg.* oferedd, gwegi, gwagogoniant, coegfalchder, gwacter 502+n

**gwaglais** *eg.b.* chwedl neu si goeg, mynegiad o farn ddiystyr neu ddisynnwyr 1276+n

**gwala** *eb.* digon, digonedd, llawnder, cyflawnder 2.68

**gwalch** *eg.b.* cnaf, cenau 1168, 1310

**gwall** *eg.* camgymeriad, cyfeiliornad, twyll, celwydd, diofalwch, esgeulustod 1583; 3.29

**gwanc** *eb.g.* chwant, trachwant, blys, awch 499

**gwanffydd** *eb.* cred egwan, hyder eiddil, crefydd anhwylus 846

**gwantan** *a.* anwadal, ansefydlog, di-ddal, egwan, gwanllyd, gwael 1390; 1.58, 63

**gwarafunaf: gw'rafun** *ba., be.* < *gwarafun* gwahardd, gwrthod 164

**gwaredaf: gwaredu** *ba.* achub, arbed, amddiffyn 5.1

**gwaredwr** *eg.* un sy'n gwaredu, achubwr, prynwr (gan gyfeirio at Grist) 4.7

**gwas, gweis, gweision** *eg., ll. gweis, gweision* bachgen, glaslanc, gŵr ifanc, gwasanaethwr, swyddog, caethwas 76, 278, 436, 962, 1180, 1234; 2.64, 72; 5.2; 6.53

**gwawl** *eg.* goleuni, llewyrch, disgleirdeb, ysblander 845, 1599

**gwawr** *eb.g.* lliw, gwrid, arlliw, gwedd, golwg, ymddangosiad, toriad dydd, codiad haul 3, 301, 315, 527; 2.62; 3.18; 6.15

**gwedd** *eb.g.* ymddangosiad, dull, modd *teitl*; 6.41

**gweddol** *a.* gweddus, gweddaidd, gwiw, rhagorol, gwych, prydweddol 527, 875, 879

**gwegil** *eg.b.* gwar, cefn, tu ôl 1379

**gwerin** *eb.g. ac e.tf.* pobl, y bobl gyffredin, pobl y wlad, tyrfa, mintai, haid, llu, milwyr cyffredin byddin, cenedl 226, 348, 1020, *1063*

**gwerinlywodraeth** *eb.* llywodraeth heb frenin yn ben arni, gwerin- wladwriaeth, democratiaeth, gwlad a lywodraethir gan y werin drwy ei chynrychiolwyr 1047, *1087*, 1131, 1152, 1306, 1471

**gwerinwr, gwerin wŷr** *eg., ll. gwerin wŷr* dyn cyffredin, gwladwr, democrat, gweriniaethwr 78+n, *911, 915, 923, 927, 931, 933, 935, 995*, 1073

**gwers** *eb.* yr hyn a ddysgir i ddisgybl neu ddosbarth, darlith, cyngor, dihareb 82

**gwerthyd** *eb.* offeryn syml i nyddu â llaw 517

**gweryd** *eg.* pridd, daear, tir, yn *ffig.* am fedd 1462

**gwibiaf: gwibio** *bg.a.* rhedeg yma a thraw, rhuthro o gwmpas, crwydro 644

**gwirion** *a.* pur, dibechod, di-fai, cywir, ffyddlon, diniwed, diddrwg, ffôl, dwl, annoeth 226, 1143; 3.60; 4.15, 59

**gwirionllyd** *a.* ffôl, hurt, disynnwyr 1555

**gwisgi** *a.* sionc, heini, chwim 3; 2.15

**gwiw** *a.* addas, priodol, gweddus, teilwng, llesol, gwych, rhagorol, hardd, da; *yn yr ymad.* **'wiw** nid oes diben, y mae'n ddibwrpas *anerchiad*, 36, 506, 716, 1288, 1392, 1596; 3.44; 6.3, 22, 44, 53

**gwiwdeg** *a.* gweddus a hardd, addas a gwych, rhagorol a phur 144, 233, 723; 4.63

**gwiwdlos** *a.* rhagorol a theg, llesol a gwych 966

**gwiwdda** *a.* da a theilwng, godidog, rhagorol 1601

**gwiwgôr** *eg.b.* llys rhagorol, cyngor gwych 1599

**gwiwgu** *a.* teilwng ac annwyl, teilwng a hoff 3.1

**gwiwlan** *a.* sanctaidd, teilwng a phur, glân, hawddgar, teg, harddwych 538, 1091

**gwiwlon** *a.* teilwng a llon, teilwng a rhagorol; ffyrnig, dicllon 89, 315; 1.120

**gwiwlwys** *a.* teilwng a thirion, hyfryd, glân, sanctaidd 6.58

**gwiwnod** *a.* nodedig, gwych neu deilwng ei nod 1182

**gwiwrad** *a.* gwych a llawn gras, rhagorol a rhoddgar, gweddus a hael 6.41

**gwn, gynneu** *eg., ll. gynneu* < *gynnau* offeryn milwrol a anelir at y gelyn a'i danio, dryll, mwsged, reiffl 1.14, 68; 2.26

**gwnaf: gwneud** *bg.a., yn yr ymad.* **gwneud gên** tynnu wyneb, gwneud ystumiau dirmygus 1569+n

**gwrol** *a.* dewr, glew, hy, eofn, rhagorol, campus, grymus 74, 78, 328, 348, 527; 4.11

**gwrthun** *a.* ffiaidd, atgas 6.30

**gwrychyn** *eg.* blewyn garw, yn *dros.* cuwch; *yn yr ymad.* **codi ei (g)wrychyn** gwylltio 402

**gwych, gw'cha', gwychion** *a., gradd eithaf gw'cha'* < *gwychaf, ac fel e., ll.* -*ion* nerthol, grymus, campus, rhagorol, ardderchog, godidog, ysblennydd, iach; gŵr grymus, gŵr nerthol 375, 670, 703, 1283, 1414; 1.98; 2.4; 7.2

**gwydyn** *a.* < *gwydn* tost, creulon, caled, di-ildio 82

**gwyn, gw'nna'** *a., gradd eithaf gw'nna'* < *gwynnaf* mwyaf gwyn 1177

**gwŷn** *eg.b.* nwyd, angerdd, mympwy, chwant, drygchwant, anlladrwydd, poen, gofid, dolur, eiddigedd 1170; 3.36

**gwynfyd** *eg.* llawenydd, hyfrydwch, pleser, ffyniant 6.50

**gwyntyll** *eb.g.* offeryn nithio sy'n creu awel i wahanu'r us a'r grawn, ffan 3.53+n

**gwyraf: gwyro** *bg.a.* crymu, plygu 3.18

**gwyrni** *eg.* camedd, yn *ffig.* am gyfeiliornusrwydd, gogwydd annheg 790

**gwyrth, gw'rthiau** *eb.g., ll. gw'rthiau* < *gwyrthiau* tro rhyfeddol, gallu rhyfeddol 314, 513

**gynneu** *adf., ffurf dreigledig cynnau, cynneu* < *cynt* ychydig amser yn ôl, yn ddiweddar, yn flaenorol 1312


**hael** *a.* haelionus, parod, hynaws, caredig, tirion, bonheddig, urddasol 829, 1237

**hael-nâd** *eb.g.* cri barod, cwynfan fonheddig, llef urddasol 498

**hagr, hagar** *a.* diolwg, hyll, afluniaidd, ffiaidd, gwrthun, mawr iawn, garw, gofidus iawn, annheg, anonest, atgas 873, 1227; 3.51

**hai how** *ebd.* i alw sylw 379

**haul-wen** *eb.* heulwen, tywyniad yr haul 4.36

**hawl** *eb.g.* arch, cais, gofyniad, yr hyn y gellir ei hawlio, yr hyn sy'n ddyledus i ddyn 43, 295, 657, 873, 1600; 3.11

**heini** *a.* bywiog, sionc, gwisgi, egnïol 1515; 1.121

**heliaf: hel** *bg.a.* crynhoi, casglu, ceisio, ymofyn; *yn yr ymad.* **hel parodrwydd** paratoi, hwylio darpariaeth 1168, 1431

**hell** *ffurf. fen. ffug ar yr a. hyll* hagr, arswydus, erchyll, anwar 766; 2.70

**henw** *eg.* enw, teitl, term 4.31

**henwaf, henwa': henwi** *ba.* < *enwaf: enwi* rhoi enw i neu ar berson neu le ayyb, crybwyll, datgan 107; 1.10; 6.13

**heresi, her'si** *eb.* credo neu athrawiaeth ddiwinyddol neu grefyddol sy'n groes i ddysgeidiaeth yr Eglwys Gatholig 722

**hilbridd** *eg.* pridd hiliogaeth, daear epil, clai llinach, llwch tras 4.9+n

**hinon** *eb.* tywydd (teg), hindda, heulwen, yn *ffig.* 627

**hirglod** *eg.b.* bri, canmoliaeth yn parhau am amser maith 4.2

**hobi** *eb.* hoeden, rhampen 1044

**hocsied** *eb.* casgen fawr, baril 824

**hoedel, hoedl** *eb.* bywyd, einioes, oes 268, 1033, 1270; 1.99

**hoen** *eb.g.* llawenydd, llonder, afiaith, angerdd 6.42

**hoenedd** *eg.* bywiogrwydd, asbri, nwyf, llawenydd 321

**hoenus** *a.* llawn bywyd, heini, talog, llawen, hyfryd, braf 66

**holaf: holi** *bg.a.* hawlio, mynnu, deisyf, ceisio 67

**holo** *ebd.* i dynnu sylw neu i fynegi syndod 141+n, 437, 446, 1119, 1537

**hoyw** *a.* heini, sionc, gwisgi, hoenus, siriol, gwych, cymen, ffyniannus 1219

**hug** *eg.b.* mantell, clogyn, yn *ffig.* am dwyll 1057

**Huw** *eg.* enw teg am Dduw 460+n, 871

**hw** *ebd.* i alw sylw, ac i fynegi syndod 383

**hwd** *eg.b.* cwfl, cwcwll 511

**hwde** 2 *brs. un. modd grch. bf. ddiffygiol* dyma iti!, cymer (hwn)! derbyn (hwn)! edrych yma! 601, 641, 1249

**hŵr, hŵrs** *eb., ll.* -s putain, gwraig anniwair neu anllad, ac yn *dros.* mewn ystyr *ddifr.* 252, 678, 810, 900

**hwriaf: hwrio** *bg.* puteinio, godinebu, byw'n anfoesol 35, 612, 661, 666

**hwyliwr, hwylwyr** *eg., ll.* -*wyr* gyrrwr, arweinydd, cyfarwyddwr, llywydd, rheolwr, trefnwr, hyrwyddwr 1237

**hwylnos** *gw.* wylnos

**hwylus** *a.* rhwydd, parod, hawdd, didrafferth, di-rwystr, trefnus 614; 2.10

**hy** *a.* eofn, dewr, gwrol, sicr, hyderus, beiddgar, haerllug, digywilydd 205, 295, 1505; 6.54

**hylaw** *a.* parod wrth law, cyfleus, deheuig, medrus 67, 1168

**hylwydd** *a.* llwyddiannus, ffyniannus, ffortunus, manteisiol, hwylus, ebrwydd, buan, cyflym 10, 84, 303, 657, 863, 1303, 1399, 1480; 4.16

**hynod** *a.* yn haeddu sylw, nodedig, rhagorol, godidog, anghyffredin, amlwg, eglur, plaen 63, 321, 371, 571, 714, 829, 1326, 1600; 3.11; 4.31; 6.8, 41, 42; 7.4

**hynodol** *a.* hynod, arbennig, neilltuol, rhyfedd, od 81

**hysbys** *a.* eglur, clir, sicr, diamau 2.9

**iawndeg** *a.* cyfiawn a theg, hardd iawn 4.63

**iechydwriaeth** *eb.g.* iachawdwriaeth, ymwared, dihangfa, achubiaeth yr enaid drwy aberth Crist 156; 3.42

**ing** *eb.* cyfyngder, argyfwng, caledi, cyni, adfyd, artaith 766+n; 4.37+n

**impyn** *eg., bach. o imp* blaguryn, grafft, yn *dros.* am fab ifanc, disgynnydd, epil 6.17

**indulgenses** *e.ll.* maddeuebau, rhyddhad oddi wrth gosb am bechod yn unol ag arferion yr Eglwys Gatholig 208+n, 571, 632

**iselder** *eg.* iselfrydedd, darostyngiad 2.34+n

**ist** *ebd.* galwad am dawelwch, gosteg!, taw! / tewch! 248, 481

**jailer** *eg.* jeler, sieler, ceidwad carchar 737+n

**Lading** *eb.g.* Lladin 170

**lasiaf: lasio** *ba.* clymu â lasen, tynhau neu gau (esgid) â charrai neu linyn, careio, yn *ffig.* 847+n

**lob** *eg.* hurtyn, ffŵl, penbwl 201

**'lodau** *gw.* aelod, aelodau, 'lodau

**loes** *eb.* poen mawr, ing, artaith, dolur, archoll 1404; 4.34; 6.28

**lol** *eb.* ffolineb, baldordd, cleber, gwag-siarad, dadwrdd 142, 413, 1093, 1298; 1.63

**lolas** *bach. ll. o'r eb. lol* ffolineb, ffwlbri gwirion, baldordd, cleber, gwag-siarad, oernad, dolef 50

**loliaf: lolio** *bg.* gwag-siarad, baldorddi, clebran, loetran, segura 1291

**lwyaf: lwyo** *gw.* 890n

**lygiaf: lygio** *bg.a.* tynnu (rhywbeth) drwy ymdrech, llusgo neu gario (peth trwm) 1142+n

**llabuddiaf: llabuddio** *ba.* < *llabyddiaf: llabyddio* curo â cherrig, baeddu, cosbi, blino, lluddedu *1530;* 1.17

**lladrones** *eb.* merch neu fenyw sy'n lladrata, yn *ffig.* 1442

**lladronllyd** *a.* lladratgar, lladronaidd 2.58

**llaes** *a. fel adf.* rhydd, gwylaidd, gweddaidd 1.76+n

**llamhidydd, llamidyddion** *eg., ll. llamidyddion* morfil bychan sy'n llamu o'r dŵr wrth nofio, dolffin 2.36

**llarpiaf: llarpio** *ba.* rhwygo'n ddarnau, darnio, dryllio, malurio 781; 1.18

**lleas** *eg.* marwolaeth, cyflafan 1.138

**lled-orweddaf: lled-orwedd** *bg., yn yr ymad.* **yn ei (l)led-orwedd** ar ongl, yn gorweddian, yn gorwedd yn ôl 1039

**lledrwydd** *a.* rhannol lewyrchus, gweddol roddgar 1306

**lledwag** *a.* hanner-gwag, ffôl 1060

**lleng** *eb.* lliaws, nifer enfawr 770

**llelo** *eg., ffurf anwes ar yr e.prs. Llywelyn wedi magu ystyr ddifr.* hurtyn, penbwl, gwirionyn 35

**llên** *eg.* dysg, dysgeidiaeth, gwybodaeth 7.2

**lli** *eb. ac fel a.* cerrynt, llifeiriant, dilyw, yn *ffig.* ac yn *dros.*; yn llifo 986, 1260; 2.24

**llid** *eg.* dig, dicter, digofaint, dicllonedd, gwŷn 35; 1.26; 2.8, 74; 3.27

**llidiog** *a.* dig, dicllon, digofus, nwydwyllt, gwyllt, cynddeiriog, ffyrnig 1014

**lliwgar** *a.* ymddangosiadol deg, yn arddangos nodweddion teg yn unig 3.15

**lliwus** *a.* teg yr olwg, glandeg, golygus, ffug, twyllodrus, ymhongar 500

**llochaf: llochi** *ba.* anwesu, anwylo, rhoi mwythau i, cocsio, denu, gwenieithio i 1171+n

**llownder** *eg.* < *llawnder* helaethrwydd, cyflawnder, digonedd 507

**lludded** *eg.?b.* blinder mawr, llesgedd, ymdrech, trafferth, poen 1416

**llwdn** *eg.*, yn *ffig.* am leban, hurtyn 138, 1060

**llwydd** *eg.* llwyddiant, ffyniant, cyflwr llwyddiannus, tyciant 701, 901, 1321

**llwyddaf: llwyddo** *bg.a. fel ba.* gwneud yn ffyniannus, bendithio 4.53

**llwyn, llwyni** *eg., ll. -i* coed, fforest, yn *dros.* am dyfiant trwchus, yn *ffig.* am deulu, hiliogaeth, nifer o bersonau, cwmni 1.76; 6.11

**llydan** *a.* mawr ei led, fflat, cydnerth, llond ei groen, trwm neu bwysig (am berson), eang, helaeth, maith 138, 422, 530, 1014, 1564

**llyg** *eg.b.* creadur tebyg i lygoden, llygoden goch, llygoden (y maes), yn *ffig.* 1058

**llygraidd** *a.* llwgr, llygredig 6.17

**llym, llyma'** *a., gradd eithaf llyma'* < *llymaf* treiddiol, garw, tost, chwerw 1.18, 70; 3.34; 4.34, 45; 6.28

**llymllyd** *a.* llwm, moel, tlawd, anghenus 528

**llyn, llyniau** *eg., ll. -iau* pwll 6.32

**llywiaf: llywio** *bg.a.* cyfarwyddo, ledio, trefnu, goruchwylio 139, 982

**llywydd** *eg.* arweinydd, am Dduw 712; 1.129; 3.27


**mad** *a.* ffodus, dedwydd, da, daionus, rhinweddol, hyfryd, hardd 1165

**mael** *eb.g.* elw, ennill, budd, lles, mantais, gwobr, tâl 703

**maeth** *eg. a hefyd gyda grym ansoddeiriol* cynhaliaeth, ymgeleddiad 699, 1305, 1398, 1595

**maethaf: maethu** *bg.a.* cynnal, porthi, meithrin, yn *ffig.* 2.84

**main-dŷ** *eg.* tŷ nychlyd, tŷ cyfyng neu dlawd 3.46

**maith** *a.* ?o bell, helaeth, mawr, doeth, call 1287; 1.132, 150; 3.2, 12; 4.8, 26, 43; 6.31

**mal** *fel cys.* fel 368

**malais** *eg.b.* drygioni, ewyllys drwg, sbeit, cenfigen 1112

**mall** *eb.g. ac fel a.* drwg, drygioni, Belial, Satan, (y) diafol; llwgr, drwg, drygionus, melltigaid 1172+n, 1582

**mamaeth** *eb.* mam, nyrs, hyrwyddwr 161
**mant** *eg.* ceg, genau, safn, asgwrn yr ên, gwefus 1126
**manus** *e.tf.* us, gwanus, peiswyn, yn *ffig.* 3.54
**map** *eg.,* ?< *mab* bachgen, plentyn, Iesu Grist, y mab darogan 850+n
**màs** *eg.* offeren 190, 197
**mawn** *e.tf. ac e.ll.* tywarch 514
**mawrglod** *eg.b.* clod, bri, canmoliaeth, moliant mawr 294
**mebin** *eg.b.* ieuenctid, plentyndod 4.23
**medaf: medi** *bg.a.*, yn *ffig.* am dorri (gelynion) i lawr 1.76+n
**meder** *eg.* < *medr, yn yr ymad.* **ar feder** gyda'r bwriad o, yn amcanu, er mwyn, ar fin 2.19
**meddylfryd** *eg.b.* dealltwriaeth, meddwl, meddyliau, ewyllys, bwriad 1.142
**meddyliaf: meddwl** *bg.a.* ystyried; *yn yr ymad.* **ar feddwl** gyda'r bwriad o 1028; 1.109; 2.7
**meinir** *eb.* llances hardd, cariadferch 639
**meistrolaf: meistroli** mynd yn feistr (ar), cael y gorau (ar), goresgyn, gorchfygu, trechu, concro, rheoli, ymddwyn yn drahaus 550, 1364
**mendiaf: mendio** *ba.* gwella, iacháu, trwsio 453; 3.46
**mesur** *eg.* dull, modd, ffordd; *yn yr ymad.* **o fesur ychydig** bob yn ychydig, yn raddol 190, 213, 1332
**meth** *eg.b., yn yr ymad.* **ar feth** wedi difetha, wedi methu, wedi malu 2.42
**methedig** *a.bfl.* di-werth, aneffeithiol, dadfeiliedig 2.46
**min** *eg.* ymyl, glan 1.104
**mityn** *eg.* < *meitin, meityn, yn yr ymad.* **ers mityn** beth amser yn ôl, ers peth amser (yn awr) 1428+n
**miwsig, muwsig** *eg.b.* cerddoriaeth 1.93; 6.10
**mob, mobs** *eg., ll.* -*s* torf o bobl derfysglyd neu afreolus, ciwed, tyrfa 1009+n
**mobiaf: mobio** *bg.a.* ymosod yn llu afreolus (ar), ymgynnull yn dyrfa derfysglyd 91, 853, 880, 908, 922, 927, 1064, 1538
**moddol** *a.* gweddus, addas, priodol, moesol, gwâr, teg, gwych 328; 6.52
**moddus** *a.* gweddus, priodol, gwâr, lluniaidd 4.8
**moedraf: moedro** *bg.a.* peri dryswch neu benbleth meddwl i (rywun), drysu neu gymysgu, poeni, cythryblu, ffwndro, gwirioni, hurtio 36, 1170
**moes, moeswch** 2 brs. un ac 2 brs. ll. modd grch. berf ddiffygiol rho / rhowch i mi, estyn / estynnwch i mi; caniatâ / caniatewch i mi 271, 471, 589, 651, 1406
**monach, monachod** *eg.* < *mynach, ll.* -*od* aelod gwryw o sect grefyddol ymneilltuedig 72, 246
**mono** *gn.* < *ddim o, ffurf 3 prs. un.* mohono 4.48

**mop** *eg.* teclyn a ddefnyddir i olchi llawr ayyb, yn *ffig.* a *difr.* am berson 2.48+n
**mopiaf: mopio** *bg.a.* lluchio (at) 850
**'morol** *gw.* ymorolaf: ymorol, 'morol
**mowrion** *a.ll. gyda grym enwol,* < *mawrion* mwy na'r cyffredin o ran maint, galluog, arwyddocaol, pwysig 1491, 1582; 2.52; 4.4, 67
**mules** *eb.* asyn, mwlsyn, yn *ffig.* a *difr.* 1454
**mun** *eb., amr. ar bun* merch, gwraig 1163, 1170
**musgrell** *a.* llesg, araf, dwl, swrth, anhrefnus 148
**mwll** *a.* pwdr, difywyd, yn *ffig.* 209
**mwrdrwr, mwrdrwyr** *eg., ll. -wyr* llofrudd, lleiddiad 761, 763
**mwydion** *e.ll.* sylwedd meddal, pwlp, rhuddin 40
**myn** *ardd.* mewn llw o flaen yr hyn y tyngir iddo 39, 253, 453, 477, 489, 497, 669, 845, 850, 897, 907, 1005, 1037, 1041, 1061, 1097, 1121, 1137, 1149, 1302, 1440, 1525, 1551
**myn, mynnod** *eg., ll. -nod* gafr ieuanc 514
**mynyd** *gw.* 1150n
**myrdd** *eg.b.* llu, nifer amhenodol 837, 1353

**nâd** *eb.g.* bloedd, llef, cri, ysgrech, wylofain, cwynfan, trwst 1494; 1.118
**naws** *eb.g.* natur, anian, tymer, dull, ysbryd 881
**nêr** *eg.* arglwydd, pennaeth (am Dduw) 3.23+n; 6.33
**nifer** *eg.b.* llu, cwmni, mintai 2.20
**nod** *eg.b.* targed, terfyn, pen draw, amser penodedig, marc, arwydd, symbol 44, 621, 938, 1481; 6.57
**nodd** *eg.* hylif bywydol, sudd, rhinflas, maeth 1286
**noethwr** *eg.* un a wna eraill yn noeth, un sy'n dinoethi, yn *ffig.* 4.13
**nolaf, noliaf: nôl** *ba.* ymofyn, cyrchu, dwyn, dod â 431, 435, 482, 1232; 6.52
**nuner** *eg.b.* < S. *nunnery* lleiandy 663
**'nwydau** *gw.* annwyd, anwydau, 'nwydau
**nych** *eg.* poen, gofid, afiechyd, dolur 1.98
**nychdod** *eg.b.* salwch, gwendid, llesgedd, cystudd 3.39
**'nynnu** *gw.* enynnaf: ennyn, enynnu, 'nynnu

**och** *ebd. a hefyd fel eb.g.* gwae! O!; yn *ffig.* am drallod, tristwch 911, 935, 1075, 1187, 1259, 1347, 1519; 1.26, 98; 3.41; 4.21; 6.16
**ochaf: ochain** *bg.?a., a'r be. gyda grym enwol* ochneidio, griddfan, cwynfan, wylofain 72; 2.53
**ôd** *eg.* eira, plu eira 1177
**odiaeth** *a.* gwych, eithriadol, rhyfeddol, anghyffredin 306; 2.2

**odid** *a.* prin, eithriadol 109
**oer** *a.* trist, digalon, anhyfryd 1264, 1272; 1.36; 2.42; 4.14
**offeryn** *eg.* teclyn, yn *ffig.* am gyfrwng neu foddion, asiant 914, 1269
**oniaf: onio** *ba.* cyfaddef, cydnabod 663
**onor** *eg.b.* anrhydedd 487, 504
**opiniwn** *eg.b.* barn, tyb, mympwy 1134
**ordraf: ordro** *bg.a.* gorchymyn 777

**pabist, papist, pabistiaid, pabistied** *eg., ll* -iaid, -ied pabydd, yn aml yn ddifr. ★*trefniad*, 70, 85, 142, 199, 227, 236, 274, 341, *363*, *575*, *583*, *591*, *599*, 698, 713, 1070, 1098, 1132, 1350, 1469, 1495, 1555
**pabisten** *bach. b. o'r eg. pabist* aelod fenywaidd o'r Eglwys Gatholig Rufeinig, pabyddes, fel rheol yn *ddifr.* 627
**pabistes** *bach. b. o'r eg. pabist* pabyddes ★*trefniad*, *403*, *611*
**pac, paciau** *eg., ll.* -iau bwndel, sypyn, pwn, llwyth 1184
**pair** *eg.* crochan, yn *ffig.* am le o gosbedigaeth 6.20
**pall** *eg.b. fel a.* gwallus, beius, methedig; *yn yr ymad.* **ar ball** i gyflwr o nychdod, mewn gostyngiad 88, 1584
**pant** *eg.* ceudod, glyn, ac yn *ffig.* 1125, 1450; 3.57
**parch** *eg.b.* ystyriaeth 536; 6.38
**part** *eg.* rhan, cyfran, rhywfaint 660, 924
**pàs** *eg.b.* cast, twyll 189
**past, paste** *eg., ll. (ar lafar)* -e toes, crwst, yn *ffig.* 274+n
**ped fae** *ymad. bfl.* pe bai, petai 523, 672, 679, 916; 1.61, 89
**ped faent** *ymad. bfl.* pe baent, petaent 1.111
**ped fase** *ymad. bfl.* pe bai, petai 525
**peillied** *e.tf.* < *peilliaid, peillaid* blawd, blawd mân, powdr 385
**pell** *a.* yn y pellter, pellennig 3.5; 5.3
**pen** *eg. ac fel a.* cywir, union; *yn yr ymad.* yn ben pennaeth, arweinydd, rheolwr 720, 1598
**pen-llywydd** *eg.* prif reolwr, penadur, capten, ac yn *ffig.* 4.2
**penyd** *eg.* cosb, poen, artaith, dioddefaint, trallod, edifeirwch, tristwch 642, 1459; 6.20
**pêr** *a.* peraidd, persain, hyfryd, dymunol 1.86; 6.33
**peredd** *a.* < *peraidd* pêr, hyfryd, dymunol 362
**perth** *eb.* gwrych, clawdd, llwyn, ac yn *dros.* a *ffig.* 314, 1268
**perwyl** *eg.* diben, amcan, digwyddiad, bwriad, achos, mater, gwaith 1073; 4.68
**peunes** *eb.* iâr y paun, gwraig fonheddig, gwraig falch a rhodresgar 1440
**picyn** *eg.* llestr yfed neu fwyta wedi'i wneud o ystyllod pren, bwced 510
**pidin** *eg.b.* gwialen gŵr, cal 250

**pig, pigau** *eb.g., ll.* *-au* ceg aderyn; unrhyw beth ac iddo flaen neu ben pigog, e.e. peic, picell, caib 135, 929

**pigaf: pigo** *bg.a.* colynnu, brathu, yn *ffig.* 282

**pigfforch, pigffyrch** *eb.g., ll. pigffyrch,* < *picfforch, picffyrch* fforch hirgoes ac arni bigau ar gyfer codi gwair, tail, ayyb 929

**pigog** *a.* yn *ffig.* llym, dreiniog, sydyn a thost 4.24

**pil** *eg.* crawen, rhisgl, plisgyn, croen 1005

**pilionen, p'lionen** *eb.* pilen, croen (tenau), ffilm o groen 424+n

**pla, plaeau** *eg.b., ll. plaeau* afiechyd, haint, cystudd, trallod, lladdfa, niwsans, poendod, bwrn 1578; 1.52; 3.14

**plag** *eg.b.* cystudd, poendod, bwrn 1510

**plaid** *eb.g.* rheng, cwmni, mintai 1.139

**plegid** *yn yr ymad.* **o'm / o'n plegid, o'i blegid** er fy / ein mwyn, er ei fwyn, ar fy / ein rhan, ei ran 1284, 1510; 3.14

**pleth** *eb.* cyfrodeddiad (o wallt) 265

**pluaf: pluo** *bg.a.,* yn *ffig.* am ysbeilio, blingo 1594

**plymaidd** *a.* wedi'i wneud o blwm, o liw plwm, trwm 2.62

**pobaf: pobi** *bg.a.* crasu, tostio, ac yn *dros.* 649, 1518

**pocs** *eg.* clwyf gwenerol; *yn yr ymad.* **pocs ar** melltith ar 653+n

**poeth** *a., yn yr ymad.* **boeth bo'i 'lodau / 'ch 'lodau** damia fo / chi! 170, 407

**poles** *eb., ffurf fen.* ar polyn pawl, stanc, postyn, yn *ffig.* am y gal 20

**pôr** *eg.* brenin, arglwydd, pennaeth 6.23

**poten** *eb.* stumog, bol (mawr) 825

**power, pywer** *eg.* < *pŵer* grym, cryfder, nerth, gallu, awdurdod, rheolaeth, dylanwad 211, 507, 680, 895

**pren** *eg.* croes Crist 544, 990; 3.69

**prin, prinion** *a., ll.* *-ion* heb fod yn lluosog neu'n helaeth, main, llwm, gwasgedig 1050

**proffes** *eb.g.* athrawiaeth, cyffes, credo 540

**proffesaf: proffesu** *bg.a.* datgan ffydd grefyddol yn gyhoeddus, addef, honni, haeru 145, 176

**prudd-der** *eg.* dwyster, tristwch, digalondid, iselder ysbryd 2.80

**pryd**[1] *eg., ll.* *-au* amser, adeg, cyfnod, diwrnod; y bwyd a geir amser cinio, swper, ayyb, ac yn *ffig.* 604; 1.30, 156; 2.62; 3.68

**pryd**[2] *eg.* ymddangosiad, gwedd, wyneb, harddwch 1575; 6.25, 49

**prydnawn** *eg., ffurf* ar *prynhawn* 449

**pur, pura'** *a.,* gradd eithaf pura' < *puraf,* ac fel *adf.* difai, rhinweddol, ffyddlon, teyrngar, llwyr, trwyadl, rhonc, noeth; gweddol, braidd (yn), eithaf, tra, iawn 259, 323, 332, 894, 1053, 1073, 1318, 1383, 1414; 1.8, 27, 142, 159; 4.21; 6.24, 58

**purdan** *eg.* man neu gyflwr lle y purir eneidiau'r meirwon cyn eu derbyn i'r nefoedd yn niwinyddiaeth yr Eglwys Gatholig 88+n, 210, 218, 219, 223, 475, 565, 606, 646, 652, 706, 974, 1390, 1541, 1557

**puredd** *a.* < *puraidd* pur, dihalog 6.42+n

**purffydd** *a. fel eb.* ffydd bur, iawnffydd 2.1

**purion** *fel a.* da, da iawn, iawn, eithaf da, gweddol 128, 1048

**pwding** *eg.* < *pwdin* saig melys neu sawrus 386

**pwn** *eg.* llwyth, baich, pac, yn *ffig.* 674, 1186; 1.32

**pwniaf: pwnio** *bg.a.* taro, curo, ergydio, rhoddi curfa i, baldorddi, siarad (lol) 1154

**pwt** *eg.b.* mymryn, tipyn, ychydig 482+n

**pwyaf: pwyo** *bg.a.* curo, taro, colbio, pwnio 1268

**pwyll** *eg.b.* callineb, doethineb, dealltwriaeth, dirnadaeth, deall, synnwyr, anian, natur, ysbryd 715, 954, 1176; 4.21

**pwys** *eg.b. ac fel a.* pwysigrwydd, gwerth, llwyth, peth sy'n pwyso'n drwm, ac yn *ffig.*; trwm, mawr, pwysig 4, 524; 4.24, 36

**pwysfawr** *a.* pwysig (iawn), o bwys (mawr), difrifol, dwys 1214

**pwysi, pwysïau** *eg., ll. pwysïau* tusw, sypyn (o flodau), clwstwr, yn *ffig.* 380

**pwyth** *eg.* pwynt, pwnc, testun 37

**pybyr** *a.* bywiog, eiddgar, brwd, grymus, cryf, cadarn, calonnog, gwych, ysblennydd 32, 542

**pynciaf: pyncio** *bg.a.* canu, cyfansoddi neu ddatgan barddoniaeth 1.86; 3.3, 5

**pyrsiwr** *eg.* < *pyrswr* pyrser 86

**riwliaf: riwlio** *bg.a.* rheoli, llywodraethu 410

**rhad** *eg. ac fel a.* gras, bendith, ffafr; di-dâl, graslon, llawn gras, rhoddgar, hael 969, 971, 1165, 1393, 1596; 4.11

**rhaib** *eb.g.* gwanc, chwant 3.29

**rhan** *ardd., yn yr ymad.* **o ran / 'ran** oherwydd, o achos *anerchiad, 239, 293, 321, 375, 663, 669, 843, 873, 904, 1044, 1323, 1325, 1329, 1348, 1353, 1445, 1449, 1501, 1504, 1583

**rhawn** *e.ll.* blew hir a garw ar anifail, yn *ffig.* 390+n

**rhedaf: rhedeg** *bg.a., yn yr ymad.* **ar redeg** mynd ar led (am syniad, si) 37

**rhedfa** *eb.* rhediad, cwrs, hynt 2.67

**rhegaf, rhegu** *bg.a.* < *rhegi* llefaru rhegfeydd yn erbyn rhywun, tyngu, cablu, melltithio, damnio 34, 585

**rhigl** *a.* < *rhugl* llafar iawn, huawdl, buan, gwisgi, parod, rhwydd 430

**rhodd** *eb.g. ac fel a., yn yr ymad.* **yn rhodd** os gwelwch yn dda, da chi 592, 1033

**rhol** *eb.g.* rholyn 417, 1453

**rhôl, rholiau** *eg.b., ll.* rholiau, < *rheol* llywodraeth, trefn, arfer, cyfarwyddyd, penderfyniad, dyfarniad, arglwyddiaeth, sofraniaeth 410, 457, 1587; 1.38+n, 127

**rhowiog, rhywiog** *a.* urddasol, ardderchog, gwych, cryf, iach, o frid pur 516, 891

**rhwnc** *eg.* sŵn gyddfol, sŵn anadlu byr a chras (yn enw. yng ngwddf rhywun sydd ar fin marw), rhoch 442

**rhwydeb, rhwydd-deb** *eg.b.* rhwyddineb, hwylustod, cyfleustra, llwyddiant, ffyniant 701, 1280, 1305

**rhwydd** *a.* diatal, hael, llawagored, rhoddgar 1553; 3.8, 13

**rhwyddfab** *eg.* mab llewyrchus, gŵr rhoddgar 1587

**rhwyddnod** *a.* helaeth eu bri, diatal eu diben, parod eu hamcan 865+n

**rhwygaf: rhwygo** *bg.a.* dryllio, darnio, hacio 535; 1.15, 78; 2.74; 4.16

**rhwyll** *eb.g.* rhwyd, magl 952

**rhych** *eg.b.* ffos, cwys, yn *ffig.* 1.100

**rhyfedd** *a.* hynod, rhyfeddol, syfrdanol, aruthrol, eithafol, gormodol 73, 1263; 3.17

**rhyhwyr** *a.* rhy hwyr, hwyrfrydig 772

**sadiaf: sadio** *bg.a.* gosod yn gadarn, setlo, yn *ffig.* 382

**safadwy** *a.bfl.* sefydlog, cadarn, gwaredol, achubol 6.58

**saledd** *a.* < *salaidd* sâl, gwael 367

**salw** *a.* gwael, sâl, truenus, ffiaidd, cywilyddus, gwarthus, gwanllyd, claf 1255

**sarn** *eb.g.* llwybr neu ffordd sy'n croesi dŵr, cerrig rhyd, ffordd, palmant, gris, peth a sethrir dan draed, ac yn *ffig.* am ddinistr, distryw, llanastr 425; 6.34

**sawd** *eb.g.* cyrch neu ymosodiad (milwrol), ymladd, rhyfel 1.12

**sawdiwr, sawdwyr** *eg., ll.* -*wyr* milwr 313, 809, 856, 1071, 1091, 1117, 1356

**sen** *eb.* sarhad, difenwad, cerydd, cystwyad, ac yn *ffig.* 537, 992, 1261, 1289; 2.82; 4.69

**serod** *e.ll.,* ?*ffurf luosog, neu luosog dwbl, ar seren* sêr 1277+n

**serth** *a.* syth, unionsyth, anghwrtais, sarhaus, sarrug, cwrs 313, 1388

**sesiwn** *eb.g.* llys barn, senedd, ac yn *dros.* 364+n, 724, 769, 794, 795

**sias** *eb.* brwydr, cynnen, helynt, sbel, tro 1.146

**siol** *eb.g.* pen; yn *dros.* person dwl, mawr ei fost 141+n; 1.63

**sorod** *a. ll.* sothach, gwehilion, ysbwrial, ac yn *ddifr.* am bobl 4.39; 6.14

**sos, sosys** *eg.b., ll.* -*ys* saws, grefi, yn *ffig.*; hyfdra, haerllugrwydd 724, 794

**sothach** *eb.g. ac e.ll.* ysbwrial, sorod, gwehilion, carthion, gwaddod, yn *ffig.* 1090; 2.23

**sownd** *a.* cadarn, cryf, solet 1049, 1108, 1267
**stoc** *eb.g.* cyffion (offeryn cosb) 1245
**stŵr, ystŵr** *eg.b.* sŵn, sain, cyffro, cynnwrf, mwstwr, ffwdan 853, 1273, 1461, 1586; 1.122
**sut** *eg.b.* siort, dull, cyflwr 654, 1188
**swcwr** *eg.* ymgeledd, cymorth, nawdd, lloches, noddfa 1254
**swrth** *a.* disymud, difater, sarrug, ffiaidd 3.36
**swydd** *eb.* gwaith, gweithgarwch, neges 815, 902, 1554, 1593
**swyddwr, swyddwyr** *eg., ll.* -*wyr* swyddog, gwasanaethwr 810
**sylwedd** *eg.b.* rhuddin, hanfod 1255
**syn** *a.* wedi synnu neu ryfeddu, disynnwyr, brawychedig, rhyfeddol, syfrdanol 1198, 1576; 1.12; 4.39; 6.14
**syth** *a.* sythlin, cadarn, disyflyd, cyfiawn, cywir, ystyfnig 4.55

**taledigaeth** *eb.g.* tâl, taliad, yn *ffig.* 3.67
**talm** *eg., yn yr ymad.* **ers talm** erstalwm, yn yr hen ddyddiau, ymhell bell yn ôl, ar un adeg 69, 1145, 1555
**tardd** *eg.* tarddiant, tarddiad, ffrydiad, blaguriad 299
**tarddaf: tarddu** *bg.a.* dod neu ddeillio, dod i fodolaeth, ffrydio, llifo 1400
**tecs** *eg.* < *tecst* testun, darn o'r Ysgrythur 97
**tegan** *eg., yn ffig.* cal 24
**têr** *a.* glân, pur, disglair, teg, hardd 1.88
**tid, tidau** *eb., ll.* -*au* cadwyn, harnais, tres, rhaff, ac yn *dros. a ffig.* 1106; 3.26
**tidaf: tido** *bg.a.* cadwyno, rhwymo, clymu, llyffetheirio 344, 390, 1544
**tiniaf: tinio** *gw.* 1536n
**tiriondeb** *eg.* addfwynder, tynerwch, caredigrwydd, hyfrydwch 71; 6.22
**tiriongu** *a.* tyner ac annwyl, trugarog a hoff 989
**tlawd, tylodion** *a., ll. tylodion* < *tlodion* anghenus, truenus, gwael, sâl 4.59
**tonc-wraig** *eb.* gwraig y gellir rhoi clonc neu ergyd iddi (mewn ystyr rywiol) 492+n
**tonnog** *a.* gwrthnysig, penstiff, ystyfnig, cyndyn 45, 116
**torch** *eb.* coler a roddir o gwmpas gwddf anifail, penffrwyn 510
**torrog** *a.* beichiog (am anifeiliaid ac am fenyw), boliog, chwyddedig 17
**trael** *eg.* trywydd, llwybr, cwrs 1.34+n
**traethaf: traethu** *bg.a.* llefaru, mynegi, datgan, adrodd, dweud (wrth), esbonio, gosod allan 2, 53, 683, 1201, 1343; 4.4
**traethod** *eg.b.* < *traethawd* mynegiant, datganiad, adroddiad, araith 334
**trafel** *eb.g.* < *trafael* ymdrech boenus, llafur, trafferth, helbul, gofid 1270
**tragwyddolfyd** *eg.* bywyd bythol, oes nad oes pall arni 178
**trallod** *eg.b.* helynt, trafferth, adfyd, gofid, dioddefaint 988; 1.82, 134; 2.43; 3.51; 6.14, 26

**tramwyaf: tramwy** *bg.a.* teithio, symud, cerdded, crwydro 1.84

**traws** *a.* cadarn, cryf, nerthus; *yn y cfn.* **ar draws** dros, drwy dwyll neu yn derfysglyd, mewn anhrefn 621, 882+n, 1032; 6.25+n

**trawsedd** *eg.* camwedd, tramgwydd, trosedd 762

**trefniad** *eg.b.* trefn, trefniad, dosbarthiad, cytundeb, dealltwriaeth *trefniad, 536

**treiaf: treio** *bg.a.* ceisio, rhoddi cynnig ar, ymryson 1.34

**tremyn** *eg.* taith, cwrs, llwybr, golygfa 1576

**tresiaf: tresio** *bg.a.* curo (â ffon), chwipio, fflangellu 762, 882

**truth** *eg.b.* rhagrith, celwydd, twyll, gwag-siarad 1354

**trwnc** *eg.* cist, coffr 441

**trwst** *eg.* sŵn mawr, twrw, dadwrdd, stŵr, cynnwrf, cythrwfl 625, 973, 1099, 1291

**trwythaf: trwytho** *bg.a.* trochi, mwydo, golchi mewn dŵr sebon, yn *ffig.* 830

**trymder** *eg.* galar, tristwch, trueni, gorthrwm neu galedi (rhyfel) 2.32

**trystiaf: trystio** *bg.a.* gwneud sŵn, rhuo 4.48

**twyn** *eg., yn yr ymad.* **ar dwyn** yn amlwg, yn agored, yn glir 277; 6.10

**twysaf: twyso** *bg.a.* arwain, hebrwng, danfon, cyfeirio 947

**tystiaf: tystio** *bg.a.* datgan, bod yn dyst (i), rhoddi tystiolaeth, ardystio, gwarantu 58, 62, 155, 160

**tywyllaf: tywyllu** *bg.a., d'w'lle* < *dywyllai* mynd yn dywyll 4.36+n

**uchelder** *eg.* lle uchel, uchder, goruchafiaeth, rhagoriaeth, mawredd 3.47; 4.19

**uchelryw** *eg.b.* natur, brid, hil neu linach aruchel, dyrchafedig neu bwysig 6.54

**ulw** *e.ll. a chyda grym ansoddeiriol* lludw, marwydos (poeth), marwor 577, 1542; 3.57; 4.58

**unblaid** *eb.g.* un rheng, un fintai 2.39

**us** *eg.* manus, eisin, peiswyn, siaff, gweddillion diwerth, dernynnau, yn *ffig.* 3.54+n

**uswydd** *e.ll. ac fel a.* darnau, malurion, ysgyrion, chwilfriw, maluriedig, drylliedig 1490

**wâr** *eb.* rhyfel, gwrthdaro 323; 2.12

**wedi** *fel adf. ac fel ardd.* wedyn, yna, yn ddiweddarach; ar ôl, yn dilyn 2.15; 6.29

**weithan** *adf.* yn awr, y dyddiau hyn 1.135

**wits** *eb.* hudoles, dewines, gwrach, yn *ddifr.* am hen wraig 174

**witsiaf: witsio** *bg.a.* rheibio, swyno, cyfareddu 887

**'wiw** *gw.* gwiw

**wylnos** *eb.* defod o dreulio nos o wylio corff marw cyn ei gladdu 498+n

**wyrach** *adf.* < *hwyrach* efallai, o bosibl, y mae'n bosibl, y mae'n debygol 1543, 1574

**ymadaf: ymadael, 'madel** *bg.a.* gadael, mynd i ffwrdd, cefnu, ymwrthod 211; 4.52

**ymbell** *a.* < *ambell, yn yr ymad.* **ymbell dro** ambell waith, weithiau, yn achlysurol 1.46

**ymddiffynnwr** *eg., amr. ar amddiffynnwr* ceidwad, gwarcheidwad 4.7

**ymgroes** *eb.g., yn yr ymad.* **ymgroes dda** ?gweddi am fendith neu nawdd Duw 575

**ymorolaf: ymorol, 'morol** *bg.a.* ymholi, ystyried, myfyrio; poeni, pryderu, ymdrechu 1.66+n, 1.128; 6.60

**ymostyngaf: ymostwng, ymostwn** *bg.* plygu (i lawr), crymu, ymgrymu, ymddarostwng, ei iselhau ei hun, ufuddhau, ildio 842+n

**ymrafaeliaf: ymrafaelio** *bg.a.* ymryson, cweryla, anghytuno 827

**ymrannaf: ymrannu** *bg.* rhannu, gwahanu, ymwahanu, gwasgaru 860

**ymrodiaf: ymrodio** *bg.a.* crwydro, trafaelu, cylchdroi, yn *ffig.* 1416

**ymroddaf: ymroi** *bg.a.* rhoddi ei hun, dygymod, bwrw ati, ymbaratoi, listio 4.49

**ymwared** *eg.b.* gwaredigaeth, achubiaeth, dihangfa, rhyddhad, cymorth 222, 734

**ymyrraf: ymyrryd, ymyrraeth, ymyrru** *bg.* ymwneud, cymryd rhan, ymdrafferthu, ymboeni 61

**ymystynnaf: ymystyn** *bg.a.* < *ymestynnaf: ymestyn* estyn yr hunan, estyn (braich ayyb), yn *ffig.* 1427

**ynillaf: ynnill** *bg.a.* < *enillaf: ennill* bod yn flaenaf neu'n drechaf 1047, 1426

**ysgafell** *eb.* silff, sìl 1234+n, 1235, 1262

**ysgeler** *a.* drygionus, drwg, ofnadwy 1348

**ysgol rad** *eb.* ysgol elusennol, yn *ffig.* 971, 1393

**ysgutor, 'sgutor** *eg.b.* person a benodir gan ewyllysiwr i gyflawni ei ewyllys ar ôl iddo farw 434, 504

**ysgwt** *eg.b.* gwth, hergwd, hyrddiad, yn *ffig.* 434

**ysig** *a.* wedi ei ysigo, toredig, maluriedig, drylliedig 2.46

**ysmala** *a.* anghyson, anwadal, diofal, difater, ysgafn 800

**ystlys** *eb.g.* ochr, parth, yn *ffig.* 1.151

**ystôl** *eb.* sedd, cadair, mainc 261, 1586

**ystowt, ystowtied** *a., gradd gyfartal* -ied dewr, glew, corffol, tew 124

**ystwrdiaf: ystwrdio** *bg.a.* dwrdio, ceryddu, cystwyo, dweud y drefn 771

**ystyr**[1] *eg.b.* synnwyr, meddwl, arwyddocâd, achos, rheswm, diben, ystyriaeth 1, 698, 1070, 1222+n, 1350

**ystyriaf: ystyr**[2] *bg.a.* meddwl yn ddwys (am), myfyrio, rhoddi ystyriaeth neu sylw (i), cadw mewn cof, meddwl, credu 70, 1222+n

**ysywaeth** *adf.* gwaetha'r modd, piti (garw), yn anffodus 1198

# *Llyfryddiaeth Ddethol*

### *Cyfeirlyfrau a gwefannau*

Archif Melville Richards ar *http://www.e-gymraeg.co.uk/enwaulleoedd/amr*
Baledi Cymru ar-lein ar *http://cat.llgc.org.uk/ballads*
Bangor Probate Records, 1576–1858 ar *http://hdl.handle.net/10107/325895*
*Y Beibl Cymraeg Newydd yn cynnwys yr Apocryffa* (Swindon, 1988).
Bodleian Library Broadside Ballads: The *allegro* Catalogue of Ballads ar *http://www.bodley.ox.ac.uk/ballads/ballads.htm*
Y Bywgraffiadur Ar-lein ar *http://wbo.llgc.org.uk/cy/index.html*
*Cambridge Companion to the Bible*, gol. Bruce Chilton, Howard Clark Kee, Amy-Jill Levine ac eraill (Cambridge, 1997; 2il arg., 2008).
Cronfa Baledi ar *http://www.e-gymraeg.org/cronfabaledi*
Davies, J. H. (ed.), *A Bibliography of Welsh Ballads Printed in the Eighteenth Century* (Aberystwyth, 1911).
*Geiriadur Prifysgol Cymru* (4 cyf., Caerdydd, 1950–2002; 2il arg., rhannau 1–10, 2003–10).
George, Mary Dorothy, *Catalogue of Political and Personal Satires Preserved in the Department of Prints and Drawings in the British Museum. Vol. VII. 1793–1800* (London, 1942).
Huws, Daniel, 'A Repertory of Welsh Manuscripts and Scribes' (i'w gyhoeddi).
Levillain, Philippe ac eraill (goln), *The Papacy: An Encyclopedia* (3 cyf., London, 2002; cyfieithiad o *Dictionnaire historique de la papauté*, 1994).
Maldwyn: Y Mynegai i Farddoniaeth Gymraeg y Llawysgrifau ar *http://maldwyn.llgc.org.uk/*
*New Catholic Encyclopedia*, gol. William J. McDonald, James A. Magner, Martin R. P. McGuire ac eraill (15 cyf., Washington, D.C., [1967–79]).
*Oxford Classical Dictionary*, gol. Simon Hornblower ac Antony Spawforth (3ydd arg., Oxford, 2003).

*Oxford Companion to the Bible*, gol. Bruce M. Metzger a Michael D. Coogan (Oxford, 1993).
*Oxford Companion to English Literature*, gol. Margaret Drabble (5ed arg., Oxford, 1990).
*Oxford Dictionary of National Biography* ar http://www.oxforddnb.com
*Oxford English Dictionary* ar http://www.oed.com
Rees, Eiluned, *Libri Walliae: A Catalogue of Welsh Books and Books Printed in Wales 1546–1820* (2 gyf., Aberystwyth, 1987).
Stephens, Meic (gol.), *Cydymaith i Lenyddiaeth Cymru* (2il arg., Caerdydd, 1997).
Walters, Huw, *Llyfryddiaeth Cylchgronau Cymraeg 1735–1850* (Aberystwyth, 1993).
Woude, A. S. van der (gol.), *The World of the Old Testament: Bible Handbook, Volume II*, cyf. Sierd Woudstra (1982; Grand Rapids, Mich., 1989).

## *Llawysgrifau*

Y mae'r llawysgrifau canlynol i gyd i'w gweld yn Llyfrgell Genedlaethol Cymru, Aberystwyth.

Cwrtmawr 141C: copi arnodedig o *Gorchestion Beirdd Cymru*.
Cwrtmawr 229B, tt. 81–3: Hugh Jones / Arthur Jones, 'Carol ar Greece and Troy'.
J. Lloyd Williams, AH1 / 48: nodiant yr alaw 'Tempest of War'.
LlGC 188D, tt. 176–8, 187: H[uw] J[ones], 'Carol Plygain iw Ganû ar Fesur a Elwir y Fedle fawr'; idem, 'Dau Benill ar ffarwel Ned Pugh i ofyn ffon ar llall i ofyn am garn pres arni'.
LlGC 436B, ffolios 57$^r$–58$^r$: Dafydd Manuel, 'Ar waredіad Lloeger oddiwrth Babyddiaeth'.
LlGC 672D, t. 238: John Robert, 'Englynion yn erbyn Pabyddiaeth'.
LlGC 1940Aii ('Per-seiniau Cymru'), ffolios 78$^v$–9$^r$: nodiant yr alaw 'Difyrrwch Gwŷr y Gogledd'.
LlGC 11999B, tt. 80–3: Huw Jones, Glanconwy, 'Carol Plygain' ar 'Hir Oes Dyn'.
LlGC 13064D, tt. 39–41: Gruffydd ab Ifan ab Llewelyn Fychan, 'Cywydd yn erbyn Delwau Trassylweddiad a phabyddiaeth'.
Peniarth 501 (ii), ffolio 423: llythyr oddi wrth Elizabeth Baker at Robert Williames Vaughan, 1797.

## Baledi, cerddi, erthyglau, llyfrau a thraethodau ymchwil

Rhestrir yr eitemau y mae eu hawduron yn anhysbys dan 'dienw'.

Adams, Thomas R., *The American Controversy: A Bibliographical Study of the British Pamphlets about the American Disputes, 1764–1783* (2 gyf., Providence, RI, 1980).
ap Iwan, Emrys, *Breuddwyd Pabydd wrth ei Ewyllys*, gol. Dafydd Glyn Jones (Bangor, 2011).
ap Robert, Iorwerth [Edward Roberts], *Interlute Newydd, Neu Wedd o Chwaryddiaeth, Ynghylch Tri Pheth, Sef, Balchder, Oferedd, a Chydwybod* (Croesoswallt, 1803).
Ashton, G. M. (gol.), *Hunangofiant a Llythyrau Twm o'r Nant* (Caerdydd, 1962).
—— (gol.), *Anterliwtiau Twm o'r Nant: Pedair Colofn Gwladwriaeth a Cybydd-dod ac Oferedd* (Caerdydd, 1964).
Barker, Hannah, *Newspapers, Politics and Public Opinion in Late Eighteenth-Century England* (Oxford, 1998).
Bell, David A., 'Culture and religion', yn William Doyle (gol.), *Old Regime France 1648–1788* (Oxford, 2001; adarg. 2009), tt. 78–104.
Bellenger, Dominic Aidan, *The French Exiled Clergy in the British Isles after 1789: An Historical Introduction and Working List* (Bath, 1986).
—— '"Fearless resting place": The Exiled French Clergy in Great Britain, 1789–1815', yn Kirsty Carpenter a Philip Mansel (goln), *The French Émigrés in Europe and the Struggle against Revolution, 1789–1814* (Basingstoke, 1999), tt. 214–29.
Bennett, Nicholas, *Alawon fy Ngwlad: The Lays of My Land* (London, [1896]).
Billington, Sandra, *A Social History of the Fool* (Brighton, 1984).
Burne, A. H., *The Noble Duke of York* (London, 1949).
Carpenter, Kirsty, *Refugees of the French Revolution: Émigrés in London, 1789–1802* (Basingstoke, 1999).
Charnell-White, Cathryn A. (gol.), *Beirdd Ceridwen: Blodeugerdd Barddas o Ganu Menywod hyd tua 1800* (Barddas, 2005).
Clwyd Family History Society, *Llansanffraid Glan Conwy Parish Registers: Volume 2. Baptisms 1744–1784, Marriages 1745–1753, Burials 1744–1784* ([1998]).
—— *Llansanffraid Glan Conwy Parish Registers: Volume 3. Baptisms 1784–1812, Marriages 1754–1812, Burials 1784–1812* ([1998]).
Colley, Linda, *Britons: Forging the Nation, 1707–1837* (New Haven, 1992).
Cradock, Joseph, *Letters from Snowdon: Descriptive of a Tour through the Northern Counties of Wales* (London, 1770).
Davies, Hywel M., 'Morgan John Rhys and James Bicheno: Anti-Christ and the French Revolution in England and Wales', *BBGC*, XXIX, rhan I (1980), 111–27.

—— 'Loyalism in Wales, 1792–1793', *CHC*, 20, rhif 4 (2001), 687–716.

Davies, R. R., a Geraint H. Jenkins (goln), *From Medieval to Modern Wales: Historical Essays in Honour of Kenneth O. Morgan and Ralph A. Griffiths* (Cardiff, 2004).

Davies, Richard, 'Marwnad y Merthyron' (Trefriw, d.d.; JHD 423).

Davies, W. Lloyd, 'The Riot at Denbigh in 1795', *BBGC*, IV, rhan I (1927), 61–73.

Davies, Walter (gol.), *Eos Ceiriog, Sef Casgliad o Bêr Ganiadau Huw Morus* (2 gyf., Gwrecsam, 1823).

Davis, Michael T., '"An Evening of Pleasure Rather Than Business": Songs, Subversion and Radical Sub-Culture in the 1790s', *Journal for the Study of British Cultures*, 12, rhif 2 (2005), 115–26.

Dickinson, H. T., 'The British Constitution', yn *idem* (gol.), *A Companion to Eighteenth-Century Britain* (Oxford, 2002; arg. clawr papur, 2006), tt. 3–18.

dienw, 'Arwyddion yr Amserau', *Cylch-grawn Cynmraeg*, III (1793), 170–8.

—— 'Y Brenin Llŷr', yn Jones, 'Pedair Anterliwt Hanes'.

—— 'Daucanmlwyddiant Eglwys Bryn Ebeneser Glan Conwy', *Y Pentan*, 8, rhif 10 (1987), 13.

—— *Dechreuad, Cynnydd, a Chyflwr Presenol, Y Dadl rhwng Pobl America a'r Llywodraeth* (Trefryw, 1776).

—— 'Jolly Jack of Dover; Or, the French Importer' ([London], 1800–1802), ar http://www.bodley.ox.ac.uk/ballads/ballads.htm

—— 'Ymddiddan rhwng Esgob Crist'nogol A Disgybl a elwir Dyfal-geisio', *Cylch-grawn Cynmraeg*, IV (1794), 248–58.

Dinwiddy, John, 'England', yn Otto Dan and John Dinwiddy (goln), *Nationalism in the Age of the French Revolution* (London, 1988), tt. 53–70.

Doyle, William, *Origins of the French Revolution* (3ydd arg., Oxford, 1999).

—— *The Oxford History of the French Revolution* (2il arg., Oxford, 2002).

Dyer, Thomas, *Marwnad, neu Alarus Goffadwriaeth am Farwolaeth ein Tirionaf Frenin, George y Trydydd* (Caerfyrddin, d.d.).

Edwards, Alaw Mai, ac A. Cynfael Lake (goln), *Detholiad o Faledi Huw Jones: 'Llymgi Penllwyd Llangwm'* (Aberystwyth, 2010).

Edwards, Thomas [Twm o'r Nant], *Cybydd-dod ac Oferedd*, yn Ashton (gol.), *Anterliwtiau Twm o'r Nant*.

—— *Cyfoeth a Thlodi*, yn Roberts (gol.), *Twm o'r Nant: Dwy Anterliwt*.

—— *Y Farddoneg Fabilonaidd*, yn Foulkes (gol.), *Gwaith Thomas Edwards (Twm o'r Nant)*.

—— *Pedair Colofn Gwladwriaeth*, yn Ashton (gol.), *Anterliwtiau Twm o'r Nant*.

—— *Pleser a Gofid*, gol. Nia Tudur (Bangor, 2001).

—— *Tri Chryfion Byd*, yn Foulkes (gol.), *Gwaith Thomas Edwards (Twm o'r Nant)*.

―― *Tri Chydymaith Dyn*, yn Roberts (gol.), *Twm o'r Nant: Dwy Anterliwt*.
―― 'Carol Nadolig ar "Betty Brown" neu "Sunselia"', yn Jones (gol.), *Canu Twm o'r Nant*, tt. 228–30.
Elliott, Marianne, 'French Subversion in Britain in the French Revolution', yn Colin Jones (gol.), *Britain and Revolutionary France: Conflict, Subversion and Propaganda* (Exeter, 1983), tt. 40–52.
Emsley, Clive, 'Revolution, War and the Nation State: The British and French Experiences 1789–1801', yn Mark Philp (gol.), *The French Revolution and British Popular Politics* (Cambridge, 1991), tt. 99–117.
Evans, G. G., *Elis y Cowper* (Caernarfon, 1995).
―― 'Yr Anterliwd Gymraeg' (traethawd MA anghyhoeddedig Prifysgol Cymru, 1938).
―― 'Yr Anterliwt Gymraeg', *LlC*, I, rhif 2 (1950), 83–96.
―― 'Yr Anterliwt Gymraeg, II', *LlC*, II, rhif 4 (1953), 224–31.
―― 'Henaint a Thranc yr Anterliwt', *Taliesin*, 54 (1985), 14–29.
Evans, Hugh, *Cwm Eithin* (Liverpool, 1931).
Evans, J. *Letters Written during a Tour through North Wales in the Year 1798, and at Other Times* (3ydd arg., London, 1804).
Favret, Mary A., *War at a Distance: Romanticism and the Making of Modern Wartime* (Oxford, 2010).
Ford, Partick K. (gol.), *Ystoria Taliesin* (Cardiff, 1992).
Foulkes, Isaac (gol.), *Gwaith Thomas Edwards (Twm o'r Nant)* (Liverpool, 1874).
Foxe, John, *Fox's Original and Complete Book of Martyrs; or, An Universal History of Martyrdom* (London, [?1795]).
―― *Foxe's Book of Martyrs: A History of the Lives, Sufferings, and Triumphant Deaths of the Early Christian and the Protestant Martyrs*, gol. William Byron Forbush (Peabody, 2004).
Fraser, Antonia, *Marie Antoinette: The Journey* (2001; arg. clawr papur, London, 2002).
Furet, François, a Mona Ozouf (goln), *A Critical Dictionary of the French Revolution*, cyf. Arthur Goldhammer (London, 1989).
Greer, Germaine, *Shakespeare* (Oxford, 1986).
Gwilym, Arfon, 'Traddodiad y Blygain', yn Heledd Maldwyn Jones (gol.), *Blas ar Fwynder Maldwyn* (Llanrwst, 2003), tt. 41–7.
Haydon, Colin, *Anti-Catholicism in Eighteenth-Century England, c.1714–80: A Political and Social Study* (Manchester, 1993).
Hellmuth, Eckhart, 'The British State', yn H. T. Dickinson (gol.), *A Companion to Eighteenth-Century Britain* (Oxford, 2002; arg. clawr papur 2006), tt. 19–29.
Hill, Christopher, *Antichrist in Seventeenth-Century England* (Oxford, 1971; arg. diwygiedig, London, 1990).

Howells, David, *The Rural Poor in Eighteenth-Century Wales* (Cardiff, 2000).
Hughes, Meirion, 'Attwood's *St David's Day*: Music, Wales, and War in 1800', yn Rachel Cowgill a Julian Rushton (goln), *Europe, Empire, and Spectacle in Nineteenth-Century British Music* (Aldershot, 2006), tt. 131–43.
Huws, Daniel, 'Melus-Seiniau Cymru: Atodiadau', *Canu Gwerin*, 9 (1986), 47–57.
Ifans, Rhiannon, 'Celfyddyd y Cantor o'r Nant', yn J. E. Caerwyn Williams (gol.), *Ysgrifau Beirniadol XXI* (Dinbych, 1996), tt. 120–46.
James, E. Wyn, 'Rhai Methodistiaid a'r Anterliwt', *Taliesin*, 57 (1986), 8–19.
James, R. Watcyn, 'Ymateb y Methodistiaid Calfinaidd Cymraeg i'r Chwyldro Ffrengig', *Cylchgrawn Cymdeithas Hanes y Methodistiaid Calfinaidd*, rhifynnau 12 ac 13 (1988–9), 35–60.
Jenkins, Geraint H., *Thomas Jones yr Almanaciwr 1648–1713* (Caerdydd, 1980).
—— *The Foundations of Modern Wales 1642–1780* (Oxford, 1987).
—— *Hanes Cymru yn y Cyfnod Modern Cynnar 1530–1760* (Caerdydd, 1988).
—— '"A Very Horrid Affair": Sedition and Unitarianism in the Age of Revolutions', yn Davies a Jenkins (goln), *From Medieval to Modern Wales*, tt. 175–96.
——, Ffion Mair Jones a David Ceri Jones (goln), *The Correspondence of Iolo Morganwg* (3 cyf., Cardiff, 2008).
Jenkins, R. T., *Hanes Cymru yn y Ddeunawfed Ganrif* (Caerdydd, 1928).
Johnson, Nancy E., 'Fashioning the Legal Subject: Narratives from the London Treason Trials of 1794', *Eighteenth-Century Fiction*, 21, rhif 3 (2009), 413–43.
Jones, Colin, *The Longman Companion to the French Revolution* (Harlow, 1988).
—— *"The Great Nation": France from Louis XV to Napoleon* (London, 2002; adarg., 2003).
Jones, Dafydd Glyn, 'The Interludes', yn Branwen Jarvis (gol.), *A Guide to Welsh Literature c.1700–1800* (Cardiff, 2000), tt. 210–55.
—— 'Thomas Williams yr Anterliwtiwr (1689–1763)', yn idem, *Agoriad yr Oes: Erthyglau ar Lên, Hanes a Gwleidyddiaeth Cymru* (Talybont, 2001), tt. 111–55.
—— (gol.), *Canu Twm o'r Nant* (Bangor, 2010).
Jones, David J. V., *Before Rebecca: Popular Protests in Wales, 1793–1835* (London, 1973).
—— 'The Corn Riots in Wales, 1793–1801', *CHC*, 2, rhif 4 (1965), 323–50.
Jones, Edward [Bardd y Brenin], *The Bardic Museum* (London, 1802).
Jones, Edward [Maes-y-plwm], *Marwnad ar yr Achlysur o Farwolaeth Alarus George III, Brenin Prydain Fawr ac Iwerddon* (Aberystwyth, 1820).
Jones, Emyr Wyn (gol.), *Yr Anterliwt Goll: Barn ar Egwyddorion y Llywodraeth . . . gan Fardd Anadnabyddus o Wynedd* (Aberystwyth, 1984).
Jones, Ffion Mair, *"[M]ae r Stori yn wir iw gweled / yn nghronicle y brutanied': Dramateiddiadau Cymraeg o'r Ffug-hanes Brytanaidd yn yr Ail Ganrif ar Bymtheg a'r Ddeunawfed Ganrif* (Aberystwyth, 2008).

—— *Welsh Ballads of the French Revolution 1793–1815* (Cardiff, 2012).

—— 'Pedair Anterliwt Hanes' (traethawd PhD anghyhoeddedig Prifysgol Cymru, 2000).

—— '"A'r Ffeiffs a'r Drums yn roario": Y Baledwyr Cymraeg, y Milisia a'r Gwirfoddolwyr', *Canu Gwerin*, 34 (2011), 18–42.

—— '"Gwŷr Lloeger aeth benben â'u brodyr eu hunen": Y Baledwyr Cymraeg a Rhyfel Annibyniaeth America', *Y Traethodydd*, CLXVI, rhif 699 (2011), 197–225.

—— '"The silly expressions of French revolution . . .": The Experience of the Dissenting Community in South-west Wales, 1797', yn David Andress (gol.), *Experiencing the French Revolution* (Oxford, 2013), tt. 245–6.

—— 'Welsh Balladry and Literacy', yn David Atkinson a Steve Roud (goln), *Ballads in the Street: The Interface between Oral and Print Traditions* (i'w gyhoeddi).

Jones, Huw [Llangwm], *Hanes y Capten Ffactor* yn Lake (gol.), *Anterliwtiau Huw Jones o Langwm*.

—— *Histori'r Geiniogwerth Synnwyr* yn Lake (gol.), *Anterliwtiau Huw Jones o Langwm*.

—— *Protestant a Neilltuwr*, yn Lake (gol.), *Anterliwtiau Huw Jones o Langwm*.

—— '[C]arol plygain ar y mesur a elwir Y Cowper Mwyn', yn Edwards a Lake (goln), *Detholiad o Faledi Huw Jones*, tt. 136–8.

—— 'Cerdd newydd; neu, Ymffrost Balchder o'i Anrhydedd a'i Lywodraeth, ar amryw Orchestion a wnaeth yn y Bŷd: Yw chanu ar. Barnad Bwngc' (Caer, [1783]; JHD 241i).

—— 'Cerdd yn dangos fod Natur pôb math o Ddŷn at Arian yn fwy na dim arall' (Caerlleon, d.d.; JHD 238ii).

—— 'Cwynfan gwŷr Ffrainc am ychwaneg o luniaeth o Loegr, i'w chanu ar Hitin Dincer', yn Edwards a Lake (goln), *Detholiad o Faledi Huw Jones*, tt. 48–51.

Jones, J. (Myrddin Fardd) (gol.), *Cynfeirdd Lleyn: 1500–1800* (Pwllheli, 1905).

Jones, J. D., *Caniadau Bethlehem* (Rhuthun, 1857).

Jones, John, *Seren tan Gwmmwl*, yn dienw (gol.), *Argraffiad Newydd o Seren Tan Gwmmwl a Toriad y Dydd, gan John Jones, Glan-y-Gors* (Liverpool, 1923).

Jones, Thomas, *Gair yn ei Amser at Drigolion Cymru gan Ewyllysiwr da i'w wlad* (Caerlleon, [1798]).

Kinney, Phyllis, 'The Tunes of the Welsh Christmas Carols (I)', *Canu Gwerin*, 11 (1988), 28–57.

—— 'The Tunes of the Welsh Christmas Carols (II)', *Canu Gwerin*, 12 (1989), 5–29.

Knapp, Oswald G. (gol.), *The Intimate Letters of Piozzi and Pennington* (London, 1914; 2il arg., Stroud, 2005).

Lake, A. Cynfael, 'Evan Ellis, "Gwerthwr llyfrau a British Oil &c."', *Y Traethodydd*, CXLIV, rhif 613 (1989), 204–14.

—— 'Rhai Ystyriaethau Pellach Ynghylch Awduraeth *Yr Anterliwt Goll*', *CLlGC*, XXVII, rhif 3 (1992), 337–49.

—— 'William Jones a'r "ddau leidir baledae"', *LlC*, 33 (2010), 124–42.

—— (gol.), *Anterliwtiau Huw Jones o Langwm* (Barddas, 2000).

Landes, Joan B., 'Representing the Body Politic: The Paradox of Gender in the Graphic Politics of the French Revolution', yn Melzer a Rabine (goln), *Rebel Daughters: Women and the French Revolution*, tt. 15–37.

Lever, Evelyne, *Marie Antoinette: The Last Queen of France*, cyf. Catherine Temerson (New York, 2000).

Levy, Darline Gay a Harriet B. Applewhite, 'Women and Militant Citizenship in Revolutionary Paris', yn Melzer a Rabine (goln), *Rebel Daughters: Women and the French Revolution*, tt. 79–101.

Löffler, Marion, *Welsh Responses to the French Revolution: Press and Public Discourse 1789–1802* (Cardiff, 2012).

—— 'Cerddi newydd gan John Jones, "Jac Glan-y-Gors"', *LlC*, 33 (2010), 143–50.

Lord, Peter, *Hugh Hughes: Arlunydd Gwlad 1790–1863* (Llandysul, 1995).

McManners, John, *Church and Society in Eighteenth-Century France: Volume 2: The Religion of the People and the Politics of Religion* (Oxford, 1998).

Maréchal, P. Sylvain, *Le Jugement dernier des rois, prophétie en un acte, en prose . . . jouée sur le Théâtre de la République, au mois vendemiaire et jours suivants* (Paris, 1793/4).

Melzer, Sara E., a Leslie W. Rabine (goln), *Rebel Daughters: Women and the French Revolution* (Oxford, 1992).

Millington, Peter, 'Textual Analysis of English Quack Doctor Plays: Some New Discoveries', yn *Folk Drama Studies Today – International Traditional Drama Conference 2002*, gol. Eddie Cass a Peter Millington (Sheffield, 2003), tt. 97–132.

Millward, E. G., 'Twm o'r Nant a Neli'r Clos', *LlC*, XVI, rhifyn 3 a 4 (1990–1), 389.

—— (gol.), *Blodeugerdd Barddas o Gerddi Rhydd y Ddeunawfed Ganrif* (Barddas, 1991).

Morgan, Gerald, *Y Dyn a Wnaeth Argraff: Bywyd a Gwaith yr Argraffydd Hynod John Jones, Llanrwst* (Llanrwst, 1982).

—— 'Baledi Dyffryn Conwy', *Canu Gwerin*, 20 (1997), 2–12.

Morris-Jones, John, *Cerdd Dafod* (Rhydychen, 1925).

Morys, Huw, *Y Rhyfel Cartrefol*, gol. Ffion Mair Jones (Bangor, [2008]).

—— '[H]anes y Rhyfel a fu rhwng Gwyr y Brenin William, a gwyr Lewis o ffraingc ar y môr, fel y llosgodd Rhyfel y Llong fawr, lle'r oedd llun y Brenin William ar ei linie, a Lewis yn ei Dwyso mewn Cadwen ar Leave Land, y ffordd hwyaf' (Mwythig, d.d.; JHD 138).

Nicholson, Eirwen, 'Eighteenth-Century Foxe: Evidence for the Impact of the *Acts and Monuments* in the "Long" Eighteenth Century', yn David Loades (gol.), *John Foxe and the English Reformation* (Aldershot, 1997), tt. 143–77.

O'Leary, Paul Brendan, 'Immigration and Integration: A Study of the Irish in Wales, 1798–1922' (traethawd PhD anghyhoeddedig Prifysgol Cymru, 1989).

—— 'A Tolerant Nation?: Anti-Catholicism in Nineteenth-Century Wales', yn Davies a Jenkins (goln), *From Medieval to Modern Wales*, tt. 197–213.

Owen, John, *Golygiadau ar Achosion ag Effeithiau'r Cyfnewidiad yn Ffrainc* (Machynlleth, [1797]).

[Owen, Mathew], 'Cronicl y Cymry', yn Jones, 'Pedair Anterliwt Hanes'.

Ozouf, Mona, *Festivals and the French Revolution*, cyf. Alan Sheridan (Cambridge, Mass., 1988).

Paine, Thomas, *Rights of Man, Common Sense and Other Political Writings*, gol. Mark Philp (1995; adarg., Oxford, 2008).

Parry, Mrs [Plas yn y Fa[e]rdre], 'Carol Plygen i'w ganu ar "Susanna"', yn Charnell-White (gol.), *Beirdd Ceridwen: Blodeugerdd Barddas o Ganu Menywod*, tt. 298–310.

Parry, Richard, 'Cyndrigolion y Deyrnas Hon', yn Jones, 'Pedair Anterliwt Hanes'.

Parry, Thomas, *Baledi'r Ddeunawfed Ganrif* (Caerdydd, 1986).

Parry-Williams, T. H. (gol.), *Llawysgrif Richard Morris o Gerddi, &c. [B.M. Add. MS. 14,992]* (Caerdydd, 1931).

—— (gol.), *Hen Benillion* (Llandysul, 1940).

Philp, Mark, 'Introduction', yn *idem* (gol.), *Resisting Napoleon: The British Response to the Threat of Invasion, 1797–1815* (Aldershot, 2006), 1–17.

Price, Cecil, *The English Theatre in Wales in the Eighteenth and Early Nineteenth Centuries* (Cardiff, 1948).

Price, Richard, *A Discourse on the Love of our Country*, yn D. O. Thomas (gol.), *Price: Political Writings* (Cambridge, 1991).

Pugh, Edward, '[D]iolch i Dduw am y rhydd-did a gafodd Lloegr i ymladd â'r Sbaniards a'u gorthrechu a chymeryd eu llongau ar y môr, gan y llywydd, Arglwydd Jervis', yn Jones, *Welsh Ballads of the French Revolution 1793–1815*, rhif 16.

Richards, John (Siôn Ebrill), 'Carol Plygain wedi ei chymeryd allan o'r ail bennod o Luc. I'w ganu ar fesur a elwir "Duw, Cadw'r Brenin"', yn Millward (gol.), *Blodeugerdd Barddas o Gerddi Rhydd y Ddeunawfed Ganrif*, tt. 225–8.

[Richards, William], *Cwyn y Cystuddiedig, a Griddfanau y Carcharorion Dieuog: neu, ychydig o Hanes a Dyoddefiadau diweddar Thomas John a Samuel Griffiths* (2il arg., Carmarthen, 1798).

Richet, Denis, 'Revolutionary *Journées*', yn Furet ac Ozouf (goln), *A Critical Dictionary of the French Revolution*, tt. 124–36.

Roberts, Adrian C. (gol.), *Twm o'r Nant: Dwy Anterliwt. Cyfoeth a Thlodi a Tri Chydymaith Dyn* (Bangor, 2011).

Roberts, Brynley F., 'Gwyn ap Nudd', *LlC*, XIII, rhifyn 3 a 4 (1980–1), 283–9.

Roberts, Ellis, *Enterlut yn Cyffelybu Amser Dŷn i Bedwar Chwarter y Flwyddyn* (Trefriw, d.d.).

—— 'Cerdd Newydd yn mynegi'r helynt sydd arferedig y mysg y Merched Ifangc yn ei gwisgiadau', rhan I (Trefriw, 1778; JHD 304iii).

—— '[Cerdd] O rybydd ir Cymru fod un pol Jones am Landio i gyffinie ein Gwlad, hefo 8 o Longe am ladd i gyd Frodur o achos rhyfel America: Yr hwn sydd i hun o enedigaeth owlad fon medd rhai' (Trefriw, 1778; JHD 309ii).

—— 'Ymddiddan rhwng Lloegr a Ffraingc ar y mesur a elwir leave Land neu adel Tir' (Mwythig, 1758; JHD 71ii).

Roberts, John, *Hanes Bedyddwyr Cylch Llandudno* (Llandudno, 1926).

Roberts, Kate, adolygiad o G. M. Ashton (gol.), *Anterliwtiau Twm o'r Nant: Pedair Colofn Gwladwriaeth a Cybydd-dod ac Oferedd* (Caerdydd, 1964), *Lleufer: Cylchgrawn Cymdeithas Addysg y Gweithwyr yng Nghymru*, 20, rhif 4 (1964), 177–9.

Roberts, William, *Ffrewyll y Methodistiaid*, gol. A. Cynfael Lake (Caerdydd, 1998).

Rodger, N. A. M., 'The Significance of Trafalgar: Sea Power and Land Power in the Anglo-French Wars', yn David Cannadine (gol.), *Trafalgar in History: A Battle and its Afterlife* (Basingstoke, 2006), tt. 78–89.

Rosser, Siwan M., *Y Ferch ym Myd y Faled: Delweddau o'r Ferch ym Maledi'r Ddeunawfed Ganrif* (Caerdydd, 2005).

—— 'Baledi Newyddiadurol Elis y Cowper', yn Geraint H. Jenkins (gol.), *Cof Cenedl XXIII: Ysgrifau ar Hanes Cymru* (Llandysul, 2008), tt. 67–99.

Russell, Gillian, 'Revolutionary Drama', yn Pamela Clemit (gol.), *The Cambridge Companion to British Literature of the French Revolution in the 1790s* (Cambridge, 2011), tt. 175–89.

Saer, D. Roy, 'Carol y Cymro ac Anthem y Sais', *Welsh Music*, VII, rhif 9/10, 6–19.

Schama, Simon, *Citizens: A Chronicle of the French Revolution* (1989; London, 2004).

Scrivener, Michael, *Poetry and Reform: Periodical Verse from the English Democratic Press 1792–1824* (Detroit, 1992).

Shell, Alison, *Oral Culture and Catholicism in Early Modern England* (Cambridge, 2007).

Stewart, J. H., 'The French Revolution on the Dublin Stage, 1790–1794', *Journal of the Royal Society of Antiquaries of Ireland*, 91, rhif 2 (1961), 183–92.

Thomas, Ben Bowen, 'Elizabeth Baker and her Diary', CLlGC, III, rhif 3 a 4 (1944), 80–101.
Thomas, Dafydd, 'Carol plygain ar Difyrwch Gwyr y Gogledd' (d.ll., d.d.; JHD 627bi).
Thomas, Edward, *Cwymp Dyn* (Caerlleon, d.d.).
Thomas, Gwyn, *Y Bardd Cwsg a'i Gefndir* (Caerdydd, 1971).
Thomas, John [Penffordd-wen], *Urania. Neu grefyddol ddadleuon, rhwng amrywiol sectau sŷdd yn gyffredin Ynghymru yr oes bresennol; ond yn fŵŷ nailltuol, Rhwng y Crynnwr [Quaker] a'r Bedyddwyr. Methodist, etc.* (Wrecsam, 1793).
Wagner, Peter, *Eros Revived: Erotica of the Enlightenment in England and America* (London, 1988).
Welsford, Enid, *The Fool: His Social and Literary History* (London, [1935]).
White, Eryn M., 'Addysg Boblogaidd a'r Iaith Gymraeg 1650–1800', yn Geraint H. Jenkins (gol.), *Y Gymraeg yn ei Disgleirdeb: Yr Iaith Gymraeg cyn y Chwyldro Diwydiannol* (Caerdydd, 1997), tt. 315–38.
Whiting, John Roger Scott, *The Spanish Armada* (1988; arg. newydd, Stroud, 2004).
[Wiclen [*sic*], Stan], 'Dauganmlwyddiant yr Arloeswr o Drefriw: Stan Wiclen ar drywydd Dafydd Jones', *Y Casglwr*, 27 (1985), 16–17.
Wiliam, Dafydd Wyn, 'Tri Richard Parry', *Tlysau yr Hen Oesoedd*, II (1997), 2–4.
Williams, John, 'I ddeisyf ar y Goruchaf Dduw roddi Bendith a llwyddiant, i Filwyr Brydain Fawr yn yr amgylchiadau presennol' (Trefriw, [1795]; JHD 415ii).
Williams, S. Elaine, 'Rhai Sylwadau ar Gefndir Hanesyddol y Garol Plygain', *Welsh Music*, 8, rhif 3 (1986), 13–15.
Winston, David, *The Wisdom of Solomon: A New Translation with Introduction and Commentary* (New York, 1979).
Worral, David, *Theatric Revolution: Drama, Censorship, and Romantic Period Subcultures 1773–1832* (2006; arg. clawr papur, Oxford, 2009).
Wynne, Ellis, *Gweledigaetheu y Bardd Cwsc*, gol. Aneirin Lewis (Caerdydd, 1960).

# *Mynegai i'r Testunau*

Y mae'r rhifau'n cyfeirio at rif y llinell neu'r llinellau lle'r ymddengys yr enwau (rhestrir rhifau llinellau yr anterliwt yn gyntaf ac yna'r cerddi). Y mae'r rhifau mewn ffont italig yn dynodi bod gair yn ymddangos yn y cyfarwyddiadau llwyfan. Defnyddiwyd yr un byrfoddau ag sydd yn yr Eirfa ar gyfer rhannau atodol o destun yr anterliwt (e.e. teitl, anerchiad agoriadol yr awdur). Gw. Geirfa: Nodyn Esboniadol am eglurhad llawn ohonynt.

Achubwr (= Iesu Grist) 543
Adda 4.13
Aer y nefoedd (= Iesu Grist) 4.6
angel Duw'r uchelder 3.47+n
Anghenfil 1551
   *gw. hefyd* Anghrist; Bwystfil
Anghrist 167
   *gw. hefyd* Anghenfil; Bwystfil
angylion 4.3; 6.3, 53
Alecsander 351+n, 353, 1267
Alffa 6.12+n
Amoriaid
   llu 1395
   pum brenin yr 1078+n
Annwn 366+n
Anwylyd ne' (= Iesu Grist) 6.49
Apostolion 1548
Arglwydd (= Duw) 1.27, 157; 3.70; 4.2; 6.2
Arglwydd (= Iesu Grist) 4.8
   cofus 4.32
   cyfion 4.17
   ein duwiol 6.27
   Iesu 3.20
   maith 3.2
   m[?awr] 6.15

Awdwr (= Iesu Grist) 4.18
Awstraid 1473+n
   tir yr 1478

barn 6.34
   barn (farn, y) 3.32
Barnwr (= Iesu Grist) 6.24+n
Belial 400; 3.40+n
   gramadeg 41
Belsassar, Belsessar 1223+n, 1273
Bethlem 6.15
   dre' 6.18
Brawd (= Iesu Grist) 3.21
Brenin (= Iesu Grist)
   ein 6.25
   mawr 3.52; 4.20
   ne' 3.62
   nefol 6.60
Brenin
   Pen (= Duw) 2.75
   y (= Siôr III) 1.55
Brutanaidd, y 2.61+n
Brutaniaid 61+n, 1349; 2.17, 39
Brwynog 819+n
Bwystfil 1547+n
   *gw. hefyd* Anghenfil; Anghrist

Cadair Idris 255
Caersalem 966
Calfari 958
    gofid 4.14
Calfaria 6.28
Carwr (= Iesu Grist) 4.18
Ceidwad (= Iesu Grist) 4.56; 6.23+n
    cu 3.21
Crist 196, 1338, 1391, 1597; 3.3; 4.10, 30, 43, 45, 50; 6.4, 21+n
Cwm Eirin 867
Cyfion, y (= Iesu Grist) 6.30
Cymru 54, 1506
    hen feirdd *anerchiad
cythraul, cythr'ul 655, 704

Dafydd 1421+n
Dagon 2.81+n
Damascus 549+n
diafol 691, 878
diawl, y 42, 44, 621, 658, 846, 874
diawlaid 374, 789
Doctor Infallibilis 154+n
Dofer 1147
Done Quavato 395+n
draig (y ddraig) (= Satan) 253, 1445+n; 3.24+n
    *gw. hefyd* diawl, y
dreigiau 948
    gwlad y 672+n
Duke of York 1356+n, 1424
Duw 1.138, 143, 145, 151, 153; 2.84; 3.42, 50; 4.70; 5.1, 3, 4; 6.3, 4
    cyfion, plant 6.48
    doniau 6.53
    Ei gariad 6.51
    galluog 2.75
    gorucha' 4.34
    nef wen 1603
    Tad 2.77
    teyrnas 4.5
Duw (= Iesu Grist) 6.8, 23
    Iesu 5.1
duw pren 229, 1557
Duwdod 3.11; 6.56
duwies (rhyddid) 993+n

Ebron, hilbridd (= dynion) 4.9+n

Efa 1446+n
Eglwys Loegr 637
Eidal, pobl 1521+n
Elisabeth (I) 2.63+n
Elysia, meysydd 1235+n
Emanuel 3.22
Erw'r Pandy 1027+n
Europia 1312
Ewropia, gwlad 131

Fermont, Esgob 1217+n

Fflandrs 1425
Ffrainc 69, 330, 335, 567, 721, 934, 998; 1.9
    coron 307
    gwŷr 1280
    llu 1578
    pobl 375, 396+n
    teyrnas 887, 1320, 1340, 1464
    tiroedd 312
    trigolion 325
    trueiniaid 1480+n
Ffrainconia, tir 1022
Ffrainconiaid 2.5
Ffrancod 372, 865+n, 1335; 1.81, 147

Gair, y 6.19
Glanconwy *teitl, *anerchiad, 1570
Golia, y cawr 1422+n
Gomeriaid *anerchiad, 61+n
Gresffordd, clychau 465+n
Gwaredwr dynol-ryw (= Iesu Grist) 4.7
Gwen 19
Gwenno 21
Gŵr
    (= Duw) 1.130
    (= Iesu Grist) 4.41
    fu (i')n prynu, y (= Iesu Grist) 186, 192, 859
gwraig (y wraig) (= Efa) 3.23+n
Gwyddelod 374+n

Had (= Iesu Grist)
    y ferch 6.9
    y wraig 3.23
Henllan 93
hereticiaid 640, 735, 785, 787+n

Herod 1271+n
Herodiaid 4.48
Holandiaid, gwlad yr 1476+n
Huw (gair moes am Dduw) 460+n, 871

Iachawdwr, pur (= Iesu Grist) 6.24+n
Iesu 152, 234; 3.53; 6.37
   gwyn 4.40; 6.13, 29
Impyn ne' (= y baban Iesu) 6.17
Iôr
   (= Duw) 6.2
   (= Iesu Grist) 714
Israel, plant 240
Israeliad 1.140
Iuddewon 1466+n, 1467

Jac y Bais 123
Jervis, John
   admiral ninneu 2.25
   Admiral Serfus 2.9+n
Josua 1082+n

Leo, pab 203+n, 214, 557+n
Lewisiaid 340

Llanberis, (craig) 254, 256
Llanferras, plwy 52+n
Llanfwrog, plwy 1470+n
Lloeger, Lloegr 1058+n, 1142+n, 1143, 1148, 1151+n, 1345, 1347+n, 1353+n, 1359, 1367, 1375, 1377, 1473+n, 1506; 2.15, 80
   brenin 278, 839
   llongau bach 2.31
   nifer bach 2.20
Llyfrau'r 'Madrodd 6.36+n
Llywydd, ein (= Duw) 1.129; 3.27

Mab Afradlon 4.51+n
Mab Duw (= Iesu Grist) 718; 4.64
Macceda 1080+n
Mair 707, 1061; 6.18
   *gw. hefyd* merch (y ferch) (= Mair)
Mari o blwy Llanferras 52
Meddyg (= Iesu Grist) 3.12, 13; 4.26, 45
merch (y ferch) (= Mair) 6.9+n
Mesïa 4.21
Modryb Dows 249+n

Moli'r hen wits 174+n
Môr Coch 3.10+n
Moroco, ymerawdr 286+n
morwyn (y forwyn) 409+n, 1038
morwynion, ffals 3.30+n
Moses 1332; 3.8+n
Mr Gwallgo 128

nef, nefoedd 178, 462, 563, 694, 711, 861
nefol, teyrnas 961
Nêr, eneiniog (= Iesu Grist) 6.33

Oen, yr (= Iesu Grist)
   grasol 4.37
   gwraig yr 6.44
   hylwydd 4.16
   rhad 4.11
   tiriongu 989
Omega 6.12+n

Pabel 360+n
   brenin 979, 1274
Pabilon 1396+n
Paris 65, 153, 720, 1007+n, 1318
   brenin 1295
   carchar 1100; *gw. hefyd* Pastile
   castell 258+n; *gw. hefyd* Pastile
   gorsedd 726, 362
   hŵr o 252+n
Pastile 1010
   *gw. hefyd* Paris, carchar; Paris, castell
Peder, St Peder, Pedr 553+n, 602, 709
Pen-llywydd (= Duw) 4.2
pererinion 3.30
Persia 357
   brenin 285+n
Pôr (= Iesu Grist) 6.23
Prestatyn, Sais 124
Priod
   ein (= Iesu Grist) 6.41+n
   Seion 6.56
Prydain 1504+n
   gwŷr 2.13+n
Prynwr (= Iesu Grist) 3.69; 4.18; 6.21+n
purdan 88+n, 210, 218, 219, 223, 475, 565+n, 606, 646, 652, 706, 974, 1390, 1541, 1557

Pharo 650+n, 914, 981, 1269
Philistiaid 2.81

Rhufain 550, 551, 601, 952, *1519*, 1524
   deddf y 158
   Eglwys y 1288
   ffydd y 636
   mainc y 558
   pab o 146, 952
Rhufeiniaid, crefydd y 736
Rhulan 96+n

Sal 47
Sali 19, 25+n,
Samson 909+n, 1419+n; 2.82+n
Satan 380, 654
   cynffon (= y Pab) 216
Sbaen 2.37
   eu hadmiral 2.45
   *gw. hefyd* Ysbaen
Sbanis 357+n
Seilo
   Brenin (= Iesu Grist) 4.12, 50
   Nêr (= Iesu Grist) 3.23
Seion 3.58; 6.39, 46, 49
   Brenin (= Iesu Grist) 3.38
'Sgrythureu 4.38
   *gw. hefyd* Ysgrythur
Siôn y Glocsan 136+n
Siôr III
   Siôr 1.159; 2.56
      brenin Lloegr 843+n, 1599
   Siors 99+n
      o Loegr 283

Siorsyn, brenin Lloegr 279+n
   *gw. hefyd* Brenin, y (= Siôr III)
Solomon 560
Suddas 907+n, 1554

Tad 4.12
   goruchel, y (= Duw) 4.52
Twm y Bala 132+n
Twrci 357+n
tylwyth teg 365+n

uffern 229, 564+n, 577, 1149, 1498,
   1525, 1543; 1.149; 3.61; 4.19,
   58
   bair 6.20
   fab (= y Pab) 1517
   ffroen 6.43
   *gw. hefyd* dreigiau, gwlad y

Whittington 529+n
Wyddfa, yr 256

Ymddiffynnwr (= Iesu Grist) 4.7
Ynys Brydain 1.1
Ysbaen 2.13+n
   ddynion 2.35
   gweis bowlyd 2.64
   llongau mawr erchyll 2.29
   *gw. hefyd* Sbaen
Ysbaenaidd, yr 2.61+n
Ysbaeniaid 2.5, 17
Ysgrythur 4.68
   *gw hefyd* 'Sgrythureu
Ystryd y Balchder 396+n

# *Mynegai Cyffredinol*

Abergwaun, glaniad y Ffrancod 1, 2, 15, 29 n. 2, 29 n. 8, 130
Aberystwyth 145
Abraham 181
*Acts and Monuments,* John Foxe 14
   cyfieithiad Cymraeg (1813) 14
   fersiynau rhad a dylanwad 34 n. 73
   *gw. hefyd Book of Martyrs, The,* John Foxe
*Adam's Weekly Courant* 112
Adda 136, 142, 144
Afagddu 124
Anghrist ac Anghristnogaeth 12, 19, 108
Aifft, yr 124, 140
Aikin, John 23
*Alawon fy Ngwlad: The Lays of My Land,* Nicholas Bennett 149, 183
Alecsander III, Macedonia 117
allforio grawn 24, 26–7
   *gw. hefyd* terfysg, grawn ac ŷd yng Nghymru, 1790au
America, ymfudo i 5
Amoriaid 133
*Ancien Régime* 7, 12, 124, 127, 129, 137, 142
Anjou 133
Annwn, cŵn 118
anterliwtiau 3–4, 6
   a balchder 13–14, 112
   a beirniadaeth o Eglwys Loegr 127
   a chwynion ynghylch trethi 111
   a chymeriad y 'pothicari' 119
   a chymeriad y Sais rhodresgar 112

a dawnsio 103–4
a defnydd o'r ffalws 104
a democratiaeth 18
a gwrachod 113
a gwrth-Ymneilltuaeth 3, 109
a hyd 147
a mesurau 106
a 'mobiau' 131, 132
a pherfformio 37 n. 109
a phortreadau o frenhinoedd 110–11
a phrotestio yn erbyn allforio ŷd 145–6
a thyngu llwon a rhegfeydd 119, 121
a'r apologia 147
a'r cybydd 119, 128–9
a'r ffidlwr 104
a'r ffŵl 22, 105
a'r gân i'r merched 136
a'r portread o Iddewon 144
a'r portread o ystiwardiaid 126
a'u cynulleidfa 19, 35 n. 91, 105, 112–13, 118
ac anlladrwydd a hiwmor isel 12–13, 120, 121, 126
ac argraffu testunau 7
beirniadaeth a dirmyg o 29 n. 11
nodweddion traddodiadol y *genre* 6–7
anterliwtiau a baledi
   a diffyg diddordeb yr awdurdodau 23, 24
   a menywod 12–13, 108–9, 115–16, 119, 126
   a'r dyn goludog 121

*gw. hefyd* anterliwtiau; baledi
*Antiquité de la nation et de la langue des celtes, L'*, Paul-Yves Pezron 106
cyfieithiad Saesneg (1706) 106
Apostolion 109
'Ar warediad Lloeger oddiwrth Babyddiaeth', Dafydd Manuel 103
Arberth, sir Benfro 145
Armada Sbaen (1588) 178
Atlas 181
atheïstiaid, yn Ffrainc 107
Avignon 146
Awstria
  carcharorion Ffrengig yn 144
  lluoedd 141

Babel 118, 142
Babilon *gw.* Babel
Babilonia, ymerodraeth 118
Baghdad 118
Baker, Elizabeth 15
Bala, Y 105
baledi
  a cheidwadaeth 27
  a phechod cenedlaethol 181
  a rhyfel yn y 1790au 26
  a theyrngarwch i'r brenin 148
  ac allforio grawn 27
  beirdd 7
  gwerthwyr ('baledwyr') 31 n. 38
  tonau 174
  *gw. hefyd* anterliwtiau a baledi
*Bardic Museum, The*, Edward Jones 121
*Bardd a Byrddau*, Jonathan Hughes 4
*Barn ar Egwyddorion y Llywodraeth*, dienw 30 n. 12
Bastille, y 115, 118
  cwymp 19, 24, 124, 130–1, 132, 142
  pantomeimiau ynghylch 20, 22, 36 n. 102
Bedyddwyr 5, 108
Beibl, y, mewn gwledydd Catholig 113
Belg, Gwlad (yr Iseldiroedd Awstriaidd) 144
  ymosodiadau Ffrainc ar 11
Belial 118, 181
Belsassar 138, 140
'Betty Brown', tôn 139, 153

Bicheno, James 17
*Book of Martyrs, The*, John Foxe 113–14, 125
  *gw. hefyd Acts and Monuments*, John Foxe
Bourboniaid, y 107
brad y powdr gwn (1605) 103
*Breuddwyd Pabydd wrth ei Ewyllys*, Emrys ap Iwan 15–16
'Brutaniaid' 106
Brutus 106
Bryn Pyll, Trefriw 11, 32 n. 54, 177
Bulkeley, William 35 n. 91
Burke, Edmund 143
Byddin Gatholig a Brenhinol, y 133

Cadafael Cadomedd 116
Caer, papurau newydd 112
Caerfyrddin 145
Caernarfon, sir 145
Camden, yr Arglwydd 24
Canaan 180
Canolbarth Lloegr 15
Caped (Capet), teulu 13, 107, 137
Capet, Hugues 107
cardio 119
'Cariadogs', *gw.* Methodistiaeth a Methodistiaid
'Carol ar Greece and Troy' 5, 30 n. 17
'Carol Nadolig ar "Betty Brown" neu "Sunselia"', Thomas Edwards (Twm o'r Nant) 9
'[C]arol plygain ar y mesur a elwir Y Cowper Mwyn', Huw Jones, Llangwm 32 n. 46
'Carol Plygain', John Richards (Siôn Ebrill) 9, 32 n. 43
'Carol Plygain iw Ganû ar Fesur a Elwir y Fedle fawr' 30 n. 16
'Carol Plygen i'w ganu ar "Susanna"', Mrs Parry 8
carolau plygain 8–9, 175, 179
  *gw. hefyd* plygain, traddodiad y
Catholigiaeth a Chatholigion
  agweddau'r Cymry tuag at 14–15
  cyhoeddiadau yn ymosod ar eraill 114
  hawliau sifil i 15
  offeiriaid 25, 109
  purdan 109, 121, 122, 123, 125

y gyffes 123, 124
yn Ffrainc 3, 12, 17, 107
'ceiniog Pedr' 146
'[Cerdd] I ddeisyf ar y Goruchaf Dduw roddi Bendith a llwyddiant, i Filwyr Brydain Fawr yn yr amgylchiadau presennol', John Williams 8
'Cerdd newydd; neu, Ymffrost Balchder o'i Anrhydedd a'i Lywodraeth, ar amryw Orchestion a wnaeth yn y Bŷd: Yw chanu ar. Barnad Bwngc', Huw Jones, Llangwm 12, 33 n. 61
'Cerdd newydd, sef y Militia yn canu ffarwel i'w gwlad', dienw 13
'[C]erdd O rybydd ir Cymru fod un pol Jones am Landio i gyffinie ein gwlad', Ellis Roberts 13, 33 n. 67
'Cerdd yn dangos fod Natur pôb math o Ddŷn at Arian yn fwy na dim arall', Huw Jones, Llangwm 121
Ceridwen 124
'Cerydd i'r Cymru, Sef, Can Newydd yn gosod allan Ddull'r Oes, yn ei Balchder o Ffasiwne anllad', dienw 115
Chambon, maer Paris 137
'Charity Meistress', tôn (gelwir hefyd wrth yr enwau 'Eluseni Meistres' a 'Gwledd Angharad') 157, 175, 186
Charles, Thomas, a'i ysgolion cylchynol 105
Charlotte o Mecklenburg-Strelitz 9, 109
Châtelet, Duc de 132
'Cheap Repository Tracts', Hannah More 34 n. 73
Cheltenham 129
*Chester Chronicle* 25, 112
Comédie Française 129
*Common Sense*, Thomas Paine 111, 113
Comtat Venaissin 146
Concordat Bologna (1516) 107
Concwest y Normaniaid (1066) 127
Conwy 6
Conwy, afon 7
Corday, Charlotte 16
Cradock, Joseph 37 n. 109
*Cristion a Drygddyn*, Ellis Roberts 11, 31 n. 32

*Cronicl y Cymry*, [Mathew Owen] 116
'Cwynfan gwŷr Ffrainc am ychwaneg o luniaeth o Loegr, i'w chanu ar Hitin Dincer', Huw Jones, Llangwm 37 n. 119
*Cybydd-dod ac Oferedd*, Thomas Edwards (Twm o'r Nant) 131
Cyfansoddiad 3 Medi 1791 133
Cyfansoddiad 24 Mehefin 1793 142
Cyfansoddiad Gwladol y Glerigaeth (1790) 107, 132, 133, 135
cyfieithu gwaith radicaliaid Lloegr i'r Gymraeg 23
*Cyfoeth a Thlodi*, Thomas Edwards (Twm o'r Nant) 104, 112
*Cylch-grawn Cynmraeg* 12, 17, 23, 25, 26, 32 n. 47, 108, 112, 145, 146
a'r portread o Lewis XIV 34 n. 79
a'r portread o Lewis XVI 34 n. 79
Cymanfa Genedlaethol, y 132, 133, 137
y Drydedd Radd 107
Cymdeithas er Taenu Gwybodaeth Gristnogol, y (SPCK) 114
'Cyndrigolion y Deyrnas Hon', Richard Parry 123–4
Cynulliad Deddfwriaethol, y 133, 137
Cynulliad y Tair Gradd 137

Chwyldro Ffrengig, y 103, 130–1, 132, 133, 137, 142
a gwyrdroi'r drefn ffiwdal 127
achosion 16
agweddau Cymreig tuag at 2, 3
dehongliad Huw Jones, Glanconwy, o 17
fel rhyfel cartref 107, 128
fel rhyfel crefyddol 17, 107, 133
Chwyldro Gogoneddus, y (1688–9) 111, 127–8, 147

Dafydd 142
Dagon 179
Damasus I 122
Damasus II 122
Damasus, pabau 33 n. 70
dameg 'Y Mab Afradlon' 183
dameg y pum merch gall a'r pum merch ffôl 180

Daniel 138
Datganiad Hawliau'r Dyn a'r Dinesydd 142
Datguddiad Ioan 146, 181, 184–5
'Dau Benill ar ffarwel Ned Pugh i ofyn ffon ar llall i ofyn am garn pres arni' 30 n. 16
David, Jacques-Louis 143
Davies, Ishmael 7, 11, 23, 32 n. 53, 125, 164, 167, 170, 171, 177, 179, 181
*Dechreuad, Cynnydd, a Chyflwr Presenol, Y Dadl rhwng Pobl America a'r Llywodraeth*, dienw 24, 37 n. 109
Deddf er Atal Habeas Corpws 36 n. 104
Deddf y Milisia 24
Deddfau Gagio 36 n. 104
deddfau gorthrymol, Prydain 1790au 23, 28
Deddfau ynghylch Cyfarfodydd Bradwrus 36 n. 104
Deg Gorchymyn, y 115
degwm 126–7
 yn Ffrainc 127, 142
Delila 179
*Dewisol Ganiadau yr Oes Hon*, Huw Jones, Llangwm 4
Diafol 125
*Dictionarium Duplex*, John Davies 143, 178
'Difyrrwch Gwŷr y Gogledd', tôn 141, 154, 165, 167, 188
 gelwir hefyd yn 'Carol y Swper' 179–80
Dinbych, protest yn (1795) 24, 145
Dinbych, sir 5, 7, 139
'[D]iolch i Dduw am y rhydd-did a gafodd Lloegr i ymladd â'r Sbaniards a'u gorthrechu a chymeryd eu llongau ar y môr, gan y llywydd, Arglwydd Jervis', Edward Pugh 8, 31 n. 37
Diwygiad Protestannaidd 146–7
'Dorsetshire March', tôn 117
Drake, Francis 178
drama ym Mhrydain yn ymateb i'r Chwyldro Ffrengig 20
Dulyn, pasiantau yn cefnogi'r Chwyldro Ffrengig 20

'Duw Gadwo'r Brenin' / 'Duw Cadw'r Brenin', tôn 22, 36 n. 102, 147–8
Ffordd Gwynedd 148
yr hen ffordd 148, 155, 162, 164, 177, 187
'Duw Gadwo'r Frenhines', tôn 148
*Dwy Gerdd Newydd. Yn gyntaf, Carol plygain ar Difyrwch Gwyr y Gogledd. Yn ail, Yn achos y Rhyfel presennol*, Huw Jones, Glanconwy, a Dafydd Thomas 161
*Dwy o Gerddi Newydd Yn gyntaf Carol Plygain ar y mesur a elwir, Difyrrwch Gwŷr y Gogledd. Yn ail I ddeisyf ar y Goruchaf Dduw roddi Bendith a llwyddiant, i Filwyr Brydain Fawr yn yr amgylchiadau presennol, gan fod ein Gelynion a'u hymgyrch i Dirio i mewn; Ynghyd ag ychydig o gysur i'w perchenogion*, Huw Jones, Glanconwy, a John Williams 167
*Dwy o Gerddi Newydd Yn gyntaf Yn rhoi hanes Brwydr, a fu rhwng Lloegr â Hisbaen; y 14 o Chwefror 1797 a'r modd y gorchfygwyd yr Ysbaeniaid gan Sir John Jervis Admiral Lloegr. A genir ar Duw Cadw'r Brenhin. Yn ail Carol Plygain, ar Derfyn y Dyn byw*, Huw Jones, Glanconwy 164
Dydd y Farn 109, 184

*Ddau Gyfamod, Y*, Ellis Roberts 11

Edwards, Thomas (Twm o'r Nant) 3, 5, 6–7, 31 n. 29, 104, 105, 139
Efa 136, 142, 144, 180
Eglon, brenin 133
Eglwys Gatholig, yr 12, 14, 107, 109, 113, 127
 *gw. hefyd* Catholigiaeth a Chatholigion; Eglwys Rufain
Eglwys Loegr 114, 126, 127
Eglwys Rufain 114
 *gw. hefyd* Catholigiaeth a Chatholigion; Eglwys Gatholig
'Englynion pan oedd y Gwn Powdr Treson', dienw 103

'Englynion yn erbyn Pabyddiaeth', John Robert, Bryn Melyn 103
Eidal, yr 146
Eifftiaid 180
Elisabeth I 178
'Elysium' 138
*English and Welsh Dicitonary, An*, Thomas Jones (gol.) 108
erthyliad 123–4
Erw'r Pandy 132
Evans, Evan (Ieuan Fardd) 127
Evans, G. G., fel beirniad ar yr anterliwt 3
Evans, Thomas (Tomos Glyn Cothi) 36 n. 107, 121

*Farddoneg Fabilonaidd, Y*, Thomas Edwards (Twm o'r Nant) 104, 123
Fersen, Iarll Axel von 132
Firmont, Edgeworth de 137
Fox, Charles James 144–5
Frederick, Dug Efrog ac Albany 141
  ei ymgyrchoedd yn Fflandrys 11
  baledi yn cefnogi 141
Frwynog, Y 126

Fferi Conwy, terfysg 12, 27, 145
Fflandrys 141
Fflorens 114
ffoaduriaid (*émigrés*) o Ffrainc ym Mhrydain 11, 24–6, 132
  casglu arian i'w cynorthwyo mewn capeli Ymneilltuol 37 n. 116
Ffrainc 3, 27, 132, 141, 146
  cefnogaeth Huw Jones, Glanconwy, i 110
  fel grym milwrol 141, 144
  fel monarchiaeth gyfansoddiadol 133
  gweiniaid 126
  *gw. hefyd* Ancien Régime; Chwyldro Ffrengig, y
*Ffrewyll y Methodistiaid*, William Roberts 3, 35 n. 92, 131
'ffwcin [s]troc', tôn dawns 104
ffŵl, y
  a brenhinoedd Lloegr yn yr Oesoedd Canol 116–17
  yn y traddodiad Ewropeaidd 105
  *gw. hefyd* anterliwtiau, a'r ffŵl

Gardd Eden 136, 142
*Gardd y Caniadau*, Huw Jones, Maesglasau 4
*Geirgrawn, Y* 23, 112
'General Fast in Consequence of the War!!, A', Isaac Cruikshank 25
*Gentleman's Magazine* 37 n. 115
George III, *gw.* Siôr III
'Gerard's Mistress', tôn 175
Gibeon 133
Gibraltar 177
gilotin 135, 138, 143
'Girondins' 137
glaniadau'r Ffrancod, bygythiad 9, 176
'God Save the King', tôn, *gw.* 'Duw Gadwo'r Brenin' / 'Duw Cadw'r Brenin', tôn
Goliath 142
*Golygiadau ar Achosion ag Effeithiau'r Cyfnewidiad yn Ffrainc*, John Owen 16–17, 34 n. 83, 108
Gomer fab Jaffeth 106
Gomeriaid 106
*Gorchestion Beirdd Cymru*, Rhys Jones 174, 185
*Gras a Natur*, Ellis Roberts 116
Gresffordd, clychau 119–20
Griffiths, Samuel 36 n. 107
Gwarchodlu Ffrengig, y (*gardes françaises*) 131, 132
gwarchodlu Swisaidd 133
*Gwedd o Chwareyddiaeth gw. Hanes Bywyd a Marwolaeth Brenin a Brenhines Ffrainc*, Huw Jones, Glanconwy
'Gweledigaeth Cwrs y Byd', Ellis Wynne 118–19
'Gweledigaeth Uffern', Ellis Wynne 129
*Gweledigaetheu y Bardd Cwsc*, Ellis Wynne 12, 13, 14, 123
Gwlad yr Addewid 142
Gwladwriaethau Pabaidd, y 12, 146
gwrth-Gatholigiaeth 3, 109, 113
  a phrintiau 34 n. 80
  ac eiconograffeg 124–5
  mewn barddoniaeth 103, 125

ymhlith Ymneilltuwyr 37 n. 115
yn Lloegr 114
yn y traddodiad llafar 15
gwrthryfel y Gwyddelod (1642) 15,
  34 n. 80
Gwyddelod, y, agweddau'r Cymry tuag
  at 118
Gwyliau'r Ffederasiwn 130
  pasiantau ynghylch 20

*Hanes Bywyd a Marwolaeth Brenin a
  Brenhines Ffrainc*, Huw Jones,
  Glanconwy 2, 6
  a golygfeydd dienyddio 23
  a gwrth-Gatholigiaeth 26, 28
  a menywod 115, 136
  a pherfformio 2–3, 6, 11
  ac ymosodiad ar ddosbarth
    llywodraethol Prydain 28
  copi Llyfrgell Genedlaethol Cymru 3,
    29 n. 10
  cynulleidfa 146
  dyddiad cyfansoddi 19
*Hanes y Capten Ffactor*, Huw Jones,
  Llangwm 127, 128–9, 145–6
'Hanes y rhyfel a fu rhwng y brenin
  Wiliam a Lewis o Ffrainc, yn y fl.
  1692', Huw Morys 13, 33 n. 64
Hebron, Canaan 182
  brenin 133
Heracles 117
Herod 140
Hesiod 182
Highgate 15
'Hir Oes Dyn' / 'Hir Oes i Ddyn', tôn
  172, 183, 189
*Historia Regum Britanniae*, Sieffre o
  Fynwy 106
Hobbes, Thomas 147
Holand (y Taleithiau Unedig) 141,
  144
Hughes, Hugh 5
  ei gysylltiadau â Lerpwl 35 n. 98
Hughes, Thomas 5
Huguenots 126

Ignatius 109
Iscariot, Jiwdas 129

Iseldiroedd, yr, ymosodiadau Ffrainc ar
  11
Israeliaid 17, 115, 133, 140, 180, 182

Jarmuth, brenin 133
Jenkins, John (Ifor Ceri) 139, 141, 149,
  175
Jervis, John 177, 178, 179, 181–2
Jerwsalem, brenin 133
John, Thomas 36 n. 107
'Jolly Jack of Dover; Or, the French
  Importer', dienw 25, 37 n. 114
Jones, Arthur 30 n. 17
Jones, Dafydd (Dewi Fardd) 7, 11, 24,
  177
  fel argraffydd gwaith Ellis Roberts
    32–3 n. 55
Jones, Edward (Bardd y Brenin) 1, 2,
  29 n. 8, 149
Jones, Griffith, Llanddowror, ei ysgolion
  105, 114
Jones, Huw [Hugh], Glanconwy 4, 125
  a llythrennedd 6
  a rhyfel 8, 9–10
  a theyrngarwch 27–8
  agweddau at fenywod 144
  baledi a cherddi: dyddio 174
  buchedd 5–6
  cerdd 1 9–10, 157–61, 175–6
  cerdd 2 8, 10, 28, 112, 117–18, 148,
    162–4, 177–9, 181
  cerdd 3 7, 9, 141, 165–7, 179–81
    dyddio 181
  cerdd 4 8, 130, 168–70, 181–3
    dyddio 181–2, 183
  cerdd 5 171, 183
  cerdd 6 172–3, 183–5
    dyddio 183, 185
  cerdd 7 174, 185
  dull o werthu ei faledi 8
  fel awdur baledi a cherddi 4
  fel Ymneilltuwr 25–6
  priodoli cerddi iddo 4–5
Jones, Huw, Llangwm 4, 27, 105, 139,
  145
Jones, Huw, Maesglasau 4
Jones, Jacob, Mynydd Paris ac Amlwch
  185

Jones, John 5
Jones, John, Aeddr[e]n 24
Jones, John (Jac Glan-y-gors) 104
Jones, John (Pyll Glan Conwy) 11
Jones, John Paul, glaniad yn Whitehaven 13
Jones, Joseph 185
Jones, Thomas, Dinbych 108
Jones, Thomas, yr almanaciwr 13
Josua 133-4
*Jugement dernier des rois, Le*, P. Sylvain Maréchal 18-19
Jwda 138, 142

Lachis, brenin 133
Larpent, John 20
Launay, Bernard-René de 131
Leo X, y Pab (Giovanni de' Medici) 33 n. 70, 114, 122, 123
Lerpwl 27, 145
　perfformio pasiantau o Ddulyn yn 20
　ymfudiad Cymry i 5
*Letters Written during a Tour through North Wales in the Year 1798, and at Other Times*, J. Evans 118
Lewis XIV (y *Roi Soleil*) 13, 107, 118-19, 125
Lewis XV 13, 107, 125
Lewis XVI 12, 16, 17, 106-7, 113, 131, 132, 133, 137-8, 139, 144, 175
　ei brawf 137
　ei ddienyddio 132, 140
　ei ewyllys 141
　pasiantau ynghylch 20
　yn *Hanes Bywyd a Marwolaeth Brenin a Brenhines Ffrainc* 22, 121, 128, 129, 130
Lloyd, John, Wigfair 24
*London Chronicle* 178
Louis Charles (y Dolffin, yna'r Brenin Lewis XVII) 141, 144
Luther, Martin 114
Luxemberg 132

Llandudno 5
Llanferres, plwyf, sir Ddinbych 106
Llanfwrog, plwyf, sir Ddinbych 144
Llanrwst 6

Llansanffraid Glan Conwy, plwyf a phentref 4, 5, 6, 7
　achos Bryn Ebenezer (Methodistiaid) 30 n. 23
　achos Salem, Fforddlas (Bedyddwyr) 30 n. 23
Lloegr 127
　cyfansoddiad 127-8
Llundain 1, 122
　theatrau 35 n. 91
Llydaw 133
llynges 24
Llythyr Paul at yr Effesiaid 184

Madeleine, mynwent y 140
*Maid of Normandy; or, The death of the Queen of France, The*, Edmund Eyre 20-1, 22
Mair, y wyryf 184
Marat 16
Mari Tudur ac erlid y Protestaniaid 15, 34 n. 80, 126
Maria Teresa 143
Marie Antoinette 12, 115-16, 132, 141, 143, 144
　ei dienyddio: portreadau llwyfan yn Lloegr 20-1
　ei phrawf a'i dienyddio 11, 19, 143
　yn *Hanes Bywyd a Marwolaeth Brenin a Brenhines Ffrainc* 21-2, 141
Marie-Thérèse Charlotte 144
*Marwnad ar yr Achlysur o Farwolaeth Alarus George III, Brenin Prydain Fawr ac Iwerddon*, Edward Jones 110
*Marwnad, neu Alarus Goffadwriaeth am Farwolaeth ein Tirionaf Frenin, George y Trydydd*, Thomas Dyer 110
Mediaid 138
Meddiant, fferm y, Ysgol Sul 6, 105
*memento mori*, thema 121
menywod
　trais yn eu herbyn 129
　yn y Chwyldro Ffrengig 131
Merthyr Tudful 1-2
mesur triban 106
mesur y Gyhydedd Hir 106
Methodistiaeth a Methodistiaid 3, 5, 35 n. 92, 104, 108, 109

mileneriaeth 17–18
milisia 24, 125, 176
Môn, sir 23
'Montagnards' 137
*Monthly Magazine* 23
Montmédy 132
Môr Coch, y 180
Môr y Canoldir 177
*Moral and Political Magazine* 23
Moroco, ymerawdwr 117
Morris, Richard 175
Morrisiaid Môn 29 n. 11
Moses 115, 140, 180

Nantbrân, Dewi 114
Nantglyn 6
Nebuchadnesar 140
Nero 122
Nevett, argraffydd, Lerpwl 5
Newgate 122
newyddiaduraeth, ymlediad i Gymru yn y 1790au 28
Nîmes, Profens 107–8

*Odyssey* 182
Owen, John 17–18, 19

Pab, y 18, 19, 25, 108
pabyddiaeth 108
    tröedigaeth y Ffrancod oddi wrth 130
    *gw. hefyd* Catholigiaeth a Chatholigion; Eglwys Gatholig; Eglwys Rufain
papurau newydd a'r wasg gyfnodol 6, 10, 112, 178
Paris 129, 130–1, 132, 133, 143
Parry, John, Llaneilian-yn-Rhos, sir Ddinbych 183
Parry, Richard 105
*Pedair Colofn Gwladwriaeth*, Thomas Edwards (Twm o'r Nant) 13–14, 110, 112, 113, 117
Pedr 122
*Pedwar Chwarter y Flwyddyn*, Ellis Roberts 7, 11, 31 n. 32, 33 n. 58, 111
Pengryniaid, y 3, 109, 130
Pen-y-bont ar Ogwr, Morgannwg 145
Perseus 117

Persia, brenin 117
Persiaid 138
*Pig's Meat* 23
Piozzi, Hester 143
Pitt, William 144
Pius VI 107, 146
Place de la Concorde 143
Place de la Révolution 139
'Plato's address to Lycidas', cyfieithiad Cymraeg gan Edward Williams (Iolo Morganwg) 139
*Pleser a Gofid*, Thomas Edwards (Twm o'r Nant) 117
plygain, traddodiad y 180
    *gw. hefyd* carolau plygain
Poitou 133
*Politics for the People* 23
Poole, Richard 23
Prichard, Robert, gwerthwr baledi 7–8, 167, 179
*Priodas Figaro*, Beaumarchais 129
Proclamasiwn Brenhinol yn erbyn Ysgrifennu Bradwrus 36 n. 104
Protestaniaid
    erledigaeth ar gyfandir Ewrop ac ym Mhrydain 14
    fel hereticiaid 14
    yn Ffrainc 107
        a'r rhwyflongau 125
        fel hereticiaid 12
        statws sifil i 34 n. 79
*Protestant a Neilltuwr*, Huw Jones, Llangwm 108
*Protestant Catechism: Shewing the Principal Errors of the Church of Rome: In Four Parts* 114
protestio
    Ffrainc 142
    gogledd Cymru 24
Prydain a'r Prydeinwyr 1, 3, 178
    gweiniaid 126
    llynges 177, 178
    llywodraeth, y, beirniadaeth Huw Jones, Glanconwy, o 141
    polisi rhyfel 24, 26

Phariseaid 128
Pharo 124, 140

Philip II 178
Philistiaid 142, 179
*philosophes* 16

Quevedo Villegas, Don Franciso Gomez de 118

Richards, Darowen, teulu 30 n. 17
*Rights of Man*, Thomas Paine 112
Roberts, Ellis (Elis y Cowper) a'i anterliwtiau 11, 33 n. 56, 104, 145
Roberts, Owen 179
Roberts, Richard, 'baledwr' 8, 32 n. 43, 138, 140–1
'Rodney's March', tôn 117
Rousseau, Jean-Jacques 18

'Rheswm' 130
Rhuddlan, sir y Fflint 109, 145
Rhufain 108, 122, 146
Rhyddid, duwies 130
Rhyfel Annibyniaeth America 8–9, 11, 16, 145
*Rhyfel Cartrefol, Y*, Huw Morys 3, 36 n. 101, 129, 130
Rhyfel Naw Mlynedd, y 13
Rhyfel Saith Mlynedd, y 27, 37 n. 119, 125, 176
Rhyfel yr Olyniaeth Awstriaidd 125
rhyfeloedd cartref Prydain (1642–9) 109
rhyfeloedd Napoleon 111
rhyfeloedd y 1790au 175, 177, 185
 cerddi ynghylch 176
 pasiantau ynghylch 20
Rhys, Morgan John 17–18

*St. David's Day (or The Honest Welshman)*, Thomas Attwood a Thomas Dibdin 1–2
St Vincent, brwydr Penrhyn 8, 177–8, 183
Sainte-Ménehould 132
Saith Rhyfeddod Cymru 119–20
Salesbury, William 144
Samson 129, 142, 179
Samuel I 111, 113
Sant Bartholomeus, diwrnod 15, 34 n. 80

Sara 182
Satan 115, 125, 128, 144, 180, 181
Sbaen a'r Sbaenwyr 117–18, 146, 178
 llynges 177, 178
Seilo 180
 Brenin 182
Seion 184, 185
 Brenin 180
Senedd Prydain
 dilynwyr yn y rhyfeloedd cartref 109
 pwerau trethu 111
*Seren tan Gwmmwl*, John Jones 110, 111, 112, 113
Shakespeare 124
 cymeriad y ffŵl yn nramâu 36 n. 103
Sheridan, Richard Brinsley
 ei araith yn Nhŷ'r Cyffredin 11–12, 26
Siarl I 147
*Signs of the Times: or the overthrow of the Papal Tyranny in France, the Prelude of Destruction to Popery and Despotism, but of Peace to Mankind*, James Bicheno 108
Siôr II 147
Siôr III 9, 18, 22, 28, 109–10, 147, 177
Skrine, Henry 37 n. 109
'Sponk bogel', tôn dawns 104
Stiwardiaid, teulu'r 147
Stuart, Charles Edward 147

Tan-yr-yw, Trefriw 11, 177
'Tan-y-Staig', Llandudno 6
Tegid 124
Teml, y, Paris 143, 144
'Tempest of War', tôn 125, 152
'Terfyn y Dyn Byw', tôn 130, 164, 168, 182
terfysg
 crefyddol, Nîmes 108
 grawn ac ŷd yng Nghymru, 1790au 12, 27, 145
teyrnasiad braw, y (1793) 19
Théatre de la République 18
Thelwall, John 23
Thomas, John, ffidlwr 175
Toulon 20

Trefriw, gwasg 7–8, 179
  gw. hefyd Bryn Pyll, Trefriw; Davies, Ishmael; Jones, Dafydd (Dewi Fardd); Tan-yr-Yw, Trefriw
trethu 11, 24
  Prydain 111
  sylwadau Huw Jones, Glanconwy 141
  yr Eidal 146
'Tri Chant o Bunnau', tôn 121, 150–1
*Tri Chryfion Byd*, Thomas Edwards (Twm o'r Nant) 121
*Tri Chydymaith Dyn*, Thomas Edwards (Twm o'r Nant) 104, 124
Tribiwnlys Chwyldroadol 143
*Trysorfa Gymmysgedig* 120–1
Tuileries 132, 133, 137
Tŷ'r Arglwyddi 24, 127
Tŷ'r Cyffredin 127
Tyrciaid 117–18

theatr frenhinol, y, Caerfaddon 20
theatr Lloegr, 1790au 18

*Urania. Neu grefyddol ddadleuon*, John Thomas 7

Valence 146
Valenciennes 20
Varennes 132
Vaughan, Robert Williames 15
Vendée 133
Versailles 131, 132

Wakefield, Gilbert 23
Waundwysog 6
Whittington, Richard 122

Wiliam, y Brenin 13
Williams, Edward (Iolo Morganwg) 1–2, 29 n. 8, 29 n. 11
Williams, Hugh, y Meddiant 5
Williams, J. Lloyd 149
Williams, Thomas, Llanllechid 29 n. 11, 31 n. 29
Wittenberg 114
Wrecsam 129

'Ychydig o hanes brenhines Ffrainc; y modd y cafodd ei difetha, sef torri ei phen a rhwymo ei dwy fraich ar ei chefn, Hydref 17, 1793', Richard Roberts 143–4
*Ynghylch Tri Pheth*, Iorwerth ap Robert [Edward Roberts] 14, 33 n. 69, 111, 117, 141
'Ymddiddan rhwng Esgob Crist'nogol A Disgybl a elwir Dyfal-geisio' 37 n. 115
'Ymddiddan rhwng Lloegr a Ffraingc', Ellis Roberts 27
'Ymddiddan rhwng Scrutator a Senex', John Evans 35 n. 91
ymerodraeth Gatholig a'r Pab, yr 147
Ymerodraeth Rufeinig, yr 147
Ymneilltuaeth ac Ymneilltuwyr 3, 25, 108, 109, 114
  erledigaeth yng Nghymru 23
Ynys Manaw 27
ysgolion Sul 105
*Ystori Richard Whittington*, Richard Parry 113, 122
*Ystoria Taliesin* 124

Zews 117